두 섬 : 저항의 양극, 한국과 오키나와

두 섬

저항의 양극, 한국과 오키나와

초판 1쇄 발행 • 2017년 8월 25일

지은이 • 이명원
펴낸이 • 황규관

펴낸곳 • 도서출판 삶창
출판등록 • 2010년 11월 30일 제2010-000168호
주소 • 04149 서울시 마포구 대흥로 84-6, 302호
전화 • 02-848-3097
팩스 • 02-848-3094
홈페이지 • www.samchang.or.kr

종이 • 대현지류
인쇄제책 • 스크린그래픽

ⓒ이명원, 2017
ISBN 978-89-6655-086-9 03910

이 도서의 국립중앙도서관 출판예정도서목록(CIP)은 서지정보유통지원시스템 홈페이지(http://seoji.nl.go.kr)와
국가자료공동목록시스템(http://www.nl.go.kr/kolisnet)에서 이용하실 수 있습니다.
(CIP제어번호 : CIP2017020463)

두섬

저항의 양극, 한국과 오키나와

이명원 지음

삶창

이 책은 오키나와와 한국을 두 개의 타원 혹은 마주 보고 있는 거울의 관점에서 조명한 것이다. 독자들은 오키나와가 섬인 건 알겠는데 한국이 왜 섬인가 물을 수도 있을 것이다. 걸어서 국경을 넘지 못한다면 섬이다. 남북 분단으로 인한 사상의 폐쇄성도 한반도를 고립된 섬과 유사한 조건으로 여전히 지배하고 있다. 두 섬이라고 말할 때 그것은 지리적이거나 지정학적 조건을 환기시키기도 하지만, 역사적 공통성을 내포한 방법적 표상으로 이해되기를 나는 기대한다.

현대의 한국인과 오키나와인들에게는 대개 망각되고 있지만, 실상 한국과 오키나와는 중세로부터 현재에 이르기까지 오랜 교섭의 역사를 갖고 있다. 류큐와 조선은 중세 동아시아 정치경제시스템인 조공·책봉체제 아래에서, 지속적인 선린 우호 관계를 형성해왔다. 단순히 조공무역상의 경제적 교류에 그친 것이 아니라, 정치적 차원에서도 격동의 역사를 공유했다.

일본이 조선을 침략한 임진왜란은 조선 입장에서도 국란에 해당하지만, 류큐 입장에서도 국란이었다. 일본군의 출병에 필요한 전비와 물자를 류큐왕국이 적극적으로 지원하지 않았다는 이유로, 임진왜란 이후 가고시마의 사쓰마 번은 류큐왕국을 침략했고, 이후 류큐왕국은 중국과 일본의 이중구속 체제를 감당해야 했다.

메이지유신 이후 일본의 제국주의·식민주의적 침략 과정 속에서, 류큐와 조선은 동일하게 일본의 식민지로 전락했다. 류큐는 오키나와현으로 편입되어 내부 식민지의 길을 걸었고, 조선은 명백한 외부 식민지로 전락했다. 1945년 아시아·태평양전쟁에서의 일본의 패전 이후, 한반도는 독립 이후 분단의 상황이 지속되고 있고, 오키나와는 미국의 점령지가 되었다가 1972년 일본으로 복귀했다.

한국과 오키나와는 아시아에서 일본 제국주의·식민주의가 남과 북으로 뻗어나가기 위한 양극이었다. 조선은 일본 제국주의의 북진론(北進論), 오키나와는 남진론(南進論)의 상징적·실질적 거점이었다. 일제 말기 만주와 중국 본토를 침략하고 미크로네시아로부터 동남아시아를 침략해간 일본의 제국주의는 오키나와와 조선에 대한 식민화가 전제되지 않았다면 불가능한 것이었다. 간명하게 말하면, 일제 말기 이른바 '대동아공영권'이란 조선과 오키나와를 두 개의 축으로 하는 타원 구조의 전면적 확산을 의미한다.

조선의 해방, 오키나와의 점령, 일제의 패전 이후, 아시아·태평양의 방대한 권역은 승전국인 미국에 의해 인수되었다. 하와이에 있는 미국의 태평양사령부로부터 극동에 이르는 아름다운 산호초 섬들은 과거에도 그렇듯, 전후에도 여전히 아시아·태평양을 관리하는 패권국 미국의 전략적 군사기지로 활용되고 있다. 한국과 오키나와는 2차세계대전 이후 극동 최대의 미군기지가 밀집되어 있는 지역이라는 공통성도 여전하다. 현재도 미국과 중국의 역내 패권을 둘러싼 군사적 긴장의 접촉점 혹은 양극이라는 지정학적 상황 역시 여전하다.

한국과 오키나와는 비트겐슈타인의 조어를 빌려 표현하자면 일종의 '가족유사성'의 성격을 내포하고 있다. 거시적인 역사의 국면에서 보면, 한국과 오키나와는 동아시아 역내에서의 패권/헤게모니 이행기에는 항상 '인질 상태'와 유사한 국면으로 이행하곤 했다. 근대전환기 중국과 일본의 패권 경합 국면에서, 조선과 류큐가 일본의 식민지로 전락한 것은 그 명백한 예이다. 현재 국면에서는 미국과 중국 패권이 한반도와 오키나와에서 군사적 긴장을 고조시키고 있다. 일본의 아베 정권 역시 이러한 상황 악화를 통해, 오히려 전전(前戰) 일본으로의 귀환을 획책하고 있는 실정이다.

이처럼 패권/헤게모니의 각축 속에서 한국과 오키나와가 '인질 상태'로 전락하게 되면, 그것의 필연적 결과로서 '자기결정권'이 압살당하는 노골적인 혹은 유사 상태의 식민주의적 질곡이 고조된다. 이 두 지역이 '식민주의의 양극'으로 기능하게 되는 것이다. 현재의 오키나와가 처해 있는 미일 양국에 의한 '구조적 차별' 혹은 '식민주의'의 문제랄지, 한반도에서 장기간 지속되고 있는 분단 구조의 심화와 이에 따른 군사적 충돌 가능성의 고조랄지 하는 문제가 그러하다.

그러나 한국과 오키나와는 수동적으로 '식민주의의 양극'에만 머물러 있지는 않았다. 반대로 이 두 지역의 시민과 민중은 이 지역을 '저항의 양극'으로 인식하고, 내부적인 민주화와 주체화, 이에 따른 자기결정권의 회복을 위해 비타협적으로 투쟁해왔다. 1995년을 기점으로 오키나와에서 고조되고 있는 반(反)기지 운동과 오키나와의 주체화를 요구하는 운동의 확산은 일본과 미국 정부의 공세적 압박에도 불구하고, 갈수록 그 힘과 세력을 확대하고 있다. 1987년 6월항쟁을 기점으로 한국에서 전개되고 있는 민주화와 이를 뒷받침하는 각종의 운동들은 역내에서 고조되는 냉전적 긴장을 해소하고 평화체제를 구축하라는 요구를 더 강하게 전개시키고 있다.

과거에는 이 '두 섬'이 '식민주의의 양극'이라는 관점에서 비극적으로 조망되었다면, 현재는 '저항의 양극'이라는 역동적인 주체화의 실체로서 기능하고 있다. 나는 이 '저항의 양극'이라는 관점에서, 이 두 섬이 현재진행형의 연대 혹은 연합의 가능성을 찾을 수 있다면, 동아시아 역내에서의 평화체제 구축이 충분히 가능하리라 생각한다. 그런 희망 때문에 이 책의 부제를 '저항의 양극'으로 정했다.

다소 장황하게 이 두 섬의 가족유사성에 대해 말했지만, 실제로 이 책에서 논의되는 의제들은 고류큐(古琉球)로부터 현대 오키나와의 문화에 이르기까지 다채롭다.

이 책의 1부에서는 '한국에서 본 오키나와'라는 분류 아래, 오키나와의 역사·문화·정치 등을 한국과의 교섭·비교사의 관점에서 조명하는 논의를 담고 있다. 한국의 독자들에게는 다소 생소해 보일 수 있는 내용도 있겠지만, 우리가 타 문화를 이해하기 위해서는 내재적인 논리의 이해를 타자인 우리들의 시선에 맥락화해서 중첩시키려는 노력이 필요하다. 그런 과정 속에서 '두 섬'의 유사성과 차이를 발견하는 대화의 과정을 지속할 수 있다.

2부에서는 주로 식민주의와 기억투쟁의 문제를 다루고 있다. 이 장에서 주되게 논의되는 것은 '일본 문제'와 '미국 문제'다. '일본 문제'는 식민주의 지배 책임의 문제이고, '미국 문제'는 동아시아에서 미국의 군사적 패권주의가 야기하는 동시대의 질곡들이다. 한국과 오키나와 모두 이로부터 자유롭지 못한 상태이다. 궁극적으로 2부에서 저자가 강조하고 싶었던 것은 동아시아 역내에서의 호혜적 평화공존은 가능한가/불가능한가 하는 질문이었다.

아마도 3부가 독자들이 읽기에는 가장 용이한 동시기의 오키나와 문제를 이해할 수 있는 글들일 것이다. 1, 2부에 수록된 논문들을 처음부터 읽어내기가 부담스럽다면, 독자들은 일단 3부를 먼저 읽고 한국과 오키나와와 관련된 다양한 쟁점들을 추적할 수 있을 것이다. 3부는 오키나와에 대한 일종의 현장 비평에 해당되기 때문에, 구체적이고 생생한 오키나와의 현실을 담고 있다.

이 책의 연구 방법상 특이성에 대해서도 간략하게 피력하고 싶다. 한국에서도 오키나와를 대상으로 연구를 지속하고 있는 연구자가 소수나마 존재하지만, 많은 경우 문학이랄지 사회학이나 정치학이랄지, 혹은 민속학이랄지 하는 세부 전공에 국한되어 있다. 일본학 연구자들도 오키나와를 탐구의 대상으로 삼고 있기는 하지만, 많은 경우 일본과의 관련성 속에서 타자화되어 오키나와가 조명된다. 최근 들어서는 한국에서 오키나와 문학 연구도 활성화되는 추세이다. 하지만 역시 분과 학문의 틀에서 오키나와의 의제를 분절해 탐구하는 것이 일반적이다.

그런데 나의 경우는 이 분과 학문의 경계를 크게 의식하지 않았고, 또 그래야 된다고 생각했다. 그러다 보니, 고류큐 시대의 오키나와 샤머니즘으로부터 동시대의 반(反)기지 운동까지 이 책에서는 아무 거리낌 없이 실로 자유롭게 논의되고 있다. 탐구를 진행하면서 의식하게 된 것이지만, 나는 오키나와의 '총체성'과 '복합성'을 고대로부터 현대까지, 문학으로부터 일상의 문화적 실천 행위까지를 종합적으로 검토하는 일에서 즐거움을 찾았다. 어쩌면 이러한 태도가 이하 후유가 정초한 '오키나와학'의 태도가 아니겠는가 하면서 홀로 생각해보곤 했는데, 이 때 '오키나와학'이란 말은 내게는 과거 유행처럼 번졌던 지역학이나 지역연구를 의미하는 것이 아니었다.

연구를 위해서는 문헌자료의 검토와 탐색이 필연적으로 요구되는 것이고 나 역시 이 점에서는 예외가 없었지만, 감각적 차원에서 또 오키나와의 의미를 물질적으로 이해하기 위해서 내가 가장 노력을 기울인 것은, 힘이 닿는 한 오키나와의 여러 장소들을 답사하고 그 장소의 의미를 묻는 것과 함께, 평범한 대중들을 일상속에서 만나고 교류하고 대화하는 과정에서 오키나와인들의 '감정의 구조'나 '세계관' 등속을 경험적으로 음미하는 것이었다. 이 대화를 통한 혹은 문화적 접촉과 감정이입, 그것의 성찰적 음미를 통한 감각적 구체화를 통과해야만, 나는 오키나와의 과거와 현재를 더 명료하게 이해할 수 있다고 생각했다.

문헌자료의 경우도 가급적이면 일본 본도와 한국 등에서 생산된 것보다는 오키나와 현지에서, 현지의 오키나와 출신 학자들과 저널리스트, 또 시민들이 생산한 자료들을 활용해서 내재적으로 이해하려고 노력했다. 물론 나 자신이 한국인이기 때문에, 의지적으로는 '오키나와의 눈으로 오기나와를 보자'는 의욕이 굴절되는 것은 불가피한 일이겠지만, 이러한 노력이 없었다면 나 역시 오키나와를 일방적으로 대상화하는 우를 범하기 쉬웠을 것이다. 오키나와 학자들이 오키나와 현지에서 출간한 저작과 〈오키나와 타임스〉 〈류큐신보〉 같은 지역 언론, 그리고 현장조사 연구(field work) 과정에서 만났던 특별하고도 평범한 오키나와 민중과의 대화에서 얻은 공부가 대체로 이 책의 뼈대를 이루고 있다.

고백컨대, 지난 수년 동안 나는 한 손에는 오키나와를, 다른 한 손에는 시민교육을 탐구하며 글을 써왔다. 물론 내 전공은 국문학이고 내 직업은 문학평론가이며, 경희대 후마니타스칼리지에서는 시민교과 교수로 재직하고 있다. 이것은 모순일까. 그렇지는 않았다. 정삼각형의 꼭대기에는 문학이, 하단 좌측에는 오키나와가, 우측에는 시민교육이라는 탐구 대상이 있었다. 이것이 내게는 매우 안정적인 탐구의 구조로 보였다.

이 세 가지 작업을 동시에 진행하고 탐구하면서 비교적 가장 힘을 기울인 것이 오키나와 문제였다. 사심 없는 작업이었기 때문이다. 이 책은 그 탐구의 예비조사 과정에서 산출된 나침반 정도의 의미를 갖고 있다. 나는 의식적으로 깊은 숲으로 들어가지는 않았다. 오키나와를 '관광의 섬'으로 알고 있는 것이 지배적인 상황에서, 오직 소수만이 '기지의 섬'으로 인식하고 있는 상황에서, 고(古)류큐로부터 첨예한 당대의 문제까지를 연구자 특유의 심원한 어조로 조명하는 데는 일정한 한계가 있었기 때문이다. 일단 나침반과 지도는 마련된 셈이니, 이어질 후속 작업에서 더 깊은 숲으로 걸어 들어갈 것임을 독자에게 약속한다.

이 책을 쓰며, 오키나와를 현장조사·연구하는 과정에서 여러 분의 조언과 도움을 받았다. 이름을 무순으로 적어 고마움을 표현하고자 한다.

김영환(민족문제연구소 대외협력팀장), 오키모토 히로시(沖本裕司), 오무라 가즈히로(大村一浩), 다카하시 토시오(高橋年男), 도미야마 마사히로(豊見山雅裕), 유영자(兪渶子), 도미타 에이지(富田英司, 이상 오키나와민중연대), 다마요세 아키라(玉代勢章, 소설가), 김치명(金治明, 오키나와전과 조선인 강제연행을 기록하는 모임), 히가 스스무(比嘉遜, 만화가), 긴조 미노루(金城実, 조각가), 지바나 쇼이치(知花昌一, '한의 비'위원회 회원), 야마시로 히로지(山城博治, 오키나와 평화센터 의장), 아시토미 히로시(安次富浩, 헬리콥터기지반대협의회 대표위원), 남성진(오키나와 한국민단 의장), 윤영호(오키나와 과학기술대학원대학교 연구원), 우에치 가쓰야(上地克哉, 하에바루 문화센터 학예원), 미야지 기이치(宮道喜一, 마치나카연구소 와쿠와쿠 사무국장), 이마즈 신노스케(今津新之助, 주식회사 ROOTS 대표), 후텐마 초게이(普天間朝佳, 히메유리평화기념자료관 학예과장), 시마부쿠로 시게요시(島袋成良, 오키나와평화기념자료관 주간), 후지모토 유키히사(藤本幸久, 다큐멘터리 감독), 사쿠라이 구니토시(桜井国俊, 오키나와대학 교수), 사키마 미치오(佐喜眞道夫, 사키마미술관 관장), 아라시로 도시아키(新城俊昭, 오키나와대학 객원교수), 김승민(전 오키나와민단 의장), 김원근(합동회사 류한 대표), 쓰하 다카시(津波高志, 류큐대학 명예교수), 정영신(제주대학 전임연구원), 김원(한국학중앙연구원 교수), 오키모토 후키코(沖本富貴子, '한의 비'위원회 회원), 김종철(녹색평론 발행인).

끝으로 오키나와 관련 원고의 발표 지면을 제공해준 『녹색평론』, 『주간경향』 등에 깊은 감사를 드린다. 삶창의 황규관 대표에게도 감사를 전하고 싶다.

2017. 7. 31. 염천의 계절, 오키나와 나하(那覇)에서 쓰다.

차
례

제3부 오키나와로부터 온 편지

제 1 부

한국에서 본 오키나와

오키나와의 조선인

오키나와전쟁 시기 조선인 군부(軍夫)와
일본군 '위안부'의 전쟁 체험

1. 오키나와전쟁

오키나와현은 일본의 난세이제도(南西諸島)에 속한다. 현재는 가고시
마현에 속해 있는 아마미제도(奄美諸島)를 포함해, 오키나와(沖繩), 미야코
(宮古), 야에야마제도(八重山諸島)가 일본이 오키나와를 강제 병합한 류큐
처분(琉球処分, 1879) 이전 오키나와의 형세였다.

일본 본도로부터 대만 인근까지 활처럼 휘어 있는 1200km에 이르는
이 섬들을 오키나와인들은 류큐호(琉球弧)라 부른다. 오늘날 동아시아
영토 분쟁의 지정학적 장소로 떠오른 센카쿠제도(중국명 댜오위다오)는 전
통적으로 미야코와 야에야마 어민들의 생활권이며, 중국과 류큐 왕국
을 왕래하던 책봉사와 조공 무역의 등대 역할을 했던 섬이다.

그런데 이 동중국해의 뜨거운 아열대 햇살과 융기 석회암 아래에는

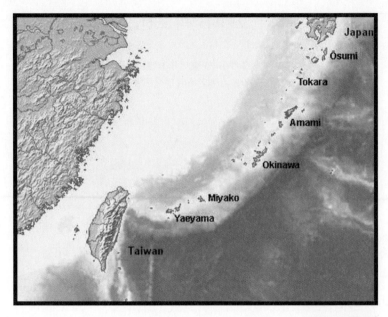

아시아태평양전쟁(1941~1945) 말기 군부(軍夫, 군노무자)와 일본군 '위안부'
로 '강제연행'되었던 조선인들이 묻혀 있다. 그러나 일제 말기 조선인 강
제연행 문제를 주된 전공 분야로 하는 연구자의 경우는 극히 소수이다.
일본군 '위안부' 문제와 관련해서도 한국정신대대책협의회 등이 1990년
대 후반 이후 매우 활발하게 활동해온 것은 사실이지만, 일제 말기 오키
나와로의 조선인 강제연행에 대한 체계적이면서도 실증적인 조사·연구
사업을 지속적으로 벌이고 있지는 않다.[1] 더 우려스러운 것은 제국주의
적 침략 책임을 부정하고 있는 일본 정부의 태도이다. 최근의 아베 정권
은 아예 대놓고 '강제연행'은 물론이고 조선인 일본군 '위안부'에 대한

일본의 전쟁 책임을 부정하고 있으며, 최근 교과서 검정 과정에서도 일본군 '위안부' 관련 내용을 삭제시키려는 시도를 하고 있다.

이 글에서는 오키나와에 강제연행 되었던 조선인 군부와 일본군 '위안부'의 전쟁 체험을 간략히 살펴보고자 한다. 한국인의 기억 속에 거의 인식된 바가 없는 일제 말기의 이 어둠을 헤치는 일은 마치 고생물학자가 화석을 발굴하는 일처럼 어렵다. 전쟁 말기 오키나와에 주둔했던 일본군 제32군은 패전이 확실해지자 사령관이 자살하면서 관련된 모든 문서를 소각했다. 때문에 오키나와전쟁 당시의 조선인 군부와 일본군 '위안부' 관련 문헌 기록은 희소한 실정이고, 따라서 전쟁에서 승리한 미점령국 당국의 문헌이나 전쟁을 체험했던 일본인이나 오키나와인, 살아남은 조선인들의 '증언'을 토대로 간헐적으로 재구성되는 경향이다. 이 부분에 대해서는 한국의 사학계를 포함한 인접 연구자들의 연구가 절실해 보인다는 점을 환기시키고 싶다.

1944년 10월 10일, 일본의 난세이제도인 오키나와 본도를 중심으로, 미군 함재기에 의한 무차별 폭격이 오전부터 오후 4시까지 이어졌다. 수도 격인 나하 시(那覇市) 가옥의 90%가 소실되었는데, 사망자는 600여 명이고 부상자는 900여 명에 이르렀다.[2]

1945년 3월 26일 미군은 오키나와 본도 인근의 게라마제도(慶良間諸

---

1 그런 와중에 최근 홍윤신에 의해 오키나와의 조선인 일본군 '위안부' 문제에 대한 실증적이면서 체계적인 연구서가 출간된 것은 연구사적으로 매우 중요한 의미가 있다고 판단된다. 洪玧伸,『沖縄戰場の記憶と慰安所』(インパクト, 2016).

2 오키나와전쟁 관련 서술은, 新城俊昭,『琉球.沖縄の歴史と文化』(東洋企劃, 2010), 新城俊昭,『沖縄から見える歴史風景』(東洋企劃, 2010), 아라사키 모리테루(新崎盛暉)(정영신 외 공역),『오키나와 현대사』(논형, 2008) 등을 참조해 재구성했다.

島)에 상륙했다. 이곳에서 오키나와전쟁 최초의 지상전이 전개되어, 일본 군과 미군은 물론 오키나와 주민, 조선인 군부, 일본군 '위안부' 등 다수가 사망하거나 부상했다. 일본군은 오키나와 주민 및 조선인 군부들을 스파이 혐의로 학살했고, 특히 주민들에 대해서는 '강제 집단사(집단자결)'를 사실상 강요하고 실행했다.[3]

이렇게 시작된 오키나와전쟁은 6월 22일 일본 난세이제도 방어를 담당했던 32군의 항복으로 6월 22일 종결되었지만, 이 사실을 몰랐던 잔류 일본군은 8월 15일 이후까지 류큐제도 각지에서, 게릴라전을 전개해 많은 주민들의 희생을 초래했다.

그렇다면, 오키나와전쟁에서 사망한 희생자의 규모는 얼마나 될까? 학자들에 따라 시각이 다르지만 일본군 9만 8천여 명, 미군 1만 4천여 명, 조선인 군부 및 '위안부' 1만여 명, 오키나와 주민 9만 8천여 명으로 추정하고 있다. 오키나와전쟁 최후의 격전지였던 오키나와 남부 이토만시(糸満市)의 마부니(摩文仁) 언덕에 있는 오키나와 평화기념공원에는 오키나와전쟁의 희생자 이름을 인각하여 그들을 기리는 '평화의 초석'이 있는데, 그것을 일람하면 다음의 표와 같다.

이 평화의 초석에는 국적이나 군인, 민간인 여부 등과 관련 없이 모두 24만 명이 인각되어 있다. 위의 희생자 명단에서 오키나와현 출신은 모두 14만 9000여 명으로 기록되어 있는데, 이는 만주사변이 일어난 1931년부터 1945년까지 전쟁에서 사망한 오키나와 출신의 군인과 민간인

---

3 謝花直美, 『證言: 沖縄 '集団自決'』(岩波書店, 2008)에는 일본군에 의한 주민학살 및 집단자결의 체험이 증언을 통해 복원되어 있다.

평화의 초석 각명자 수(2009. 6. 23 현재, 아라시로 도시아키, 2010 : 126)		
출신자		인각자 수(명)
일본	오키나와현	149,171
	타현	77,114
외국	미국(USA)	14,009
	영국(LK)	82
	대만	34
	조선민주주의인민공화국	82
	대한민국	364
합계		240,856

총수를 표시한 것이다.

그렇다면 오키나와전쟁에서 조선인은 얼마나 희생되었는가. 아라시
로 도시아키(新城俊昭)나 아라사키 모리테루(新崎盛暉)의 연구에 따르면, 대
략 1만여 명의 조선인이 희생당했다. 그 희생자 속에는 오키나와로 징병
된 학병(전문학교 재학 이상 학력의 징병자), 군부, '위안부', 이전부터 오키나와
에 체류했던 민간인 등이 모두 포함된다. 그런데 위의 조선인 희생자 각
명자 명단을 보면, 자연스럽게 다음과 같은 의문을 품게 된다.

오키나와전쟁에서 조선인이 1만여 명 이상 희생되었음에도 불구하
고, 그 숫자가 겨우 446명에 불과한 이유는 어째서인가? 그 이유를 아
라시로 교수는 다음과 같이 설명하고 있다. 첫째, 조선인 출신임이 밝혀
졌음에도 불구하고 유족들이 침략 전쟁에 동원되어 비극적 죽음을 맞은
굴욕적 장소에 이름이 '각명'되는 것을 거부한 사람이 대다수라는 것이

다. 둘째, 일본의 정치 세력이 체계적으로 전쟁 책임과 전후 배상을 부정하고 있는 상황에서는 더더욱 희생자의 이름을 각명할 수 없다는 것이다. 셋째, 조선인 희생자의 유해 발굴 및 조사를 일본 정부 및 오키나와현정이 사실상 방기함으로써, 죽음의 진실이 은폐되고 있다는 것이다.[4]

동시에 더욱 아이러니하게 느껴지는 것은 희생자의 국적을 전쟁 당시의 '조선'이 아닌 분단 이후의 '대한민국'과 '조선민주주의인민공화국'으로 표기한 점이다. 이 부분에서 우리가 상기하게 되는 것은 오키나와전쟁에 '강제연행' 된 조선인들의 해원(解冤)을 위해서는 남북한과 일본, 오키나와 모두의 합동조사와 발굴이 필요하다는 사실이다. 하지만 남북관계는 여전히 강대강의 긴장 상태에 있고 일본은 우경화로 퇴행하고 있어, 이러한 희망의 충족은 요원해 보인다.

그렇다면 지금은 두 개의 나라로 쪼개진 조선인 학병, 지원병, 군부, 일본군 '위안부' 등 1만여 명의 이름은 어디로 간 것일까? 소수의 연구자를 제외하고는 오키나와전쟁 당시의 조선인 강제동원 및 전쟁 체험에 대해 체계적인 연구를 진행하지 않았기에, 여전히 이 명백한 비극의 역사적 '진실'은 오키나와의 융기 석회암 속 어둠에 묻혀 있다.

2. 오키나와전쟁 당시 조선인 군부와 일본군 '위안부' 체류 현황 추정

오키나와전쟁에서 조선 출신 사망자가 1만여 명에 이른다면 전쟁 후

---

4 新城俊昭, 『琉球,沖繩の歷史と文化』(東洋企劃, 2010), 126쪽.

미군기지에 수용된 조선인 전쟁포로가 4600여 명이었으니[5], 아무리 적게 잡아도 당시 오키나와에 체류했던 조선인은 1만 5000~2만여 명에 달했을 것으로 추정할 수 있다. 물론 여기에는 일본, 중국, 대만, 한반도에서 강제연행되어 입도한 일본군 '위안부' 역시 포함됐을 것이다.[6]

그렇다면 오키나와전쟁 당시 전쟁 체험을 한 조선인 일본군 '위안부'는 어느 정도였을까? 오키나와전쟁의 막바지에 패전을 확신한 32군 사령부가 관련 서류 일체를 소각했으므로, 이것은 다만 합리적인 추론을 통해서 밝혀야 할 것이다.

신주백의 연구에 따르면, 오키나와 본도에만 대략 130여 곳의 위안소가 있었고, 그중 조선인 일본군 '위안부'가 있었다고 확인된 위안소는 41개였다.[7] 그렇다면 오키나와 본도에는 대략 몇 명의 조선인 일본군 '위안부'가 있었을까? 일본군이 관리하거나 경영한 군 위안소 1개 시설당 대체적으로 7~10명의 조선인 일본군 '위안부'가 있었음을 상기해보면, 조선인 일본군 '위안부'는 최소 41×7=287명, 최대 41×10=410명 정도가 오키나와 본도에 강제연행되어 체류했다고 추정할 수 있다.

그런데 일본군이 강제연행한 일본군 '위안부' 중 조선인이 51%, 중국인이 36%, 일본인이 12%라고 추정하는 다른 통계에 근거하면[8], 조선

---

5 신주백, 「한국 근현대사와 오키나와」(정근식 외 공저), 『경계의 섬 오키나와』(논형, 2008), 136쪽.
6 山田盟子, 『慰安婦たちの太平洋戰爭 : 沖繩編』(光人社, 1992) ; 朴壽南, 『アリランのうた』(靑木書店, 1991) 등을 포함해 각종 자료를 검토해보면, 만주의 관동군이 오키나와로 배치되는 과정에서 연행된 경우, 대만이나 남방에 배치되었던 일본군의 이동에 따라 연행된 경우, 태평양전쟁 말기 한반도에서 강제연행된 경우의 조선인이 1945년 현재 오키나와에서 전쟁 체험을 했을 것이다.
7 신주백, 위의 글, 112쪽. 그러나 福地曠昭, 『哀号·朝鮮人の沖繩戰』(月刊沖繩社, 1986)의 조사에 따르면 70여 개소에 이르는 것으로 확인되고 있다.

인 일본군 '위안부'의 숫자는 다음과 같이 더욱 늘어난다.

국적을 불문하고 오키나와 본도에 설치된 위안소에 존재했던 '위안부'들은 최소 130개(위안소)×7명(시설당 '위안부' 수)=910명, 최대 130×10=1300명으로 추정할 수 있다. 이것을 조선인 일본군 '위안부' 비율인 51%로 나누면, 그 결과는 최소 460여 명, 최대 660여 명에 이르는 조선인 일본군 '위안부'가 1945년 당시 오키나와에 체류했을 것으로 계산할 수 있다. 그런데 여기서 환기할 필요가 있는 것은 이 추정 인원은 오키나와 본도만을 대상으로 한 것이라는 사실이다. 류큐제도에 속해 있는 미야코제도나 야에야마제도에도 일본의 32군이 주둔하고 있었으며, 오키나와 본도와 마찬가지의 군 위안소가 있었다는 점을 고려하면, 그 숫자는 1000여 명 가까이로 늘어나게 된다.[9]

이렇게 추정하고 보면 의문이 남는다. 1만여 명으로 추정되는 조선인 군부와 일본군 '위안부'를 제외하고도, 도대체 어디에서 그 많은 조선인들이 유입된 것일까? 아마도 만주국과 중국 북부, 일본 본도, 대만 등에 강제연행되었던 조선인들이 일본 본도 방위를 위한 '최종 방어 전쟁'인 오키나와전쟁에 재배치된 일본군에 의해 연행되었다고 보는 것이 타당할 듯싶다.

8 吉見義明, 『從軍慰安婦』(岩波書店 1995). 김윤식, 『한일 학병세대의 빛과 어둠』(소명출판, 2012), 172쪽에서 재인용.
9 오키나와전쟁 당시의 기록필름을 모아 제작한 다큐멘터리영화 〈沖縄戦の終焉〉(1フィート運動会, 2005)에는 1000여 명 이상의 조선인 일본군 '위안부'가 오키나와로 '강제연행'된 사실을 증언한 내용이 있다.

3. 조선인 군부와 일본군 '위안부'들의 이동 경로

그렇다면, 그 많은 조선인 군부와 일본군 '위안부'들은 어떤 경로로 오키나와로 이동했을까. 오키나와 본도에서 군부로 종군했던 김원영의 수기인 『한 한국인의 오키나와 생존수기(ある韓国人の沖縄生存手記)』(〈아리랑의 노래〉 제작위원회, 1991, 日文)를 참조해, 조선에서 강제연행된 군부들의 오키나와로의 비극적 여정을 재구성해보면 다음과 같다.[10]

1) 1944년 7월 9일. 경상북도의 농촌 지역에서 난데없이 징용명령장을 받은 일군의 조선인 청년들은 그들이 속한 면사무소에 강제연행된 후 기차를 타고 대구에 도착한다. 이들은 숙영지였던 대구사범학교에서 며칠을 머문 후 열차 편으로 다시 부산으로 이동했으며, 여기서 부관연락선을 타고 7시간의 항해 끝에 시모노세키에 도착한다.

2) 이들이 북큐슈의 모지(門司) 항에 도착한 것은 7월 22일이었으며, 강제연행된 조선인은 3000여 명이었다. 그곳에서 일본군 12만 명과 함께, 26척의 거선(巨船)을 타고 항해를 다시 시작한 것은 7월 30일. 거친 풍랑과 미군 잠수함의 공격을 피해 8월 1일 가고시마현(鹿兒島県)에 도착했다.

3) 8월 3일 가고시마 항 출항. 8월 5일 파파야와 야자수가 출렁거리는 아마미오시마(奄美大島)에 도착. 그곳에서 4개월여를 체류하면서, 진

---

10 이 수기는 오키나와전쟁 말기 미군에 항복하고 포로수용소에 1년간 수용되었던 시기의 기록으로, 1991년 오키나와전쟁 당시 조선인 강제연행 문제를 영화(〈아리랑의 노래〉)로 만든 재일조선인 박수남 감독이 증언집 『아리랑의 노래』와 함께 출판한 것이다.

지 공사를 한 후에 다시 출항한 것이 12월 16일이었다. 항로는 가고시마현 도쿠노지마(德之島)였다. 오키나와가 가까워졌다.

4) 12월 21일 도쿠노지마를 출발해 12월 24일 크리스마스이브에 오키나와현의 나하(那覇) 항에 도착했다. 이 날로부터 오키나와전쟁이 사실상 종료되는 8월 15일까지, 조선인 군부 조장이었던 김원영은 고스란히 전쟁의 희비극을 체험한 후, 전쟁 말기에 미군에 항복해 포로수용소에 수용되게 된다.

그렇다면, 조선인 일본군 '위안부'들은 어떤 경로를 거쳐 오키나와에 입도했을까.

1) 근로정신대로 속아 일본군 '위안부'로 강제연행된 여성들은 군부들의 이동 경로와 유사한 방식으로 오키나와에 왔을 것이다. 다만 군부들이 대체로 경상북도의 촌 출신이었다면, 조선에서 연행된 일본군 '위안부'들은 대체로 16~19세의 전라도와 충청도 출신이 많았다는 증언이 눈에 띈다.

2) 중일전쟁 이후 일본군은 군과 민간이 결합한 형태로 전지(戰地)에 위안소를 만들었으며, 이 시기부터 집중적으로 조선인 일본군 '위안부'들을 '강제연행'하기 시작했다. 때문에 1944년 이전에 이미 만주 및 중국 전선에 있었던 조선인 일본군 '위안부'들은 오키나와의 32군으로 재배치된 일본군 9·24·28·62연대와 함께 오키나와 본도 및 미야코제도, 야에야마제도로 흩어졌을 것이다.

3) 일본 본도 및 대만에 연행되었던 '위안부' 역시 패퇴하는 혹은 오키나와로 재배치된 일본의 육해군 부대나 학병, 특별간부후보생(특공하사관) 등과 함께, 오키나와 본도 및 미야코, 야에야마제도로 연행되었

을 것이다.

4. 조선인 군부와 일본군 '위안부'들의 일상

오키나와에서 조선인 군부는 군속(軍屬)의 최말단인 노무자에 가까웠는데, 낡은 일본군 작업복을 입었지만 무기는 지급되지 않았다. 전쟁 막바지에 이르러 '옥쇄투쟁'을 강요했던 일본군 부대장은 무기가 없는 조선인 군부들에게 죽창을 들고 미군과 싸우라고 지시했다. 그런 명령을 내린 자들과 함께 군부 역시 자연 가마(오키나와에서 '동굴'을 이르는 말) 방공호에서 살아야했고, 입구에서 대변을 보다가 폭사(暴死)를 당하는 등 전쟁터에서 삶은 비참했다.

김원영의 경우처럼 중등학교 이상의 학력이 있어 일본어를 유창하게 한 군부들이야 조장(軍夫頭)으로 종군하면서 부친의 부음 소식을 중대장으로부터 듣기도 하였지만, 대다수의 조선인 군부들은 일본어에 대해서는 문맹인 상황이었다. 그들은 다이너마이트를 터뜨려 해상자살특공대의 2인용 선박인 마루레(マルレ)를 은폐하기 위한 기지나 일본군의 진지공사 등에 동원되었고, 평온할 때는 식량 공출이나 장교의 명령에 따라 위안소 건설에 동원되기도 했다. 같은 조선인으로 오키나와에서 군부와 일본군 '위안부'로 만난 그들 사이에는 오빠와 여동생 같은 감정도 있었다고 김원영은 고백한다.

조선인 군부들은 강제징용으로 자신이 살던 마을 면사무소에 입소하여 오키나와에 입도할 때까지 여러 차례에 걸쳐 탈영을 시도했다. 간

혹 성공한 경우도 있었지만 실패한 경우는 더 많았는데, 가장 끔찍한 사례는 탈영하다가 붙잡힌 세 명의 조선인 군부를 각 조원 70명이 죽봉으로 힘을 다해 구타하라는 일본군 장교의 지시였다. 다행히 탈영 군부들은 죽지 않았는데, 이들이 결국 오키나와에서 전사했다는 것은 아이러니하다.

그렇다면 오키나와에서 일본군 '위안부'들은 어떻게 지냈을까.[11] 일단 여름옷을 입은 채로 오키나와에 도착한 그들은 그 길고 매서운 오키나와의 겨울 추위와 해풍에 떨며 노숙했다. 오키나와 입도 당시에는 위안소 건물도 없었기 때문에 조선인 군부들이 위안소 건물을 건설할 때까지는 오키나와 주민의 집에 일시 거주하기도 했다. 그러나 대부분의 일본군 '위안부'들은 일본어를 전혀 몰라서 그들이 도착한 곳이 어딘지도 알 수 없었다.

오키나와 현지인들에게 일본군 '위안부'들의 이미지는 치마저고리와 조선 민요 아리랑으로 기억된다. 괴로울 때면 일본군 '위안부'들은 조선 민요 아리랑을 불렀고(군부 역시 그랬다고 김원영은 증언한다), 식량 확보를 위해 야산으로 동원되었을 때도 아리랑을 불렀다. 행군 중에 산속에서 우연히 아리랑을 들은 조선인 군부들은 이곳에도 조선 처자가 있구나 하고 놀랐다고 하는데, 나중에야 그들이 일본군 '위안부'라는 사실을 알게 되었다.

그렇다면, 일본군 '위안부'들의 '성착취' 상황은 어떠하였는가? 일본

---

11 각주 6번에서 언급한 야마다 메이코(山田盟子), 박수남의 책과 함께 각주 3번의 자하나 나오미(謝花直美)의 증언 기록을 참조해 필자가 재구성한 것이다.

군 병사의 위안소 이용은 형식적으로는 일요일만 가능하여 위 4회로 제한되었다. 1회 이용 금액은 1엔(당시 병대 월급은 7엔이었다)이었고, 휴가나 휴일이 되면 병사들에게 군 당국은 '돌격1번'이라는 콘돔을 지급했다. 일본군 '위안부' 1인당 대략 70여명의 병사가 계급과 무관하게 줄을 섰다. 장교들은 출입 제한없이 자유로이 드나들 수 있었다. 중대장급 이상의 장교들은 '위안부'를 '전속'으로 소유하려 했으며, 전쟁 말기까지 일본군 '위안부'들을 극한 전쟁터로 끌고 다녔으며, 함께 자결하는 사례도 있었다. 당시의 일본군은 "살아서 치욕을 겪지 말라"는 '전진훈(戰陣訓)'에서 훈육받은 데로 자결하는 경우가 많았다. 오키나와인들과 조선인들을 향해서는 미군에 항복하게 되면 "남성은 탱크로 깔아뭉개 죽이고, 여성은 강간한 후 죽일 것이다"라는 괴담을 유포시켰는데, 이 때문에 오키나와현민들은 미군에 항복하는 선택 대신 수류탄으로 집단자결(강제집단사)하는 경우가 많았다.

일본군 '위안부'들은 가령 오늘날의 공창론(公娼論)을 펼치는 탈현대적 페미니스트들의 견해와는 완전히 다른 존재였다. 그들은 '성노동자'가 아니었다. 오키나와에서 그들은 한 푼의 임금도 받지 못했다. 일본군 '위안부'들은 성교가 끝난 후 일본군으로부터 1엔짜리 군표를 받았다. 그러나 그것은 돈이 아니었다. 일본군 병사들이 위안소 입구 카운터에 현금을 지불한 후 받은 것으로 그 군표를 '위안부'에게 주었을 뿐이었다. 말하자면 군표란 성교 횟수와 하루의 매출액을 대조하기 위한 영수증 같은 기능을 했던 섯이나.

그렇다면 일본군 병사들이 위안소에 지불한 돈은 어디로 갔을까. 아마도 위안소를 관리하던 일본인이나 포주에게 갔을 것이다. 기록을 읽어보면, 위안소의 점주나 포주들은 대개가 일본군 상급 장교와 내연의 관계에 있는 여성들로, 30대 중반 이상의 일본인 '위안부' 출신인 경우가 많았다. 위안소의 설치, 운영, '위안부'의 성병 관리는 일본군이 책임졌다. 하지만 위안소 운영을 통해 획득된 자금이 어디로 갔는가는 아직까지 밝혀지지 않았다.

5. 조선인 군부와 일본군 '위안부'의 비극

오키나와전쟁에서 조선인 군부와 일본군 '위안부'는 여러 비극에 노출되었다. 전쟁 중에 군부가 죽는 것이야 능히 예측할 수 있는 것이지만, 막상 한계 상황이 오자 일본군이 조선인 군부에게 '스파이 혐의'를 씌우고 학살하는 일이 잦아졌다.

오키나와인들의 증언 중 다음과 같은 내용이 있다.[12] 일본군이 '스파이 혐의'로 붙잡힌 조선인 군부를 처형하려고 하자, 그들 가운데 한 사람이 필사적으로 다음과 같은 말을 했다고 한다. "죽을 때 죽더라도 한 마디 하고 죽었으면 좋겠다." 그는 무슨 말을 했을까? "덴노 헤이카 반자이! 반자이! 반자이!(천황폐하 만세! 만세! 만세!)" 그리고 그는 즉각 총살당했다. 이는 아마도 자신이 스파이 혐의와 무관하다는 것을 필사적으로 증명하기 위한 몸부림이었을 것으로 판단된다. 이 장면을 목격할 당

---

12 謝花直美, 『證言 : 沖繩 '集団自決'』(岩波書店, 2008)에는 조선인 군부와 일본군 '위안부'의 죽음과 관련한 오키나와인들의 여러 목격 사례 증언이 있다.

시의 오키나와인들은 그가 미쳤다고 생각했다.

전쟁의 패색이 명백해지자 김원영은 부하 군부들에게 "우리는 조선인이다. 이제 각자 헤어져 살길을 도모하자"고 해산명령을 내렸다고 한다. 가마(동굴) 속의 군부들은 어떻게 하면 효과적으로 미군에 항복할 수 있을까를 생각했고, 옷을 모두 벗고 두 손을 든 후 항복하는 방법을 선택했다. 하지만 등 뒤에서 쏜 일본군의 총알에 죽어가는 일이 다반사였다.

그렇다면, 일본군 '위안부'들은 어떻게 살아남았을까. 오키나와전쟁 말기 대다수의 일본군 '위안부'들은 간호부가 되었다. 일본군에 강제연행되었던 그녀들은 전황이 안정화되었을 때는 성노예로, 악화되었을 때는 간호부로서 이중역할을 강제당했다. 일본어도 몰랐고 오키나와어도 몰랐던 대다수 일본군 '위안부'들은 마지막까지 일본군이 대피했던 가마에서, 피 묻은 군복을 빨거나 가마 안에 사람이 가득한 데도 일본군 장교의 '성욕'에 고스란히 응해야만 했다.

그러나 일본군 '위안부'들은 스파이 혐의나 오키나와현민들이 경험했던 '강제집단사'의 비극을 겪지는 않았던 것 같다. 많은 수가 전투 속에서 방치되어 있다가 미군의 기총소사나 폭격에 희생되었다. 가까스로 죽음을 면한 일본군 '위안부'들은 살아남기 위해 옷을 모두 벗고 두 손을 든 채 일본군과 군부의 맨 앞에 서서 미군에 투항했다.

6. 포로수용소의 조선인 군부와 일본군 '위안부'

조선인 군부와 일본군 '위안부' 모두는 전쟁 포로가 되었지만, 그들의 삶은 다른 경로로 전개되었다. 조선인 군부는 2차대전의 종전 소식을 포로수용소에서 들었다. 오키나와의 포로수용소는 민족별로 분리 수용되었으며, 조선인들의 경우 하와이의 포로수용소로 이송되는 경우가 많았다.[13] 이런 상황 변화는 그동안 은폐되었던 일본군에 대한 조선인들의 분노를 노골화하는 계기가 되었으며, 포로수용소에서 조선인과 일본인의 관계는 역전되었다.

그러나 일본군 '위안부'들은 또 다른 비극에 직면하게 되었다. 일본군과 조선인 군부가 안전한 것을 확인한 일본군 '위안부'들은 "살아있었군요"라고 인사를 나눈 후 미군의 지프차를 타고 포로수용소를 떠났다. 하지만 아이러니하게도 점령군인 미군의 '위안부'가 되는 경우도 있었으며, 1975년 자신이 일본군 '위안부'였다는 것을 고백한 배봉기의 사례처럼 전후에도 오키나와에 은둔하는 길을 찾거나, 새롭게 건설된 미군기지 주변의 기지촌에서 남은 생애를 살다 죽은 경우도 많았다.

해방된 조국으로의 귀국을 일부 일본군 '위안부'들이 두려워하거나 포기한 것은 아마도 '가부장적 남근주의'가 지배적이던 조국에서 '환향녀'의 비난을 무릅쓰는 일의 공포와 함께, 일본군 '위안부'로 지낸 시간

---

13 오키나와전쟁 당시 포로수용소 체험에 대해서는 자료가 많지 않다. 최근에 필자가 읽은 것으로 나나오 가즈아키(七尾和晃)의 『沖繩戰と民間人收容所』(原書房, 2010)이 있는데, 이 책에도 오키나와인과 일본인의 수용소 체험은 그려지고 있지만 조선인에 대한 기록은 소략한 실정이다.

동안 삶의 존엄을 완전히 상실해 스스로를 긍정하기 어려웠기 때문인 것으로 추정된다. 포로수용소에서 한국의 군부들은 몇몇 일본군 '위안부'들을 향하여 "저년을 찢어 죽이자" 하는 식의 분노를 표출하기도 했다. 김원영의 증언에 따르면 전쟁 시에는 일본군 장교와 종전 이후에는 미군의 장교와 놀아나는 것처럼 느껴지는, 이른바 '포주급 위안부'들이 눈에 거슬렸기 때문이라는 이유가 제시되지만, 설사 그런 사례가 있었다고 해도 그것을 개인의 책임으로 돌리는 것은 어려운 일이다.

7. 1975년의 배봉기와 오늘의 한국

1975년, 일본군 '위안부' 문제를 최초로 폭로한 이는 당시 오키나와에 거주하고 있던 배봉기였다.[14] 그렇다면, 왜 하필 이 시점에 배봉기의 증언이 일본에서 문제가 된 걸까.

당시는 오키나와가 미국의 점령 지배 체제에서 일본으로, 이른바 '조국 복귀'를 한 직후였다. 일본의 행정 당국은 1945년 이후 일본 본도에서 그러했던 것처럼, 오키나와의 일본 복귀 직후 구 일본 국민이었던 조선인들을 무국적자로 처리했다. 이 와중에 배봉기 역시 졸지에 무국적자 신분이 된 것이다. 당시 오키나와 언론과 인터뷰에서 배봉기는 자신

---

14 한국에서는 1996년 11월 한국정신대연구소(책임연구사 : 이성순)에서 오키나와에 체류 중인 배봉기를 구술 채록하는 연구를 진행했다. 1975년 당시의 배봉기의 증언과 1996년 현재의 증언 기록이 다음 사이트에 게재되어 있다.
  http://hermuseum.go.kr/bbs/bbs_view.asp?idx=41&s_left=2&s_top=4.

이 일본을 위해 '애국'을 했다고 말하면서, "한국으로 갈 수 없다. 생활
보조금이 끊기면 나는 죽을 수밖에 없다. 이게 애국의 대가라는 것이 믿
어지지 않는다"고 말했다. 아마도 이러한 발언은 일본 체류의 정당성을
옹호하기 위한 맥락이었다고 판단된다.

배봉기의 이런 고백이 언론을 통해 보도되자, 조선인 강제연행의 실
상에 대한 백서를 제작하던 조총련 오키나와현지부와 전국학생공동투
쟁회의(전공투) 운동 이후 투쟁의 방향을 '오키나와 복귀'로 설정했던 일
본의 좌파 운동가들이 배봉기에게 오키나와전쟁 당시의 조선인 일본군
'위안부'의 '실상'을 말해달라고 요청했다.

물론 일본의 좌파들은 '일본제국주의의 잔인성'을 고발하고자 했다.
이에 반해 우파들은 온몸으로 '애국'한 구 일본 국민의 '국가에 대한 헌
신'을, 가령 오키나와전쟁 당시 오키나와 현립여자사범학교 학생들이
동원된 종군간호부대인 히메유리(ひめゆり) 부대와 같은 차원에서 현창하
고자 했을 것이다. 결론적으로 배봉기의 증언록을 읽으면서 내 생각이
머문 곳은 이런 부분이었다. "나는 버림받았다. 조선에서도 또 일본에
서도, 심지어 오키나와에서도."

그런데 이런 사실들이 한국에서는 체계적으로 연구되지 않고 있다.
1990년대 이후 한국의 정신대문제대책협의회(정대협)과 몇몇 연구자들이
조선인 일본군 '위안부' 문제의 진실을 해명하기 위한 작업을 펼치고 있
는 것은 다행스러운 일이다. 그러나 일제 당시의 조선인 강제연행을 둘
러싼 진실의 많은 부분은 여전히 어둠 속에 묻혀 있다. 일본군 '위안부'
문제의 진상규명 및 해결에 있어 가장 큰 암초는 물론 현재의 일본이다.
아직까지 일본 정부는 조선인 일본군 '위안부' 문제에 대한 국가 책임은

물론, 제국주의와 식민주의의 과거사를 체계적으로 부정하고 있다.

이와는 별도로 일제 말기 조선인 강제연행 문제의 진상규명은 일차적으로는 남북한 정부가 공동으로 조사·연구하는 일이 필요하다. 1970년대 재오키나와 조총련지부는 강제연행의 실상을 밝히기 위한 광범위한 조사 작업을 시작했지만, 당시 남북한의 체제 대결 상황 때문에 이 사실이 한국에는 알려지지 않다가, 1990년대 후반이 되어서야 일본군 '위안부' 문제가 쟁점화되기 시작했다. 하지만, 갈수록 어두워가는 남북한의 대치 상황은 이러한 문제에 대한 체계적인 조사와 연구를 불가능하게 했다.

오키나와전쟁 당시의 조선인 군부와 일본군 '위안부'의 전쟁 체험 문제 역시 그 자료의 많은 경우가, 일본이나 오키나와 학자의 연구 결과에 의존하고 있다. 그러나 이러한 연구조차도 많은 경우는 '자국사'나 '자국민'의 관점에서 진행되는 것이기에, 희생된 조선인에 대한 기억은 일본인이나 오키나와인들의 죽음을 환기하는 과정에서 부수적으로 상기되고 있는 실정이다.

현재의 일본 정부가 강제연행된 조선인 문제와 식민지배 책임에 대한 전향적 반성이 없는 이상, 이 문제는 남북한 스스로가 진상을 규명해야 될 사안이다. 그런데 이런 결심을 할 경우에도 오키나와로 조선인을 강제연행한 문제의 진상규명을 어렵게 하는 요인은 또 있다. 1945년 오키나와전쟁에서 미국이 승리한 이후 1972년까지 오키나와는 미국에 의해 통치되었으며, 오키나와전쟁과 관련된 자료 다수는 미국에 있다. 따라서 오키나와에서 조선인 강제연행 문제를 규명하기 위해서는 일본, 미국, 오키나와, 중국, 타이완 등에 산재되어 있는 조선인 강제연행 기록을 조사·발굴·체계화하고, 전쟁 체험자들의 증언을 광범위하게 확보하는 일이 필요하다.

물론 이것은 한 개인이 할 수 있는 일이 아니다. 오키나와전쟁 당시 오키나와에 체류하고 있던 조선인들과 관련된 몇몇 자료를 읽어나가면서, 내가 한없는 비통함과 무력감에 빠져들었던 것은 이런 까닭이다. 이런 심정이 극복되기를 기원한다.

해방 70년에 돌아보는
제주와 오키나와

1. 식민주의와 이도고(離島苦)

2015년은 제2차대전 말기 아시아에서 벌어진 태평양전쟁(1941~1945)
이 종결된 해로, 일제에 의한 대동아공영권 체제의 몰락과 전후 미국 주
도의 반공 패권 체제가 성립된 지 70년이 되는 해였다. 한반도의 경우 이
전쟁의 종결 후 해방을 맞았으나 4·3항쟁, 여순사건, 한국전쟁 이후 현
재까지 민족 분단에 따른 냉전적 질서가 사실상 지속되고 있다.

오키나와 역시 한반도와 유사한 길을 걸었다. 1945년 4월 오키나
와에서 전개된 미군과 일본군 제32군 간의 오키나와전쟁은 다대한 오
키나와인의 희생을 초래한 후 미군의 승리로 종결되었다. 전쟁 직후 미
군은 오키나와 주민들의 토지를 탱크와 불도저를 앞세워 강제수용한
후, 후텐마(普天間)·가데나(嘉手納)와 같은 지역에 대규모 미군기지를 건

설하였고, 1952년 샌프란시스코강화조약을 통해 오키나와에 대한 미국의 행정권을 관철시켰다. 미국의 점령 통치는 1972년 오키나와의 일본 반환으로 종결됐는데, 역설적인 것은 일본 본도의 미군기지가 이 시점부터 오히려 대거 오키나와로 이전됨으로써 기지 점유 비율이 급격하게 증가했다는 점에 있다. 일본 복귀 이후 오히려 명백한 '기지의 섬'이 된 것이다.

오키나와에 비하자면, 현재의 제주는 미국의 군사 패권 체제로부터 상대적으로 자율적인 '관광의 섬'의 면모를 지닌 것처럼 보인다. 그러나 만일 오키나와전쟁 직후 미군이 히로시마와 나가사키에 원폭을 투하하는 식이 아니라, 일본 본도 진공의 전략적 요충지로 간주했던 타이완이나 제주를 침공하여 직접 지배하는 식으로 전쟁이 진행되었다면, 오늘의 제주는 오키나와와 동일한 형태의 '기지의 섬'이 초래하는 비극적 공간이 되었을 확률이 높다.

현재 '관광의 섬'으로 이미지화된 제주는 사실 '전쟁의 섬'이다. 1948년에 시작된 제주 4·3항쟁은 사실상 한국전쟁의 국지적 시작을 의미하는데, 이 사건의 와중에 벌어진 여순사건 역시 그것과 동궤에 있는 것이라 볼 수 있다. 제주 4·3항쟁에서 많은 제주인들이 육지부에서 차출된 토벌군과 서북청년단 등 민간 반공 무장 세력에 의해 희생되었다. 제주 4·3항쟁의 토벌작전은 오키나와전쟁을 포함한 태평양 도서 지역에서의 미국의 진공 작전이 제주에서 재현된 사례로 볼 수 있다. 미 군사고문단의 개입 역시 역사적으로 밝혀진 사실이다.

제주와 오키나와를 단기적이 아니라 거시적 구조의 측면에서 볼 때 나는 '식민주의'와 '이도고(離島苦)'의 문제를 공통적으로 음미할 수 있다고 본다. 각각 일본열도와 한반도로부터 공간적으로 격절(隔絶)되어 있는 이 두 섬은 애초에 독자적 왕국 질서를 유지했던 곳이다. 근대 전환기까지 오키나와는 류큐왕국으로 존속해 동아시아적 화이(華夷)질서인 조공·책봉 시스템 아래 자주권을 행사하고 있었고, 이른 시기 육지부에 의해 점령되었던 제주는 탐라국으로 독자적 정치 질서를 유지했던 지역이었다. '식민주의'라 할 때 그것은 근대적 제국주의만을 환기하는 것은 아니다. 본토 권력에 의한 지배와 복속에 따른 착취와 수탈의 경험은 장구한 시간을 통해 오키나와인과 제주인들의 '자기결정권'을 압살했고, 이후 본토에 의한 지속적인 차별을 강제당한 셈인데, 이것은 반대로 섬 특유의 독자적 아이덴티티를 강화하게 만든 요소이기도 했을 것이다.

1609년 가고시마(鹿兒島) 지역에 있던 사쓰마 번은 류큐왕국을 침략했다. 임진왜란 이후 조선 및 중국 간의 교역이 끊긴 위기를 타개하기 위해 사츠마 번과 막부는 류큐를 반(半)식민지화 해 수탈했다. 류큐왕국은 이때부터 과중한 공납부담을 감당해야 했다. 물론 왕부의 공납의무는 민중들에게 전가되었으며, 인두세를 포함한 과중한 현물납공을 감당할 수 없었던 주민들은 노인들을 죽이고 신생아를 해안가 바위 사이에 던져 살해하는 등의 잔혹한 방법을 통해 납공의무를 벗어나고자 절망적인 사투를 벌였다. 제주 역시 육지부에 복속된 이래 여러 형태의 고통에 노출되었다. 금도령(禁島令)에 의해 섬 바깥으로의 이동이 제한당해 고립되었으며, 중죄인등의 유배지로 오랜 세월 간주되었고, 육지부에서 파견된 관힌세력들은 제주인들에 대한 가렴주구를 서슴지 않았다. 몽골 점령기에는 외세에 의한 수탈과 폭력까지 더해졌고, 해방 이후에는 4.3사건의 과정에서 3만여 명에 가까운 양민이 죽거나 실종되었으니 그

비극은 가히 필설로 형언키 어려웠다.

전통적으로 도서지역의 섬사람들은 육지부와는 다른 이도고에 시달렸다. 본토와 지리적으로 격절되어 있다는 일차적 조건에 더해, 융기 석회암과 현무암으로 구성된 토양의 척박함과 기후의 가혹함은 주식과 부식을 막론하고 식량자급을 불가능케 했을 뿐 아니라, 관헌들의 수탈에 따른 만성적인 기아상태를 면치 못하게 만들었다. 토착·외래 지배층의 폭정은 그치지 않았으니, 이러한 고통을 일컬어 섬사람들은 '이도고'라 불렀던 것이다. 그런 가운데서도 섬사람들이 강인한 생존력을 유지하면서 자치의 전통을 유지했음은 실로 경이에 가까운 일이다.

2. 일제하 국외 이주 체험의 공통성

제주와 오키나와의 일제하 상황을 검토해보면, 여러 형태의 유사성을 간파할 수 있지만, 특히 '탈도(脫島) 러시'라고 해도 과언이 아닐 국외 이주 체험의 공통성을 발견할 수 있다. 물론 일본의 한 현(県)으로 편입된 오키나와인들의 이주 체험과 식민지였던 제주인들의 그것은 섬세하게 분별되어야 하지만, 섬 바깥으로 혹은 타국으로의 이주 체험의 근본적인 동인은 유사하다. 즉 식민화된 섬 안에서는 생존이 불가능하다는 절박한 몸부림이 이민 동기의 공통점이다. 두 섬 모두 '이민의 섬'이었던 것이다.

일제하 제주인들의 도외(島外) 이민지는 식민 본국 일본인 경우가 많았다. 특히 현재는 이쿠노 구(生野区)로 개명된 오사카부(大阪府) 이카이노(猪

飼野) 지역에 이들은 집단적으로 거주하면서 방직공장이나 군수공장 등에서 노동에 종사했다. 이지치 노리코(伊地知紀子)의 연구에 따르면, 1923년 제주도와 오사카 간 기미가요마루(君代丸)의 정기항로가 개설되면서 제주인들의 일본행 단기·장기 이주가 본격화된다. 제주인의 일본 도항(渡航) 통계를 검토한 이지치는 1934년의 통계를 제시하면서 제주도 내 4만7466호 중에 3만498호에서 취업노동허가증을 얻은 도항자가 나갔다고 보고했다.[15] 물론 도항자가 그대로 국외 이주자 또는 이민자인 것은 아닐 것이니, 이민자의 총 수는 섬세하게 분별되어야 한다. 그런데 또 다른 연구자에 따르면, 1934년 현재 일본에 거주하고 있던 제주 사람은 5만 명이다. 역산해보면 도항자는 당시 제주도 총인구의 25%에 이른다는 점도 확인된다.[16]

대개의 노동이민이 그렇듯 최초 단계에서는 남성 단신의 이주가 많았지만 시간이 갈수록 초청이민의 형태로 가족 구성원 전체가 일본으로 이주하는 사례도 늘어났다. 이밖에도 잠수 작업에 능했던 제주의 잠녀들이 일본 본도 전역에서 계절노동자로 어업에 종사했음도 잘 알려져 있다. 현재도 오사카 지역에 거주하는 재일조선인의 30%는 제주도 출신인 것으로 파악되고 있다.

물론 일본의 재일제주인들 모두가 일제하에 도일한 이른바 '올드 커머(old commer)'는 아니다. 4·3항쟁을 전후해서도, 또 한국전쟁 직후에

15 이지치 노리코(伊地知紀子), 「제일 제주인의 이동과 생활」, 윤용택외 2인 공편, 『제주와 오키나와』 (보고사, 2013), 300쪽.
16 유철인, 「제주 사람들의 생활세계에서의 '일본'」, 윤용택 외 2인 공편, 위의 책, 283쪽.

도 상당수의 제주인들이 밀항 등의 방법으로 제주를 탈출하여 일본으로 이주했다.[17] 한국전쟁 이후에도 이주는 지속되었는데, 이는 4·3항쟁과 한국전쟁을 거치면서 체험한 냉전적 반공주의와 분단에 기인한 정치적 탄압에 대한 두려움 때문이었으며, 4·3항쟁의 전란이 휩쓸고 간 제주에서 생존과 생활이 불가능하다는 절망감 때문이었다. 제주인에게 오사카를 포함한 일본은 타국이면서도, 그들의 생존과 생활을 오랫동안 도모해왔던 '생활권'으로 인식되었기에, 위기가 도래할 때마다 국경을 넘는 일은 불가피하고 또 자연스러운 것이었다.

오키나와 이민자의 경우는 어떠한가. 나 자신이 검토한 여러 자료가 있지만, 여기에서는 도리고에 히로유키(鳥越皓之)의 『류큐국의 멸망과 하와이 이민』(2013)에서 다룬 논의를 중심으로 간략하게 살펴보고자 한다.[18] 1902년에 제물포항에서 조선인들이 최초로 하와이 사탕수수농장으로 노동이주를 했던 것보다 앞서[19], 오키나와에서는 1900년에 최초의 하와이 이민이 시작되었다. 폐번치현(廃藩置県) 이후 류큐왕국의 멸망이 이민의 근본 원인이었는데, 오키나와 안에서는 살아갈 방법이 없으므로 노동이민을 통해서 해결하자는 것이 당시의 분위기였다. 일본 본도는 물론 오키나와현에서도 오키나와인에 대한 차별은 그치지 않았다.

도리고에의 조사에 따르면, 1940년 현재 일본 국적의 해외 이민자는

---

17 현무암, 「밀항·오무라 수용소·제주도」, 제주대 재일제주인센터 편, 『재일제주인과 마이너리티』, 경일문화사, 2013 참조.

18 鳥越皓之, 『琉球國の滅亡とハワイ移民』, 吉川弘文館, 2013.

19 안형주, 『1902년, 조선인 하와이 이민선을 타다』(푸른역사, 2013)는 구한말 하와이 최초 이민자인 안재창의 가족사를 중심으로, 조선인의 미주 노동이민의 풍경을 잘 보여주고 있다.

히로시마현이 7만 2000명, 그 뒤를 구마모토현이 뒤따르고, 오키나와현이 5만7000명으로 3위였다. 이 숫자는 당시 오키나와 총인구의 9.97% 해당하는 것이었다.[20] 위에서 언급했듯 1935년 현재 제주 출신 일본 이민자가 제주도 총인구의 25%였던 것을 보면, 제주인의 해외 노동이주가 심각했고 식민주의로 인한 고통 또한 컸던 것으로 보인다. 그러나 오키나와인들에게는 일본 본도로의 이민 역시 국외 이주와 다를 것 없는 이민족의 고통에 노출되는 일이었다.

일제 당시 오키나와인들의 거주 구역은 조선인들과 유사한 곳이었다. 일본인들은 식민지의 조선인들을 '조센징'이라 경멸적으로 불렀던 것과 비슷하게 오키나와인들을 '리키징'이라며 노골적으로 차별했다. 이 차별의 가장 단적인 예는 1923년 관동대지진 당시 조선인들과 일본 내 사회주의자나 아나키스트가 자경단에 의해 살해당하는 와중에 오키나와인들 역시 조선인으로 오해받아 살해당한 비극적인 역사가 이를 증명한다. 당시 일본의 자경단들은 "고주엔(50엔)"을 발음하라 해서, 일본어 탁음을 발음하지 못하는 자는 조선인으로 간주해 잔혹하게 살해했다. 오키나와인들은 그들 고유의 우치나구치(ウチナーグチ, 오키나와어)를 활용했고, 대개 일본어에 미숙한 노동자들이었으므로, 이런 비극에 내몰리게 된 것이다. 설사 오키나와인임이 증명된다고 해도, 그들은 차별적인 2등 국민으로서의 비극을 벗어나지 못했다.

---

20 鳥越皓之, 위의 책, 15쪽.

3. 황국신민화 정책과 군관민(軍官民) 총력전

　일제 말기의 조선과 오키나와는 공히 황국신민화(이하 황민화)와 총동원 체제로 빠져들었다. 황민화 정책을 상징하는 가장 대표적인 사례는 '국어(일본어) 상용'을 통한 조선어와 오키나와어의 말살 정책이었다. 일본에 복속된 이후부터 오키나와어는 오키나와 방언으로 불렸다. 조선어가 조선 방언으로 불린 것과 비슷한 상황이 오키나와 안에서도 있었다. 이전까지 오키나와현의 방언 체제의 정점에는 오키나와 본도어인 오키나와어가 있었고, 그 뒤를 미야코 방언이, 다시 그 뒤를 야에야마 방언 등이 뒤따랐다. 이는 열도를 따라 수직계열화한 체제였는데 이러한 차이가 무화되고 오키나와어는 일본어의 한 지방어로 격하되었던 것이다.

　당시의 제주인이나 오키나와인들이 공통어인 일본어를 능숙하게 일상적으로 말하기는 대체로 어려운 일이었다. 제주인과 오키나와인 공히 일제 말기 때 일본군에 의해 군인, 군속, 근로정신대, '위안부', 방위대로 동원되었다. 하지만 학력이 낮은 토착 농민이나 어민 출신의 풀뿌리 민중들은 일본어를 전혀 활용할 수 없었기 때문에, 오키나와전쟁 이전이나 진행 중에 오키나와어를 쓴다는 이유를 들어 스파이 혐의로 살해당하거나 고문을 당하는 일이 빈번했다.

　오키나와전쟁은 1945년 3월 26일 미군이 오키나와 본도 남서부에 위치한 게라마제도(慶良間諸島) 상륙을 시작으로 4월 1일 오키나와 본도 전투를 일으키고, 6월 23일 남부 이토만 지역에서 일본군의 조직적 저항이 종료되며 막을 내린 사건이다. 사이판을 함락한 미군이 일본 본도로 진격하기 위한 경로를 당시 일본 전시기구인 대본영은 타이완, 오키나와,

제주 순이 될 것이라 예상했다. 이들은 미군이 오키나와 본도로 진공하기 전에 우선적으로 타이완을 제압할 것으로 예상했기 때문에, 오키나와에 주둔했던 최정예 부대인 9사단을 타이완으로 배치시켜 수비군을 강화하기도 했다. 그런데 예상을 깨고 미군이 오키나와로 전격 상륙하자 일본군 32군은 이 전쟁의 성격을, 본토진공을 최대한 지연시키려는 '소모 지구전'으로 설정하고 군관민 총력전을 독려한다. 이 와중에 숱한 오키나와인들이 비극적 희생에 노출된다.

전쟁이 끝난 이후 현재까지 파악된 오키나와전쟁 희생자는 20여만 명으로 이 가운데 오키나와 주민 9만4000명, 오키나와에서 현지 동원된 군인 및 군속 2만8000명 등 모두 13만 명의 오키나와인이 희생된 것으로 추정되고 있는데, 학자에 따라 통계에 얼마간의 차이를 보인다.[21] 조선인 출신 학병, 군부, 일본인 '위안부', 거류민 역시 1만여 명 이상이 전쟁 과정에서 희생된 것으로 알려지고 있는데, 오키나와 전인구의 1/3이 희생된 끔찍한 전쟁이었다. 더욱 비극적인 것은 우군이라 간주했던 일본군에 의해 '스파이' 혐의로 학살당하거나 집단자결(강제집단사)을 강요받아 학살된 주민들 역시 다대하였다는 점이다. 전쟁 전에는 충량한 황국신민으로 쇠뇌시켰던 자들이 막상 전쟁이 벌어지자 오키나와인들을 제3국인으로 간주하고 살상했던 것이다. 사이판 섬에서의 '옥쇄'를 말할 때, 사실 그곳에서 죽은 거류 일본인들의 대부분은 오키나와인이었다. 생명이 "구슬처럼 부서진다"는 이 끔찍한 악몽의 진실은 1990년

---

21 新城俊昭, 『琉球, 沖繩史』, 東洋企劃, 2014, 317쪽.

대가 되어서야 증언과 고백을 통해 오키나와인과 일본인들에게 대중적으로 알려지기 시작했다. 서로가 서로를 죽인, 발설할 수 없는 비극이자 악몽이었기 때문이다.

오키나와전쟁이 벌어지던 당시 제주 역시 급박하게 돌아갔다. 중일전쟁기 난징, 상하이 등의 폭격을 위한 공격 기지로 활용되었던 제주 역시 일본 본토 방어를 위한 기지의 섬으로 전락한다. '결7호작전'이라는 이름의 이 작전은 1945년 4월 15일, 제주도에 제58군 사령부가 신설된 후, 일본 본토와 만주의 관동군 중에서 7만5000명의 병력이 제주도에 결집, 제주도 전체가 오키나와 동일한 군사기지로 변모한다.[22] 오키나와의 일본군 제32군과 제주도의 일본군 제58군은 동일한 전쟁 목적을 수행했으며, 1945년 4월 1일 오키나와 본도에 미군이 상륙했다는 사실은 그 다음 전쟁 경로가 제주임을 의미하는 것으로 받아들여졌다.

역사엔 가정이 없지만 사고실험은 가능하다. 만일 미군이 지상전의 한 전략적 거점으로 제주에 상륙했다면, 오키나와에서 벌어진 '군관민 총력전'의 끔찍한 비극은 한반도에서 동일하게 반복되었을 것이다. 그 뿐 아니라 전후 샌프란시스코강화조약(1952) 이후 오키나와 지역을 미군정이 직접 지배했던 것과 마찬가지로 제주 역시 한반도에서 떨어져 미국의 군사 점령지로 전락했을 가능성 역시 크다. 다행히도 그런 일은 없었지만, 제주 4·3항쟁과 한국전쟁을 통해서 한반도 자체가 소련과 중

---

22 정영신, 「동아시아 시각에서 바라본 오키나와 제주」, 제주대 재일제주인센터 편, 『재일제주인과 마이너리티』(경일문화사, 2013), 497쪽.

국을 봉쇄하는 패권적 경계로 작동하였음은 이후의 역사가 증명해준 일이다.

4. 헤노코(辺野古)와 강정의 연합

1945년 8월 15일은 제주와 오키나와 모두에서 거대한 역사적 변화를 겪어야 했던 날이었다. 식민지였던 제주와 일본의 한 현(県)인 오키나와 모두 1945년 8월 15일을 기점으로 미군정의 통치 체제 아래로 들어간다. 한국의 미군정은 1948년 8월 15일에 종결되었지만, 오키나와의 미군정은 '류큐민정부' 형태로 전환되어 민간 정부의 형식을 띠면서도 1972년까지 사실상 미국의 지배를 관철시켰다. 제주의 경우 1948년에 이르러 4·3항쟁의 저 고통스러운 비극 속에 가감 없이 노출되었고, 이 비극은 1953년 한국전쟁이 끝나는 시점까지 지속되었다. 이 와중에 많은 제주인들이 과거처럼 일본으로 밀항하여 생명과 생존을 도모하고자 했다.

전후 한국과 일본은 '한미동맹'과 '일미동맹'을 기치로 점증하는 아시아에서 공산주의의 남하를 방어하는 전략적 거점으로 기능했다. 그런 가운데 오키나와는 미국에게 아시아·태평양의 안보를 좌우하는 요석(要石)으로 간주되어 섬의 군사기지화가 가속되었다. 반면 제주의 경우는 오키나와와 같은 전면적인 군사기지화에 직면하지는 않았다. 정영신의 분석에 따르면 이는 휴전선의 중무장화에 따른 부가적 결과였다.[23]

오키나와의 군사기지는 세계경찰국가로서 미국의 군사적 패권을 유지하기 위한 거점으로 작동했다. 한국전쟁, 베트남전쟁, 걸프전쟁, 테러와의 전쟁 등 이어지는 전화(戰火) 속에서 '기지의 섬'인 오키나와는 미국의 직접 전쟁과 일본의 후방 지원을 담당하는 전략적 거점으로 기능했다. 1972년 오키나와인들이 일본으로 복귀하였을 때 그들이 가졌던 낭만적 비전은 '전쟁의 영구적인 포기'를 명문화하고 있는 '평화헌법 체제'로 귀속될 수 있다는 점이었다. 오키나와전쟁을 거치면서 "군대는 주민을 지키지 않는다"는 뼈아픈 교훈을 얻었던 오키나와인들에게 '일본 복귀'는 '기지의 섬'인 오키나와가 '평화의 섬'으로 이행하리라는 희망을 예비하는 일처럼 보였다.

그러나 이후의 오키나와 현대사의 전개 과정에서 알 수 있듯 그 꿈은 명백한 허구로 나타났다. 특히 아시아 역내에서의 중국의 부상을 견제하기 위해 미국이 이른바 '아시아로의 회귀' 전략을 노골화하고, 아베 2기 정부가 '전후 체제로부터의 탈피'라는 구호 아래 '평화헌법' 개정은 물론이고 일본의 군사국가화를 노골적으로 강화하고 있는 국면을 보면 그 배반의 결과는 명백해 보인다.

오키나와를 경계로 중·일 간 혹은 미·중 간의 군사적 긴장의 고조와 함께, 한반도에서의 미·중 간의 패권 경쟁 역시 더욱 심화하고 있는 것으로 보인다. 미국의 명백한 목표는 한·미·일 삼각동맹을 통해 중국의 패권 확장을 적극적으로 견제하겠다는 의도이지만, 이것이 오키나와와

---

23 정영신, 위의 글, 507쪽.

한반도에서 오히려 군사적 긴장을 높여가리라는 것은 분명해 보인다. 제주 서귀포의 강정에 건설되는 해군기지는 이러한 군사적 각축과 잠재적 충돌의 위협을 더욱 고조시킬 것이라는 관점에서 기지건설에 반대하는 주민들의 주장은 논리적이다.

그러나 오키나와와 제주가 동일한 면모를 보여주고 있는 것은 아니다. 오키나와인들은 1995년을 기점으로 '자기결정권'의 확립을 섬 전체의 목표로 간주하고, 기지 없는 평화의 섬으로의 투쟁을 꾸준히 지속하고 있다. 전후 70년을 맞은 2015년에도 다양한 집회와 심포지엄이 열렸는데, 특징적인 것은 '오키나와 독립론'을 위시하여 미·일 이중지배 체제에 대한 문제의식이 섬 전체로 고조되었다는 점이다. 이른바 오키나와 아이덴티티에 입각한 '섬 전체 투쟁'의 양상은 '독립', '자치', '자립'이라는 상이한 구호와 목표 속에서도, 주민의 자기결정권을 향한 단결력을 고조시키고 있다.

반면 제주의 경우는 '국제자유도시'라는 신자유주적 정책의 후폭풍 속에서 지역경제와 환경의 동시 훼손이라는 위기 상황에 직면했다. 중국을 포함한 거대 투기성 자본이 제주의 중산간 지대로부터 도심까지 토네이도처럼 개발의 이름으로 빨아들이고 있는 실정이며, 이런 가운데 강정에 건설되는 해군기지는 동아시아 역내의 군사적 긴장을 고조시키는 등 복합위기에 처했다.

해방 70년 또는 전후 70년 아시아 역내에서의 '평화'와 '자치'와 '공생'을 어떻게 구축할 것인가. 오키나와와 제주는 오늘도 이런 끈질긴 화두의 장소이다. 헤노코와 강정이 연대하듯, 오키나와와 제주가 이런 난제에 응답하는 연합의 장소가 될 수밖에 없다.

류큐왕국 시대 오키나와의 지배와 종속 관계

오키나와(沖繩), 미야코(宮古),
야에야마(八重山) 지역을 중심으로

1. '구조적 차별', '희생의 시스템'의 이면

오키나와현 출신으로 『오키나와 현대사』(2005)의 저자인 아라사끼 모리테루(新崎盛暉)는 오키나와 문제의 핵심에 '구조적 차별'이 존재함을 지적한다.[24] 2차대전 이후 야마토(일본)의 선언적 비무장화와 상징천황제, 미국에 의한 오키나와의 분리·군사 지배란 우치나(오키나와)에 대한 구조적 차별과 희생을 강요하고 있는데, 야마토인들은 이를 사고 대상에서 배제하고 있다는 것이다.[25]

후쿠시마현 출신인 다카하시 데쓰야(高橋哲哉) 역시 2011년 3·11 동

---

24 아라사끼 모리테루, 정영신·미야우치 아키오 역, 『오키나와 현대사』(논형, 2008). 최근에는 같은 저자의 『오키나와, 구조적 차별과 저항의 현장』(창비, 2013)이 출간된 바 있다.

일본대지진 직후 출간한 『희생의 시스템 : 후쿠시마·오키나와』(2012)에서 비슷한 주장을 펼치고 있다.[26] 원자력발전 체제라는 '희생의 시스템'을 후쿠시마(福島)가 상징한다면, 오키나와(沖繩)는 식민지라는 희생의 시스템을 상징한다는 것이다. 2차세계대전의 패전 후 미군정의 지배 아래 있던 일본이 주권을 회복한 것과 동시에 오키나와는 미국의 직접 지배 아래 들어갔다. 1972년 일본 복귀로 오키나와의 시정권이 회복되긴 했지만, 주일미군기지의 모순은 현재도 오키나와가 온통 떠안고 있다.

'구조적 차별'로 지칭하건 '희생의 시스템'으로 명명하건, 오키나와의 역사적·정치적 표상체계는 예나 지금이나 '희생양'의 메커니즘을 고스란히 반복하고 있다. 물론 지배와 억압, 배제의 주체는 미국과 일본이며 객체가 오키나와인 것은 명백해 보인다. 지배·종속의 문제로 오키나와 문제를 볼 경우, 이것을 풀 수 있는 최적의 방법은 '오키나와의 비군사화와 중립화'라고 나는 생각하지만, 지정학·지리학적으로 동북아시아와 동남아시아를 중계하는 '교량'인 오키나와를 일본과 미국이 포기할 가능성은 거의 없어 보인다. 특히 부상하는 중국 패권의 상황 앞에서, 오히려 오키나와는 분쟁지역화할 가능성이 더욱 높아지고 있다.

실로 오키나와의 역사를 거시적으로 살펴보면, 통일 류큐왕국이 성립된 15세기를 기점으로, 이 아시아의 '교량국가'는 중세적 조공·책봉 체제를 활용하기도 하고 그 체제에 활용되기도 했다.

---

25 오키나와인들은 오키나와어(ウチナグチ)로 일본을 '야마토'(ヤマト)로 오키나와를 '우치나'(ウチナ)로 부른다. 이러한 호명 체계 속에는 일본 본도에 대한 오키나와의 주체성과 상대성의 관념이 스며들어 있다.
26 高橋哲哉, 『犠牲のシステム 福島·沖繩』(集英社, 2012).

1) 1372년 중산왕 삿토(中山王 察度)에 의해 명(明) 나라와의 조공·책봉 시스템을 받아들인 류큐왕국은 왕부 권력에 의한 통치의 정당성을 확보하는 것과 동시에, 사대교린(事大交隣)의 국제질서에 적극적으로 가담했다. 가령 우리 쪽의『고려사』와『조선왕조실록』,『승정원일기』등에 기록된 수백 건의 교류 문건만 보더라도, 동남아와 동북아를 무대로 펼쳐졌던 류큐의 '대항해시대'를 가능케 한 조공·책봉 시스템의 국제 역학을 확인하게 된다.

2) 근대 일본의 팽창적 대(大) 아시아주의의 초석(礎石)이 된 것은 류큐왕국이었다. 폐류치현(廃琉置県)으로 요약되는 류큐왕국의 주권 상실은 공식적으로는 이른바 '류큐처분'이 시작된 1872년에 일어났지만, 실제로는 1609년 규슈 지역의 지배권을 장악한 사쓰마 번(薩摩藩)의 류큐 침략 이후 상당 부분 자주권이 제한된다. 사쓰마 번이 류큐를 침략한 표면적 이유는 임진왜란 출병 당시 류큐의 미온적인 태도가 원인으로 제시되었지만[27],『류큐·오키나와의 역사와 문화』(2010)의 저자인 아라시로 도시아키(新城俊昭)에 따르면 두 가지 이유 때문이었다.

첫째, 일본의 도쿠가와막부(德川幕府) 입장에서는 임진왜란 이후 중국과의 조공 무역이 징벌적으로 단절된 상황에서 류큐를 활용해 대중 무역을 복원하자는 의도가 있었으며, 둘째, 사쓰마 번의 입장에서는 류큐에 대한 영토적 야심이 있었다는 것이다.[28] 실제로 사쓰마 번의 침략 이

---

27 조선을 침략하기 위해 도요토미 히데요시(豊臣秀吉)와 사쓰마 번은 류큐에 다음과 같은 전쟁 협력을 요청했다. 7000명의 병사, 10개월분의 병량미 제공, 조선 출병을 위해 축조된 나고야성의 유지·보수를 위한 분담금 등의 지불이 그것이다. 그러나 류큐 측은 조선이 교린국임을 이유로 최소한의 요구만 형식적으로 수용했다. 高良倉吉,『琉球王國』(岩波書店, 1993), 68쪽.

후 류큐왕국의 강역이었던 아마미제도(庵美諸島)는 사쓰마 번의 직할 영토로 편입되어, 현재는 가고시마현(鹿兒島県)에 소속되어 있다.

3) 류큐·오키나와는 근대 일본의 극단화된 팽창 논리인 '대동아공영권'의 실질적·표상적 핵심장소의 하나였을 뿐만 아니라, 2차대전 이후 미국의 아시아·태평양 지역에 대한 패권-헤게모니 체제의 정점으로 부상한다. 메이지(明治) 시대의 일본은 홋카이도를 점령하고(이른바 '홋카이도 개척'), 류큐를 침략한 후(이른바 '류큐처분'), 류큐의 어민들이 타이완에 표류, 원주민들에게 살해된 것을 구실로 타이완(臺灣)을 침략한다. 홋카이도 개척의 주도 세력이 사쓰마 번 출신의 구(舊) 사족(士族) 계층이었던 것을 고려하면 홋카이도, 류큐, 타이완으로 이행하는 일본의 메이지 이후 제국주의적 침략의 역사적 연속성을 확인할 수 있다.

폐류치현 이후 오키나와현으로 격하된 류큐는 태평양전쟁 말기 미국에게는 일본 본도 진격의 입구로, 일본에게는 본도 방어의 방파제로 간주되었다. 1945년 4월부터 6월까지 진행된 오키나와전쟁에서 피아(彼我)의 군인과 민간인을 합하면 20만여 명의 인명이 희생되었다.[29] 이 과정 속에서 오키나와인들은 천황제 파시즘에 적극적으로 동원되기도 하고 희생당하기도 했다. 류큐인들은 일본 천황의 신민(臣民)이자 일본의 국민(國民)으로 일찍부터 동화(同化)되었지만, 오키나와전쟁이 발발하자 표준 일본어를 쓰지 않는 류큐인들이 일본군에 의해 스파이 혐의로 처형

---

28 新城俊昭,『琉球·沖繩の歷史と文化』(東洋企劃, 2010), 40~45쪽.

29 일본군(조선, 타이완 포함) 9만4000명, 오키나와 주민 9만4000명, 미군 1만2000명이 오키나와 전쟁에서 사망한 것으로 추정된다. 호카마 슈젠(外間守善), 심우성 역,『오키나와 역사와 문화』(동문선, 2008), 106쪽.

되는 일이 다반사였으며, 오키나와를 방어했던 난세이제도 32군 사령관은 군인과 오키나와현민 모두 장렬하게 옥쇄(玉碎)할 것을 명령하고 자살했다. 이로 인해 미군에 의한 폭격뿐만 아니라, 일본군에 의한 살해와 강요된 '집단자결' 명령으로 많은 오키나와인이 희생당했다.

4) 전후 오키나와는 일본의 재건과 미국의 아시아·태평양 지배 체제의 군사적·지정학적 장소로 귀착된다. 패전 후 일본의 심각한 식량난, 생필품난의 어려움을 해소해준 것은 오키나와였다. 오키나와의 최남서단인 요나구니지마(与那国島)는 타이완으로부터 불과 100km 거리에 있는데, 일본의 패전 이후 상당 기간 밀무역이 성행했다.[30] 오키나와전쟁의 부산물인 고철 등속은 오키나와에서 대만을 통해 중국 본토로 흘러들었고, 반대 방향으로는 식량과 생필품이 밀무역으로 거래되어 일본 본토로 들어갔다. 그러나 종전 이후 밀무역의 활황은 그리 오래가지 않았다.

한편, 미군의 일본 본토 공격을 방어하기 위해 요새화되었던 오키나와에는 아시아·태평양을 군사적으로 관리하기 위한 미군기지가 들어섰다. 총칼과 불도저를 앞세운 미군의 군사기지 건설은 오키나와인들의 토지를 무법적으로 몰수하는 사태로 이어졌고, 오늘의 기노완 시(宜野湾市)를 타원 모양으로 알 박기하고 있는 후텐마(普天間) 기지의 형세에서 볼 수 있듯, 어디에서나 난폭한 전투기의 굉음 소리를 들어야 하는 기묘한 '기지의 섬'으로 오키나와를 무장시켰다. 1972년까지 미국의 직접 지배

---

30 최근 일본과 중국 사이에서 센카쿠제도(중국명 댜오위다오)가 영토 문제로 비화되자, 일본 정부는 요나구니지마에 자위대를 설치할 것이라는 계획을 밝혀, 일본·중국·대만 간의 군사적 긴장감이 높아지고 있다.

아래 있었던 오키나와인들이 일본 본도로 출항하기 위해서는 비자 격에 해당하는 도항중을 소지해야 했다. 본도인들의 오키나와인에 대한 멸시와 차별은 재일조선인에 대한 차별과 별반 다르지 않았다.

오키나와의 미군기지는 한국전쟁, 베트남전쟁, 걸프전 등등의 전진기지 역할을 했다. 아열대에 속하는 오키나와의 자연환경은 미군이 유일하게 밀림전을 훈련할 수 있는 군사적 장소로 격찬되었다. 뿐만 아니라 필리핀, 괌, 오키나와, 한국을 잇는 미군 군사기지는 아시아·태평양 지역에서의 미국의 패권적 지위와 시대에 따라 달라지는 '가상적'에 대한 군사적 억지력을 상징하는 지정학적·표상적 최전선으로 기능했다. 1972년 오키나와가 반환된 이후에는 오히려 주일 미군기지의 밀집도가 높아져 전체 주일 미군기지의 70% 이상이 오키나와현 영토의 20%를 장악하고 배치되는 실정이었다.

이렇듯 패권 체제의 변동에 따라 중세 시기 아시아의 문화적 교량 역할을 했던 오키나와는 '희생의 시스템' 속에서 '구조화된 차별'을 더욱 누적시켜왔다. 아마도 오늘의 오키나와인들이 야마토(일본)와 아메리카(미국) 양 국가를 향해서 "오키나와에서 나가라"고 외치는 이유는 이런 역사적이고 구조적인 모순에 대한 역사적 극복과 민중적 저항 의지 때문일 것이다.

그러나 '희생의 시스템'이나 '구조화된 차별'을 뒤집어서 본다면, 가령 우리는 이런 식으로 생각해볼 수도 있다. 일본과 미국이 오키나와를 이중식민지화하고 있지만, 이것은 역으로 이 두 국가가 절대적으로 오기나와에 의존하고 있다는 사실을 명백히 보여준다는 것이다. 다시 말해, 진실은 오키나와가 일본과 미국에 의존하고 있는 것이 아니라는 사실이다. 이는 오에 겐자부로(大江健三郞)나 더글러스 러미스의 주장과도 같다.[31] 만일 오키나와인들이 일본과 미국은 오키나와에 의존하지 말고 군사 시설을 본도로 회수해가라고 한다면? 실제로 그렇게 말하고 있거니와, 아마도 오키나와의 진정한 식민지 체제의 청산은 이러한 주장의 실현에서부터 온다고 오키나와인들은 생각하는 듯하다.

2. 국가 성립 과정에 대한 사고실험

근대 국민국가와 폭력, 지배와 종속의 문제를 짚어보면서 근대 이전의 류큐왕국(1429~1879)은 어떠했는가에 대해 생각할 계기가 있었다. '폭력의 독점'이라는 관점에서 '국가의 기원'을 사유해보자면, 류큐왕국의 성립이야말로 우리에게는 흔치 않은 '사고실험'의 계기를 제공한다고 나는 생각한다.

1) 조선과 중국, 일본이 중세적 전제왕조의 형태든 막부의 형태든 중세적 통치 질서를 구축하고 있던 12세기까지 이른바 류큐 권역이라 할 수 있는 아마미(奄美, 현 가고시마현 소재), 오키나와(沖縄), 미야코(宮古), 야에야마(八重山) 등 활처럼 휘어진 류큐호(琉球弧) 지역은 구석기를 막 지나 신석기문화인 패총 시대에 있었다. 당시의 원주민들은 산호초가 있는 해안 인근의 모래언덕에서 채집과 수렵을 하며 살았다. 중국과 조선이 전

---

31 오에 겐자부로, 이애숙 역, 『오키나와 노트』(삼천리, 2012)의 제1장의 제목은 "일본이 오키나와에 속한다"이다. 더글러스 러미스 역시 비슷한 입장을 보여주고 있다.

제왕조를 형성하고 일본은 헤이안 시대를 통과해 가마쿠라막부(鎌倉幕
府)로 이행하던 바로 그 시점까지, 이 지역의 시원적 삶의 고요한 형태는
변함이 없었다.

2) 그러던 것이 12세기가 되면서 갑작스럽게 류큐호 각지에서 철기문
화와 벼농사가 시작되고, 오키나와어로 구스쿠(グスク, 城)라 이르는 성곽
또는 산성이 류큐호 전역에 동시다발적으로 건설되기 시작한다. 토착
유력자인 아지(アジ, 按司)도 나타나 일종의 부족 동맹을 건설하기 시작하
고, 우타키(ウタキ, 御嶽)와 같은 성소(聖所)에서의 샤머니즘적 제례가 체계
화·제도화되기 시작하며, 여성 사제인 노로(ノロ, 神女)가 민중들의 종교
생활을 주관하기 시작한다.

3) 오키나와 본도에서 각 구스쿠를 기반으로 등장한 지배 세력들은
비타협적인 무력항쟁을 통해서, 세력권별로 호쿠잔(北山), 주잔(中山), 난
잔(南山)이라는, 한반도의 삼국시대와 유사한 이른바 삼산시대(三山時代)
를 연다. 이후 1429년 주잔(中山)의 수장인 쇼하시(尚巴志)에 의해 비로소
통일 류큐왕국이 성립된다. 앞에서 언급한 것처럼 류큐왕국은 일찍부터
중국 명나라와 조봉·책봉 체제를 받아들이고 통치 질서의 정당성을 확
보하여, 조공 무역을 기반으로 한 동아시아의 국제무역 체제에 뛰어들
어 왕조의 번영을 이루어나갔다. 그러나 오키나와 본도에서 성립된 류
큐왕국의 통치권이 북의 아마미제도나 남의 미야코, 야에야마 지역까지
완전히 도달하지는 못했다.

4) 류큐왕국이 성립되고도 상당 기간 동안, 실제로는 이른바 '제1쇼
씨왕조(尚氏王朝)'가 붕괴되는 그 순간까지(1470년), 류큐왕국의 형세는 오
키나와 본도에 한정되어 있었을 따름이다. 이 시기의 류큐왕국은 조공

무역 시스템을 기반으로 한 중계무역을 통해 왕실의 부를 축적하고 있었지만, 오키나와 본도 안에서도 여전히 각 지역의 구스쿠를 기반으로 한 토착 세력들의 저항은 드셌다. 급기야는 대외무역을 담당하던 가네마루(金丸)가 쿠데타를 일으켜 왕명을 쇼엔(尙円)으로 개명한 후, '제2쇼씨왕조'를 개국시켰다. 이후 3대인 쇼신왕(尙真王)의 50년에 걸친 장기집권기에 이르러, 위로는 아마미에서 아래로는 야에야마를 포괄하는 중세 류큐왕국의 형세가 완성된다.

이 부분에서 우리가 떠올릴 수 있는 의문은 여럿이다. 12세기까지 신석기를 지나 겨우 패총단계의 문화 상황에 머물렀던 류큐호가 이 시기에 이르러 폭발적으로 철기와 농업, 성곽의 건설과 유력 호족의 출현을 가능하게 한 원동력은 과연 어디서 왔단 말인가.

일본의 사학자나 오키나와의 향토사학자들에게도 이것은 역사적 사료가 없는 일종의 미스터리에 해당하는 것이기 때문에, 대체로는 외부 문명의 급격한 유입에 따른 '문명의 폭발'이라는 해석 정도에 머무르고 있다. 가령 중원에서는 당나라의 멸망과 칭기즈칸에 의한 몽골의 통일과 세력 확장의 결과로 한족들이 남하한 결과 류큐호로 유입되었을 것이라는 가정, 일본의 경우 전국시대의 혼란과 막번 체제(幕藩體制)의 성립에 따른 영토 전쟁의 결과로 무사들과 민중들이 류큐호로 유입되었을 것이라는 가정, 한반도에서는 고려시대 무신정변의 혼란과 항몽 투쟁의 과정에서 류큐호로 유입되었을 것이라는 가정 등이 제시되고 있다.

실제로 오키나와 본도에 산재되어 있는 산성들의 축조 양식들을 검토해보면, 조선과 중국 그리고 일본의 성곽 양식들이 다채롭게 산재해 있는 실정이다. 류큐왕궁의 왕성으로 승격된 슈리성(首里城)의 경우 성곽에서 한·중·일의 기와 및 유물들이 다수 출토되었다. 이런 점을 고려해 보면 중세 류큐왕국은 동북아와 동남아 모두에서 사람, 물건, 기술 등이 지속적으로 유입되어 융합하는 과정에서 중세적 왕조국가가 성립되었다고 보는 것이 타당할 듯하다. 그렇다면 오키나와의 역사와 문화는 단일형이 아닌 복수형의 혼합문화로 볼 수 있다.

그러나 앞에서도 잠시 환기한 바와 같이 류큐왕국이 애초에 하나의 정치·문화권으로 통합되었던 것은 아니다. 류큐왕국이라는 하나의 문화적 정체성으로 통합된 것은 중세적 국가 폭력에 의해 비로소 가능해진 것이라고 나는 생각한다. 류큐호의 문화권을 고고학적으로 분석하고 있는 일본과 오키나와 학자들의 주장들을 살펴보면, 류큐문화권은 아마미제도와 오키나와 본도를 중심으로 하는 오키나와문화권과 미야코·야에야마문화권으로 나뉜다.

오키나와문화권에서는 규슈 지역 등의 '원일본문화'에 해당되는 조몬(繩文)문화의 흔적과 함께 이후 도래인(渡來人)들의 유입으로 성립되었을 야요이(彌生)문화의 흔적도 최근 들어 발굴되고 있다. 이를 두고 학자에 따라서는 오키나와를 야요이문화 유입 이전의 '원일본문화'와 야요이문화의 혼성 양식이라고 주장하는 시각도 있다(홋카이도-오키나와 문화동형설도 존재한다). 반면, 미야코와 야에야마 지역은 조몬문화와 야요이문화의 흔적 자체가 전혀 나타나지 않고 말레이를 포함한 남방 문화의 영향이 강하게 나타난다는 점에서, 오키나와 본도의 문화권과는 완전히 상이한 문화권으로 상당 기간 존재했음을 유추할 수 있다.

이것은 언어와 생활양식, 종교와 생사관을 포함한 많은 부분에서 오키나와·아마미문화권과 미야코·야에야마문화권의 차별성을 보여주는

데, 실제로 오키나와 본도의 방언과 미야코와 야에야마의 방언은 상당한 차이가 있고, 종교 관념이나 생활양식에도 차이가 있다. 그렇게 본다면, 1500년 류큐왕부에 의한 미야코, 야에야마 복속과 류큐에서의 실질적인 통일 왕국의 성립은 슈리왕부 권력에 의한 위로부터의 폭력적이고 강제적인 문화 통합 내지는 동화 논리를 기반으로 했음을 유추하게 만든다.

3. 민중 봉기의 양가적 표상

—오야케 아카하치(オヤケアカハチ) 또는 홍가와라(ホンガワラ)[32]

오늘의 오키나와는 일본과 미국에 의한 이중식민지 체제와 유사한 조건에 속해 있지만, 이 대외적 지배·종속 관계는 근대 오키나와 이전에도, 어쩌면 지금 현재에도 '오키나와 안의 오키나와' '본도(本島)와 사키시마(先島)[33]' 문제와 같은 축소된 구조 속에서도 남아있다. 『솔직한 오키나와 문제』(2012)의 저자인 나카무라 기요시(仲村淸司)는 오키나와 2세

---

32 오야케 아카하치 또는 홍가와라의 정체를 밝히는 일은 오키나와 역사의 최대 미스터리 가운데 하나이다. 슈리왕부 입장에서는 반역자였던 때문인지, 아카하치에 대한 공식기록은 왕부의 공식사서인 『구양(球陽)』의 토벌 기록이 유일하다. 아카아치(赤蜂)와 홍가와라(洪家王)가 동일 인물인지 아닌지조차도 불분명하며, 토착인인지 외부로부터 유입된 유력자인지 또한 논란거리다. 연세대 국문과의 설성경 교수는 오야케 아카하치 또는 홍가와라가 조선의 홍길동일 가능성이 있다는 주장도 제시하고 있는 실정이지만, 아카하치에 대한 문헌 자료의 미비로 실증 작업이 현재로서는 어려운 상황이다. 설성경, 『홍길동전의 비밀』, 서울대출판부, 2004 참조. 한편, 아카하치를 반역자로 기술하던 슈리왕부의 공식 역사관은 근대 이후 그를 '자유민권운동'의 선구적 인물로 보는 시각으로 전환되었다.

로 일본 본도에서 태어나 오키나와현의 수도 격인 나하 시(那覇市)에 정착한 작가인데, 일본 본도에서는 오키나와인의 정체성 때문에 고통스러웠지만(지나치게 검은 피부), 오키나와에 와서 보니 사키시마(先島)인 미야코, 야에야마에 대한 차별 역시 매우 심각하다는 점을 지적하면서(선도 사람과는 결혼하지 마라), 이것이야말로 '오키나와 안의 오키나와' 문제임을 지적한다. 요컨대 '일본 안의 오키나와' 문제로서의 구조적 차별이 존재한다면, '오키나와 안의 오키나와'로서의 미야코, 야에야마 지역차별 역시 매우 심각한, 역사적으로 구조화된 차별 문제라는 것이다.[34]

그렇다면 오키나와 본도 사람들의 미야코, 야에야마 차별의 근거는 무엇인가. 뿌리를 거슬러 올라가자면, 그것은 다른 문화권으로 존재하던 미야코, 야에야마를 슈리왕부(류큐왕권)가 구조적으로 억압하고 착취한 것의 결과일 텐데, 이것이 류큐왕국이 지속되는 내내 구조적으로 심화되었다는 것이다.

아라시로 도시아키가 쓴 『류큐·오키나와의 역사와 문화』에는 야에야마에서 일어난 중세의 민중 봉기를 자세하게 다루는 장이 있다. 그 장의 소제목은 〈아카하치는 반역자였나〉인데, 그 봉기의 내용을 간단하게 요약하면 다음과 같다.

---

33 오키나와에서는 오키나와 본도 이남의 미야코, 야에야마와 같은 이도(離島)를 사키시마(先島)라 부른다. 오랜 세월 동안 사키시마 지역은 오키나와 본도에 의해 차별과 배제의 대상이었다. 특히 야에야마 지역은 류큐왕부의 중범죄자들을 유배 보내는 지역이었다.
34 仲村淸司, 『本音の沖縄問題』(講談社, 2012), 140~158쪽 참조.

태곳적 야에야마 지역에는 이리키야아마리(イリキヤアマリ)라는 신이 있었는데, 이 신이 주민에게 집을 짓고 농작물을 재배하고 익혀 먹는 법을 알려주었으며, 인간의 생활에 필요한 모든 것을 가르쳐주었다. 그 이래로 야에야마 사람들은 이 신을 섬의 최고신으로 받들어 매년 각 부락에서 이 신에게 제사를 지내왔다. 그런데 1486년 슈리왕부는 야에야마에 관리를 파견해, 그런 제사는 민력(民力)과 재력(財力)을 낭비해 무익할 뿐 아니라, 마을들을 경제적으로 피폐하게 만드는 것이라 하여 금지시켰다. 그러나 야에야마 사람들은 이러한 조치가 숭고한 이리키야아마리 신에 대한 모독이라고 분개했고 불만은 더욱 높아졌다.

이런 상황이 지속되던 1500년 오야케 아카하치(赤蜂) 또는 홍가와라가 나타나 민중들을 규합해 누적된 불만에 불을 당겼다. 그는 야에야마 지역의 민중을 규합하여 슈리왕부에 대한 저항을 결심했으며, 무려 3년 동안 슈리왕부에 대한 공납을 거부했다. 이에 슈리왕부는 수백 척의 배에 3000여 명의 진압군을 야에야마에 파견하여 미야코의 아지 나카소네 도우유미야(仲宗根豊見親)와 협공해 아카하치의 반란을 진압했다. [35]

위의 기록을 해석하면 아마도 다음과 같을 것이다. 1500년 당시 야에야마·미야코 지역은 아직 슈리왕부의 권력이 완전히 관철되지 않은 토착적·호족적 질서를 유지하고 있었을 것이다. 동시에 이곳에는 고유한 샤머니즘에 뿌리박은 부족공동체가 형성되어 있었을 것인데, 가령 이

---

35 新城俊昭, 『琉球.沖繩の歷史と文化』(東洋企劃, 2010), 36~37쪽.

리키야아마리로 상징되는 야에야마 토착신에 대한 신앙을 중심으로 독자적인 정치·문화공동체가 유지되고 있었던 것 같다. 이를테면 이리끼야아마리 신은 야에야마의 종족신에 해당되는 것이니, 그것은 슈리왕부의 종족신과는 전혀 다른 것이었다. [36]

한편, 슈리왕부 입장에서는 이 샤머니즘의 끈질긴 유지가 슈리왕부의 권위에 복종하지 않는 야에야마적 비순응과 저항의 근거로 간주되었을 확률이 높다. 동시에 슈리왕부는 중앙집권적 체제를 강화하기 위해 야에야마의 토착 권력을 왕부에 종속시키고자 했을 것이며, 그렇게 된다면 야에야마는 물론 미야코 지역에 대한 지배와 수탈을 효과적으로 진척시킬 수 있으리라 생각했을 것이다.

아무리 많이 잡아도 당시 오키나와 전체 인구는 수만 명에 불과했을 것이다. 그런데 슈리왕부가 3000여 명의 대군을 야에야마에 출정시켰다는 것은, 그 숫자가 얼마간 과장된 것이라 할지라도 오야케 아카하치의 저항 세력이 슈리왕부 측에서 볼 때 얼마나 위협적이었던가를 거꾸로 유추할 수 있다. 이러한 유추를 더 지속시켜본다면 아마도 오야케 아카하치는 오키나와 본도의 류큐왕국과 유사한 야에야마왕국을 꾀했을지도 모른다.

---

36 슈리왕부(류큐왕국)의 종족신은 아마미쿄(アマミキョ)와 시네리쿄(シネリキョ)라는 남녀 한 쌍의 신이다. 천손강림 모티프로 구성된 오키나와 창세신화에 따르면 이들은 거인(巨人)으로, 오키나와의 성지(聖地)인 구다카지마(久高島)에 강림하였다. 그 후 걸어서 여러 섬을 지나 오키나와 본도에 들어왔고 그곳에서 벼농사법과 집짓는 법 등을 알려주었다고 한다. 아마미·오키나와·미야코·야에야마에는 이와 유사하면서도 조금씩 다른 각각의 종족 신화가 다수 구전되고 있다. 高良勉, 『沖縄生活誌』(岩波書店, 2005), 24~27쪽.

여기서 흥미로운 지점은 슈리왕부의 야에야마 진압에 미야코의 유력 지배자(アジ)인 나카소네 도우유미야(仲宗根豊見親)가 가세했다는 점이다. 이를 거꾸로 해석하면 야에야마의 아카하치는 민중들의 압도적인 지지를 기반으로 해 야에야마를 통합하고, 이 여세를 몰아 미야코까지 진출해 궁극적으로는 슈리왕부와의 일전을 치루고자 했다는 유추도 가능하다. 사정이 그랬다면, 당연히 이에 위협을 느낀 미야코의 수장은 거꾸로 슈리왕부의 야에야마 공략에 힘을 보탰을 것이다. 궁극적으로는 야에야마를 자신의 세력권에 넣겠다는 발상과 슈리왕부에서 상당한 권력을 보상받을 수 있을 것이라는 정략적 계산을 했을 가능성도 높다. 실제로 슈리왕부는 아카하치의 반란 직후 나카소네(仲宗根豊見親)에게 야에야마제도 전체를 지배할 수 있는 왕부 권력을 하사해 100여 년간 야에야마를 신탁통치하게 하지만, 이후 반란의 거점인 야에야마는 물론 미야코 지역에까지 과중한 인두세를 부과함으로써, 오키나와 본도에 의한 미야코·야에야마 수탈이 수백 년간 지속되게 되었다. 토사구팽이라 할까.

한편, 오야케 아카하치(또는 홍가와라)의 봉기를 진압한 슈리왕부는 중앙집권체제를 강화한다. 그 일환으로 새롭게 편입된 류큐왕국 전역에 산재하고 있는 지방 호족들을 슈리성이 있는 나하(那覇)에 볼모 삼아 강제로 체류할 것을 명령한다. 이들에게는 차별적이며 위계적인 관직을 수여함으로써, 호족 세력을 분열시키고 지역의 권력 기반을 붕괴시킨다. 이에 순응하지 않는 세력에 대해서는 왕부군을 파견해 무력 진압하는 한편, 왕부에서 행정과 종교 제의를 담당할 관료를 해당 지역에 파견해 왕부의 권력이 류큐호 전역에 미치도록 했다. 마치 서양의 중세 봉건제가 절대왕정으로 이행되는 과정에서 전개된 중앙집권 체제의 확립과 유사한 형국이다. 동시에 민중들의 토착적인 샤머니즘과 제의를 금지시키는 것과 동시에, 왕부가 체계적으로 중앙집중적인 신녀(神女) 조직을 정비해 왕부로부터 먼 이도(離島)에 이르기까지 파견, 임명하여 제례 신앙을 국가 종교에 통합시킨다.

행정구역 역시 광역적 행정단위인 마기리(間切)와 몇 가구를 묶어 하나의 단위로 삼는 미시적 모둠인 시마(シマ)로 개편하고, 중앙에서 사령서를 발부해 행정 관료와 신녀를 파견했으며, 이를 기준으로 조세, 공납, 부역의 근거로 삼았다.

미야코와 야에야마 지역이 '오키나와 안의 오키나와'로 표현되는 지배-종속 구조에 빠져들게 된 것은 아카하치의 민중 봉기에 기인한 징벌적 인두세 제도에 원인이 있지만, 실제로 이 과중한 수탈 체제가 가렴주구의 수준으로 나타난 것은 사쓰마 번의 류큐 침공 이후부터다.

사쓰마 번은 류큐 침략 이후 류큐왕국 전역의 농지를 측량해 벼의 산출량을 계산했고, 이를 토대로 과중한 공납을 류큐왕국에 강요했다. 왕부군의 무장도 완전히 해제시켜 철기류의 무기를 제조, 유통, 사용하는 것을 전면 금지시켰다. 류큐왕부는 이 현물 공납의 의무를 고스란히 사키시마(先島)인 미야코와 야에야마에 부과하였는데, 15세에서 50세에 이르는 남녀 모두에게 수확량의 60%인 납세액을 전원 현물 공납하게 했다. 이러한 조치는 인구수의 증감이나 풍흉 여부와 무관하게 '정액인두세'를 채용했기 때문에, 미야코와 야에야마의 농민들은 인두세를 수백 년 동안 '극악무도한 세제'라 탄식했고, 이것이 미야코·야에야마의 민중들에게 또 다른 이도고(離島苦)가 되었음은 불문가지의 일이다. 야에야마와 미야코의 인두세가 폐지된 것은 1903년에 이르러서였다(류큐처분이 1879년에 이루어졌으니, 처분 이후에도 구관온존(舊慣溫存)의 상황은 상당기간 지속되었다). 이 지배와 종속, 차별과 배제의 장구한 역사야말로 '오키나와 안의 오키나와' 문제인데, 이것이 '일본 안의 오키나와' 문제라는 또 다른 구조적 차별과 상호작용하며, 오늘날까지 오키나와인들의 내면에서 은밀하게 불협화음을 불러일으키고 있는 것이다.

4. 지배 · 종속의 문제와 민중의 생활권

오키나와의 중세와 근현대를 간략하게 스케치하면서 우리들이 깨닫게 되는 것은 지배와 종속의 구조가 구조적으로 반복되는 현상이다. 그렇다면 이른바 근대 류큐처분 이후 일본제국의 오키나와 식민화를 당시의 류큐인들은 어떻게 보았을까.

필자 자신이 류큐인이 아닌지라 정확히 말하기는 어렵지만, 유추해본다면 다음과 같은 세 가지 반응이 있었을 것이라 짐작해 볼 수 있다.

1) 조공·책봉 체제의 소멸에 반발한 지배층 : 이른바 친청파(親淸派)에 속하고 중세적 조공·책봉 체제의 확고함을 신뢰했던 사족 계층의 많은 수는 일본으로의 편입에 적극적으로 저항하고자 했다. 그러나 이들의 저항이란 이후의 역사를 보면 사멸해갈 운명에 있었던 청조(淸朝)에 구원을 요청하는 방법 정도 밖에는 없었다. 그러나 청조는 중세 사쓰마 번 침략 당시와 비슷하게 오키나와 문제를 사실상 '방관'했다. 청조 자체가 서구 열강의 힘 앞에서 무력해지던 시점이었기 때문일 것이다.

2) 일본제국 체제에 협력했던 지배층 : 사실 중세 사쓰마 번의 침략 이후부터 류큐왕국 내에는 이른바 친일파(親日派)들이 존재했으며, 더 나아가서는 일류동조론(日流同祖論)을 적극적으로 주장한 사람도 있었다. 류큐왕국의 공식 사서(史書)에 해당하는 『주잔세이칸(中山世鑑)』(1650)에는 이른바 일류동조론(日琉同祖論)에 해당하는 신화적 내용이 삽입되기도 했다. 사쓰마 번의 침략 이후 류큐 조정의 관직 임명에 사쓰마 번이 상당 부분 개입했기 때문에, 왕조의 몰락은 고통스러운 것이지만 시시각각 다가오는 서구 열강의 식민지가 되느니, 현실적으로 일본의 세력권 안으로 들어가는 것이 낫다고 생각하는 사족도 있었을 것이다.

3) 왕조의 몰락을 오히려 기뻐했을 민중 : 슈리왕부의 중앙집권 체제가 강력하게 사키시마(先島) 지역을 장악한 것이 사실이라 해도, 민중은 인두세를 기반으로 한 가혹한 착취 체제로 인해 슈리왕조에 대한 불신감을 키워나갔을 확률이 높다. 이런 관점에서 보자면 슈리왕부의 몰락은 미야코나 야에야마 민중에게 가렴주구로부터의 해방으로 볼 수 있는 여지가 있다. 기록이 차별적이어서 일반화하기는 어렵지만, 왕조가 멸망하자 민중 가운데 많은 수가 "인두세로부터 해방이다" 하고 환호했다는 평가도 있다. 그러나 메이지기의 일본 국가 체제로 편입된 이후에도 거의 20여 년간 류큐에서의 구관온존(舊慣溫存)의 상황이 지속되었던 점, 폐류치현 이후, 또 2차대전 이후 오키나와 민중의 많은 수가 남미 등지로 대거 노동이민을 떠난 것을 보면, 민중의 입장에서는 수탈과 폭압적인 지배의 양상만 좀 다를 뿐이지, 시배 세력에 대해 큰 기대를 걸지 않았을 확률이 높다.

물론 이것은 오키나와 민중의 삶을 매우 단순화한 견해일 수 있다.

하지만 생각해보면, 류큐왕국의 번영기는 '왕부의 번영기'지 '민중의 번영기'는 아니었다. 오키나와에서 무역은 오직 왕부만이 그 주체가 될 수 있었고, 이를 통한 번영의 과실은 왕부와 중앙귀족, 지방호족들에게 돌아갔다. 민중은 왕부 체제든 아니면 일본제국 체제든 끝없는 수탈에 직면해야 했다. 오키나와 전체가 수탈당한 게 아니냐는 반론도 제기되겠지만, 왕부가 있는 나하 지역의 사족들은 미야코와 야에야마 지역에서 과잉 수탈한 인두세를 다시 수탈해 호가호위하는 기득권을 결코 놓지 않았다.

근대에 이르기까지 오키나와 민중에게는 문자를 익히거나 책을 읽는 일이 금지되었다. 류큐왕국 시기의 오키나와 민중은 그래서 토착 신앙인 샤머니즘에 더 강렬한 친화력을 느꼈을 것이다. 물론 왕부는 민중들의 샤머니즘이나 조상숭배를 전면적으로 금지할 수는 없었기에 국가가 의례를 제도화하고 신녀들을 위계화해 섬의 각 지역으로 파견했다. 반면, 류큐왕부의 국교는 불교였다. 류큐왕부는 조선과의 교린 과정에서 지속적으로 대장경과 불교 사원 건축에 필요한 자재와 자금 등을 요청했다.

류큐왕부의 공식 기록은 한어(漢語)로 작성되었고, 책봉이나 진공의 과정은 중국어로 진행되었다. 반면, 샤머니즘적 제례에서 불리어지던 신가(神歌)나 민요(琉歌)는, 가령 류큐왕부가 채록·편찬한 신가집인 『오모로소시(おもろさうし)』에서 볼 수 있듯, 오키나와어(ウチナーグチ)로 발성되고 일본어 표음문자인 히라가나로 채록되었다. 민중의 생활이나 생사관(生死觀)과 왕부 및 사족들의 그것은 상당한 차이를 갖고 있었을 것이다. 동서 1200km, 남북 400km에 이르는 통일 류큐왕국의 중세적 정치 질서

는 필연적으로 관리들에게는 근왕 의식을 심어주었을 것이지만 대다수의 민중은 국가 개념이 아니라 생활권의 개념이나 문화공동체의 개념을 더욱 현실적인 것으로 느끼고 살았을 확률이 높다.

12세기까지 패총문화의 고요하고 유장한 삶을 살아왔던 류큐인들이 왕부적 질서에 편입되어 지배·종속의 권력장 안으로 들어갔을 때, 그것이 과연 더 나은 삶의 진보라고 평가할 수 있는 근거는 우리에게 별로 남아 있지 못하다. 문자화된 역사시대가 류큐왕국에는 뒤늦게 도착했지만, 설사 남아 있던 문헌조차도 사쓰마 번의 침략, 류큐처분, 오키나와전쟁 과정에서 대다수가 약탈, 파괴, 국외 반출되어, 오키나와의 역사적 기억은 오직 신화나 민담에 의지해서만 간신히 유추되고 있다.

폐류치현 이후 오키나와의 운명을 가장 명확하게 보여주는 것은 슈리성의 운명이다. 류큐왕국의 왕성인 슈리성은 패류치현 이후 메이지 정부에 의해 오키나와 신사(神社)로 변모했고, 오키나와전쟁 중에는 오키나와 방어사령부의 주둔 기지가 되었으며, 오키나와전쟁 기간에 전소되었다가 1992년에야 복원되어 오늘의 모습이 되었다. 일본이라는 이른바 '조국 복귀 20주년' 만에야 슈리성이 가까스로 복원되었지만, '일본 안의 오키나와'이면서 '일본 바깥의 오키나와'였던 오키나와의 과거와 현재는, 일본인은 물론 한국인들에게도 그리 잘 알려져 있지 않다. 무엇보다 알 수 없는 것은 오키나와의 민중이 무엇을 꿈꾸고 고통스러워했는가 하는 점이다.

이러한 문제와 더불어 우리는 '아시아 속의 오키나와'를 고려해야 한다. 오늘의 오키나와 문제는 그 자체가 한반도 문제와 연동되어 있다. 오키나와 미군기지 문제는 한국의 미군기지 문제와 연동되며, 수년간 제주에서 진행되고 있는 '강정 해군기지 건설 강행'과 맥이 닿아 있다. 대다수의 한국인들은 오키나와를 잊고 있었지만, 많은 수의 오키나와인은 한국인들의 저항과 투쟁의 모습에서 여전히 강렬한 영감을 얻고 있다.

이하 후유(伊波普猷)의 일본 인식

지난겨울, 오키나와에서 『이하 후유 선집(伊波普猷 選集)』(1961)을 샀다. 마키 시(牧志市) 공설시장의 구석진 길을 걷는데 헌책방이 있었고, 그곳에서 낡은 장정에 먼지가 쌓인 이하 후유의 책을 발견했다. 지역 언론인 '오키나와 타임스사'에서 편집한 이 선집을 귀국 후 읽기 시작했지만 생각처럼 쉽게 읽혀지지 않았다.

『오모로소시(おもろさうし)』의 해석 문제 때문이었다. 16세기 류큐왕국에서 편찬한 이 신가집(神歌集)은 일본의 『만엽집(万葉集)』에 뒤지지 않은 '고류큐(古琉球)' 시대를 고스란히 시화(詩化)하고 있었다. 오키나와어를 일본어 히라가나 표기를 빌어 기록하고 있는 시들을 완전하게 해독하기 위해서는 오키나와의 역사와 문화를 이해해야 한다. 그런데 현재의 오키나와어는 오키나와 현지에서도 사실상 사어(死語)가 되어 있는 실정이고, 일본어로 해명할 수 없는 미묘한 번역의 편차가 있는 것이어서,

나 같은 한국인인 완전히 그것을 체화하려면 상당한 노력이 요구되는 것이다.

이하 후유는 일본 최초의 관립대학인 도쿄제국대학 국문과 졸업생이었다. 그가 학업을 위해 일본 본도에서 생활한 시기는 메이지 정부에 의해 오키나와가 식민지로 복속되고 얼마 안 된 때였다. 오키나와 출신인 그는 여러 차별적 폭력을 경험했을 것이다. 당시 일본인이 새롭게 식민지로 편입된 민족을 바라보는 시각은 대체로 인종적 멸시와 야만인으로 규정한 타자화였을 것이다. 메이지유신 직후 일본은 아이누인들이 자치를 누리고 있던 방대한 홋카이도 지역을 강점한다. 그곳에는 자체의 부족 문화를 누리던 일본의 선주민 아이누인이 있었는데, 일본 군부는 이들을 마치 미군 기병대가 인디언을 학살하듯이 토벌하고, 살아남은 자들은 '보호'라는 구실로 격리시킨 후 노예처럼 부리는 일을 서슴지 않아 절대다수의 아이누인들이 죽어갔다.

대만의 원주민들을 일본인들은 생번(生蕃)이라는 멸시적인 호칭으로 불렀다. 오늘날 우리가 고산족(高山族)이라 부르는 대만 원주민에 대한 명명 역시 청일전쟁 직전 타이완을 점령했던 일본인들의 멸시적 호칭인 것이다. 홋카이도를 강점한 일본군은 곧이어 타이완을 점령했는데, 오키나와의 미야코(宮古) 출신 어민들이 타이완에 표착한 후 원주민들에 의해 학살당한 사건을 빌미로 출병한 것이다. 일본군은 저항하는 타이완의 원주민들을 잔인하게 학살했으며, 점령 이후에도 이에 굴복하지 않는 원주민들을 북부 산악 지대로 밀어내면서 대량 학살했다.

우리가 알고 있는 것처럼 조선 역시 머지않아 일본의 식민지로 전락했다. 일본에 의한 조선의 강점 역시 초기의 헌병 무단통치에서 알 수 있듯, 매우 폭력적이고도 잔인한 형태로 지속되었다. 그러나 조선과 오키나와의 경우에는 아이누족이나 생번족에게 자행한 폭력과 같은 방식으로 일본의 멸시 의식을 노골화하기는 사실 어려운 일이었다는 점을 우리는 인식해야 한다. 조선과 오키나와의 류큐왕국은 현대식 표현으로 치자면 중세적 문명국가였다. 이미 수백 년 전부터 일본에는 부재한 절대왕정을 수립한 중앙집권제 국가였고, 당시 세계문명의 중심을 자부하던 중국과 조공·책봉 체제라는 시스템을 활용하여 중세 동아시아의 문명공동체이자 교역공동체의 일원이었다.

오키나와인들은 이러한 중화주의 체제의 일원으로서 류큐왕국이 존재했다는 사실을 여전히 영광의 역사로 간직하고 있으며, 조선과의 교류 역시 매우 활발하게 전개했던 역사 또한 현재도 기억하고 있다. 그런 오키나와인이었기에, 일본이 오키나와를 식민화한 후 가하는 '멸시적 야만시'는 이하 후유와 같은 예민한 오키나와의 청년지식인들로서는 견디기 어려웠을 것이다. 오키나와는 학문과 예술, 정치와 경제 등 모두 방면에서 작은 섬나라이긴 하지만 문명적 이상에 부응하는 방향으로 역사가 전개되었다. 그런데 일본 본도인이 아이누족이나 생번족과 같이 취급하는 것을 감당하기는 아마도 어려운 일이었을 것이다. 그럼에도 불구하고 일본으로 유학한 오키나와인들은, "조선인과 오키나와인 출입금지"라는 식당 앞의 멸시적 벽보를 보고 고통스러웠을 것이다. 이하 후유가 유학했던 시기의 일본 본도 풍경은 아마 그러했을 것이다.

이런 민족차별적 폭력과 배제의 시선 속에서 이하 후유는 국문학 학위를 마치고, 오키나와로 귀환해 오키나와 현립도서관에서 촉탁직 도서관장으로 일했다.

도서관장으로 일하면서 그가 집중한 것은 오키나와 역사의 독자성과 문화의 유구함을 해명하는 일이었다. 일종의 '전통의 발명'이라는 표현은 여기에 적합한 것이 아닐까 한다. 이하 후유가 오키나와의 문화와 역사를 연구하기 전까지, 오키나와 안에는 『오모로소시』의 은유적이고 상징적인 문화적 함축을 체계적으로 연구한 사람은 없었다. 근대학문의 연구방법론 자체가 부재했기에, 류큐왕부의 공식 역사서인 『구양』이라든가 신가집 『오모로소시』 그리고 오키나와어로 기록된 여러 금석문(金石文) 자료가 있다고 해도, 그것을 체계적으로 읽고 해석해 오키나와라는 역사적이고 표상적인 민족 정체성을 탐구한 사람은 없었던 것이다.

이하 후유는 '오키나와학(學)의 아버지'로 불린다. 그의 묘지는 오키나와의 전설 속 왕, 에이소(英祖)의 무덤이 있는 우라소에 시(浦添市)에 있는데, 2013년 겨울에 그곳을 방문해 구스쿠(城), 에이소와 이하 후유의 묘지 등 그곳 풍광을 유심히 살필 기회가 있었다. 오키나와 최초의 왕성인 우라소에성(浦添城)은 계유년(癸酉年)에 고려 도공이 제작했다는 내용이 기록된 기와 수천 개가 발견된 곳이기도 하다. 오리쿠치 시노부(折口信夫)를 포함한 일본의 민속학자들은 에이소의 정전(正殿)을 건축할 때 많은 고려기와가 사용된 것으로 유추한다.

〈계유년 고려와장조(癸酉年高麗瓦匠造) 명문와(銘文瓦)〉로 명명된 이 고려기와의 존재는 오키나와사의 미스터리로, '에이소의 출자(出自)'와 관련하여 오키나와와 일본에서 여전히 풀리지 않는 의문으로 남아 있다. 에이소는 어디서 왔는가? 일본의 민속학자들은 내셔널리즘을 가동시켜 규슈 지역에서 왔을 것으로 추측한다. 하지만 그런 가설과 함께, 2차에 걸친 몽골과의 전쟁 속에서 패배한 삼별초의 잔류 부대가 오키나와로 이주하는 과정에서 도공들이 함께 온 것이 아닌가 하는 해석도 존재한다.

반면, 현재의 가고시마 지역을 지배했던 사쓰마 번이 오키나와를 침공(1609)한 이후, 오키나와에서는 야마톤츄(일본 본도인)와 우치난츄(오키나와인)가 동일 민족이라는 이론이 형성되었다. 이 이론에 따르면, 기원전 300년경에 규슈를 거쳐 남하하던 도래인(渡來人)들이 오키나와 북부에 입도(入島)하며 류큐의 선사시대가 열렸는데, 현재 가고시마현에 편입되어 있는 아마미제도(奄美諸島)를 거쳐 온 것으로 연구자들은 추측하고 있다. 오키나와 본도의 시조신은 '아마미쿄'와 '시네리쿄'로 자매신이다. '아마미'가 곧바로 아마미제도를 상기시키는 것은 음운론적으로 동일하기 때문에 이런 가설이 지지받고 있다.

하지만 설사 그것이 사실로 밝혀진다 할지라도, 현재로부터 무려 2300년 전에 분기(分岐)된 두 민족을 동조동근(同祖同根論)에 입각해 하나의 민족이라 말하는 것은 대단히 기묘한 것이다. 이런 식이라면 오늘의 유럽인들은 다 같은 민족일 뿐만 아니라, 시베리아로부터 오키나와에 이르는 이른바 알타이어족을 공유하고 있는 동아시아 언어권에 속해 있는 사람들은 사실상 다 같은 민족이라는 과감한 주장도 용인되어야 한다. 식민주의에 봉사하는 민속학이나 인류학이 지닌 위험성은 아마 이런 데 있을 것이다.

민족(nation)과 종족(ethnic group)은 다르다. 그런 식이라면 일본인과 오키나와인이 같은 종족이었듯 고조선인과 몽골인이, 백제인과 야마토인이 같은 민족이었다는 주장도 가능해진다. 물론 고대의 인류는 이런 종족적 유전자를 공유했을 확률이 높다. 그러나 민족 개념은 그런 유전자를 공유했다는 혈통의 연속성이 아니라, 문화적 공동성을 기반으로 하는 것이다. 그러니 메이지유신 이후의 근대적 민족개념을 과거로 투사하여, 선사시대로부터 일본과 오키나와가 동일 민족이었다거나 일본제국에 의한 오키나와 멸망을 역사시대 이전에 헤어졌던 두 민족의 재결합이라 주장하는 것은 현재의 나에게는 매우 기묘하게 들린다.

그런데 이런 식민주의적 논리를 가장 강력하게 제창했던 것이 이하 후유라는 점이 문제적이다. 이하 후유가 이런 주장을 펼친 것은 1908년 8월 1일 『오키나와 신문』 지상에 연재한 「류큐사의 추세」라는 논문에서다. 이 논문이 발표된 시기는 일본인이 오키나와인에 대한 멸시의 감정을 매우 노골적으로 피력하고 있을 때였다. 사실 현재의 일본 본도인들 역시 오키나와에 대한 차별의 시선을 여전히 간직하고 있다.

그렇다면, 피차별인으로 전락한 이하는 왜 이런 주장을 펼치고 있는 것일까. 이하의 글에서 유독 강조되는 것은 홋카이도의 아이누와 타이완의 생번에 대한 대타의식이다. 아쉽게도 대만과 홋카이도의 원주민을 바라보는 이하의 시선은 일본인들이 오키나와인을 바라보았던 문명과 야만의 이항 대립적 프레임을 닮아 있다. 홋카이도의 원주민인 아이누족과 타이완의 원주민인 생번족은 일본에 의해 오키나와와 함께 복속된 민족이다. 하지만, 이하의 주장에 따르면 오키나와인과 그들과는 다른 게 있었다. 오키나와인은 일찍부터 국가를 형성했고, 중화주의 체제 아래서 이 체제 안에 있는 동아시아 국가들과 대등하게 외교 및 교역을 진행하였으며, 오키나와의 문화와 학문적 수준 역시 높은 수준에 있었다는 주장이 그것이다.

반면, 아이누족과 생번족은 국가를 형성한 적이 없을 뿐만 아니라,

어떠한 기록 문화유산도 남기지 못했다. 근대 고등교육을 통해 문명화의 논리를 내면화한 이하의 관점에서 보자면, 이런 오키나와와 야만적인 원주민을 비교하는 것은 있을 수 없는 일로 느껴졌을 것이다. 이하 후유는 아이누와 생번과 우치난츄를 동일 선상에서 차별하는 야마토인의 식민주의적 편견에 최대한 저항하고자 했지만, 그의 문명화의 논리라는 것 역시 가치중립적이지 못한 식민주의의 부산물이라는 점에서 보면, 차별을 극복하기 위해 또 다른 차별주의적 시선의 폭력을 드러냈다는 점에서 아이러니한 일이다.

이하가 주장했고 또 일본인이 주장했던 것처럼 일본과 오키나와인이 같은 민족이라는 것을 인정하게 되면, 일본의 오키나와 차별은 근거가 없어진다. 이것은 일제 말기에 이광수가 말한 대로, 조선과 일본이 동조동근이라면 조선이 일본에 불교와 한자를 전승해주었다는 것에 대해, 일본인들이 감사히 생각해야 한다는 역식민주의적 담론이 가능해지는 것과 비슷한 상황이다. 일본이 조선강점의 근거로 내세웠던 내선일체(內鮮一體)나 동조동근(同祖同根)이라는 구호는 일본과 조선이 제국 대 식민지라는 '차이'가 아닌 같은 민족으로서 '동일성'을 발견해야 한다는 내부적 모순으로 가득 찬 담론적 상황을 연출하게 되는 것이다. 물론 식민지이면서도 오키나와현으로 편입되어 있었던 '내부 식민지' 상황에서 이하 후유와 철저하게 '외부 식민지'였던 조선의 이광수가 동일한 처지에 있었던 것이 아님은 물론이다.

이하 후유의 「진화론에서 본 오키나와의 폐번치현」을 보면, 이완용 등의 조선인의 이름이 등장한다. 이하는 자신의 처지를 조선의 이완용이 처해 있던 국권상실 직후의 상황과 대조한 후 오키나와의 미래를 전망한다. 이하 후유가 뜬금없이 조선의 이완용을 거론하고 있는 것은 조선과 류큐왕국이 처해 있는 식민지적 상황을 자각하기 위해서가 아니라, 일단 그 상황을 기정사실화한 후 중세 조선과 류큐왕국이 문명국가라는 점을 강조하려는 데 있었다.

이하는 죽음에 이르기까지 오키나와인을 문명인이라 생각했고, 이런 점에서 일본 본도인이 류큐 민족을 야만시한다는 것은 있을 수 없는 일이라고 생각했다. 하지만, 이 있을 수 없다고 생각한 일들을 일본 본도인은 제도적이거나 폭력적으로, 또 문화적이거나 일상적으로 자행했고, 그래서 류큐왕국 멸망 이후 오키나와의 사족(士族) 모두가 퇴폐적인 절망 속에서 허우적거렸다고 그는 애통하게 적고 있다.

아마도 이하 후유는 오키나와의 미래에 희망을 걸었던 듯싶다. 그는 사이온(蔡溫)과 같은 오키나와의 중세 정치가들이야말로 막부 시대의 일본 정치가들과는 비교할 수 없는 탁월한 역량의 소유자라 주장했다. 사이온 등 오키나와의 사족들은 국정을 관리하고 도모한 사대부 지식인이었던 데 반해, 에도막부 당시 일본의 지방 무사란 일개 번의 행정관에 불과했을 뿐만 아니라 학문적 수준도 일천했다고 판단했기 때문이다.

그런 관점에서 이하가 류큐왕국의 멸망을 '노예해방'에 비유한 것은 섬세하게 이해되어야 한다. '노예 생활로부터의 해방'을 처음에는 종주국이었던 중국으로부터 해방이라고 생각했는데, 다시 한 번 해당 논문을 꼼꼼히 읽어보니 중세의 류큐왕국을 침략해 국정을 농단했던 사쓰마 번으로부터의 해방을 의미한다는 사실을 알게 되었다. 이하 후유가 느꼈던 오키나와 근세사의 치욕은 막부도 아닌 일개 번이 류큐왕국을 침략해 통치했다는 사실에 기인한다. 일개 사쓰마 지역의 영주가 엄연히

왕국인 류큐를 지배한다는 것은 자못 치욕스러운 것인데, 폐번치현을 통해 오키나와가 일본의 한 현으로 편입되었으니, 이제 대등한 관계가 아니냐는 내심이 있었을 것이다.

이하는 살아 있는 내내 류큐의 화려한 영광을 재현하기 위해서는 교사의 몫이 크다고 역설했다. 류큐왕국의 전통에 대한 자부심으로 고양된 민족이 일본과 같은 대국에 통합되어 멸시받아서는 안 된다고 그는 생각했다. 그러자면, 교사들이 중세의 사이온과 같은 대유학자와 정치가를 배출해야 하는데, 그 몫은 오로지 교사들에게 있다고 결론 내렸다. 생각해보면, 이하야말로 오키나와 민족의 교사였다.

민족의 교사로서 이하 후유는 진화론의 신봉자까지는 아니지만 그 논리를 자신의 세계관의 중요한 근거로 삼아 오키나와 연구를 지속했다. 그런데 진화론적 관점에서 역사를 파악하게 되면 스펜서(Herbert Spencer)의 '사회진화론'과 같은 악무한의 식민주의적 패러다임에서 벗어나기 힘들며, 우승열패와 약육강식의 강자 논리를 스스로 내면화하여 끝없는 내면적 불안에 시달릴 수밖에 없다. 이것은 마치 이광수가 "배워야지요"라고 역설한 장편소설 『무정』의 한 대목을 상기시킨다.

앞에서 말한 것처럼, 이하 후유는 오키나와학의 영원한 아버지로 남게 될 것이다. 그러나 아버지의 유산이 거대하면 할수록 감당해야 할 후손들의 부채도 클 것이라는 점을 망각해서는 안 된다. 한국의 오키나와 연구자라는 타자(他者)의 시선에서 보자면, 이하 후유의 일본 인식은 유의미한 학문적 성과를 낸 것이 사실이지만, 역사인식론상의 어떤 질곡을 낳은 것도 부정하기 어렵다.

가령 오늘날 오키나와가 처해 있는 희생양의 상황을 생각해보면 더욱 그렇다. 중세의 오키나와는 중국과 일본 사이에서 '주권'을 유지했지만, 많은 경우 외부 세력의 압력에 시달려야 했기 때문에 진정한 독립국의 면모를 발현하기는 어려웠다. 사실상 류큐왕국의 멸망이라는 것 역시 일본의 수탈과 청의 무책임에 기인한 측면이 크다. 그들은 오키나와를 공히 조공국으로 간주했을 뿐이지 오키나와의 주체성에 대해서는 무시했다.

오늘의 오키나와는 기지의 섬이 되어 있다. 주일미군기지의 75%가 일본 전 국토의 1%에 불과한 오키나와에 집중되어 있다. 현재의 오키나와인은 자신들의 운명을 스스로 결정할 수 있는 '자기결정권'에 입각한 '자치'와 '독립' 사이에서, 일본과 미국을 향한 평화주의적 투쟁을 지속하고 있다. 이하 후유와 같은 오키나와의 선구적 지식인들이, 일본과의 동조동근론에 함몰되지 않고 '자치'와 '독립' 담론을 내면화한 연구를 지속했다면, 아버지의 이름은 더욱 빛났을 것이라고 생각한다.

오키나와의 신화와
민간신앙의 이중구조

1. 오키나와문화의 복합성과 중층성

오늘날 우리가 오키나와(沖繩)로 부르고 있는 지역은 일본에 의한 류
큐 병합(1879) 이전까지는 류큐왕국의 강역이었다. 이는 류큐·오키나와
(이하 편의상 '오키나와'로 통칭)가 일본이면서도 일본이 아니라는 오키나와인
의 뿌리 깊은 무의식의 근거에 이러한 역사적·문화적 차이가 있음을 강
력하게 웅변한다. 오키나와인은 자신들의 생활권인 오키나와를 우치나
(ウチナ)로 일본 본도는 야마토(ヤマト)로 부른다. 이러한 명명법에서 보이
듯, 오키나와인의 역사적·문화적 표상체계에서 '야마토=일본'이라는 수
식이 그들의 무의식 깊은 곳에 외래자이자 타자로 내면화되어 있음을
확인하게 되는데, 이는 우리가 몰랐던 오키나와의 역사와 문화의 개별
성을 우리에게 환기시킨다.

오키나와 사람들은 과거 류큐왕국의 강역이었던 아마미오시마(奄美大島, 지금은 가고시마현에 편입되어 있다), 오키나와(沖繩) 제도, 미야코제도(宮古諸島), 야에야마제도(八重山諸島) 등 류큐·오키나와문화권을 류큐호(琉球弧)라 부른다. 이것은 류큐왕국이 일본열도로부터 타이완 인근의 최서단 요나구니지마(与那国島)까지 활처럼 흰 듯한 형상에서 비롯한 호칭이다. 류큐의 신화와 민속은 이 류큐호 강역에서 공통적인 양상을 드러내는 한편, 북방 문화와 남방 문화가 분기(分岐)되는 특성을 보여주면서도, 큰 틀에서는 그것이 누적된 역사 속에서 혼효되어온 것으로 판단된다. 그것을 가능하게 한 것은 구로시오(黑潮) 해류와 계절풍의 자연적 순환의 영향도 있을 것이다.

일본의 민속학자나 인류학자들의 연구에 따르면, 아마미제도과 오키나와제도의 경우는 북방=조몬(繩文)·야요이(弥生)문화의 영향이 강력하게 나타나고, 미야코제도와 야에야마제도는 남방=말레이제도의 문화적 요소가 상대적으로 강한 것으로 분석되고 있다.[37] 각 지역에서 출토되고 있는 유물과 유골을 포함한 역사적·유전학적 요소들 역시 이것을 증명하는데[38], 그렇게 본다면 말레이제도를 경유해 북상했던 남방 문

---

37 오키나와문화의 북방기원설에 대해서는 伊波普猷, 「琉球人の祖先に就いて」, 『沖繩歷史物語』(平凡社 1998), 남방기원설에 대해서는 柳田國男, 『海上の道』(角川学芸出版, 2013) 참조. 오키나와문화의 북방·남방 기원설 논쟁은 이데올로기적 성격을 띤 것이었다. 이하 후유(伊波普猷)의 '북방도래설'은 류큐 병합 이후 일본 본도인에 대한 오키나와인 차별을 극복하기 위한 '동조동근론'이었고, 야나기타 구니오(柳田国男)의 '남방도래설'은 패전에 따른 샌프란시스코강화조약 이후 전후 일본의 위기 상황에서 일본문화와 오키나와문화 형성의 한반도 도래설을 부정하기 위한 담론으로 제기된 것이다. 이에 대해서는 이명원, 「고중세에 존재했던 공존의 생활사」, 『주간경향』, 2014. 3. 18. 참조.

38 安里進·土肥直美, 『沖繩人はどこから来たか』(ボダインク, 2011).

화와 한반도와 일본 규슈 지역으로부터 남하했던 북방 문화가 류큐호
강역에서 습합되어 복합적인 문화의 '이중구조'를 형성한 것이 현재의 오
키나와문화라 볼 수 있다.

그러나 이렇게 북방과 남방의 외래자 또는 도래인(渡來人)들이 오키나
와에 정착한 이후로부터 장구한 세월 동안, 중국 대륙과 한반도, 일본
열도의 역사적 격랑으로부터 격절된 선사시대가 이 지역에 대략 12세기
까지 지속되었다는 것은 미스터리다. 그러던 것이 지역의 토착 호족인
아지(アジ)들의 출현을 기점으로 권력이 통합·강화·확장됨에 따라 씨족
국가가 부족국가로 발전되어 산잔시대(三山時代)가 성립되고, 급기야 류
큐왕국으로 통일이 이루어지게 되는 15세기에 이르러, 바야흐로 동아시
아의 보편주의 체제라 할 수 있는 중화의 조공·책봉 시스템에 가담함으
로써, 류큐왕국은 동북아와 동남아를 매개하는 해양 통상 왕국으로서
의 면모를 과시하게 된다.

한편, 오키나와의 신화와 신앙을 이해하기 위해서는 토착화된 민중
들의 신앙 체계로서의 무교(巫敎)=샤머니즘+애니미즘(이하 '무교'로 통칭한다)
의 한 축과 왕족과 호족 같은 지배계급의 통치이념의 근간을 이룬 불교·
유교의 다른 한 축으로 이분화된 양상이 나타난다는 점 역시 염두에 두
어야 한다.

하지만 오키나와의 토착 신화와 민간신앙을 보다 근본적으로 이해
하기 위해서 필자는 무교적 양상에 더욱 비중을 두고 검토해야 한다고
생각한다. 비유적으로 말하면, 오키나와인에게 무교는 민중 생사관(生
死觀)의 토대인 '심층 무의식'에 해당하고, 불교와 유교는 왕부의 통치이
념을 지탱하기 위해 외부로부터 수입된 '문화적 초자아'에 해당된다고

볼 수 있다. [39] 오키나와에서 이러한 이중구조의 신앙(믿음)체계는 근대 전환기까지 계급적으로는 거의 완전히 분리되어 있었지만, 지배계급인 왕족과 호족들일지라도 민중의 토착적 신앙 체계인 무교를 일방적으로 교화(敎化)하거나 박멸하는 데까지 나아갈 수는 없었다. 동시에 민중 편에서도 왕부의 통치이념인 유교의 영향일 '문중(門中)' 개념을 전유하여 친족 관계의 결속을 확인하는 현상도 나타났다. [40]

반대로 류큐왕부는 무교에 대한 민중의 끈질긴 정념과 비원의 태도를 왕실의 관료화된 통제 아래 수직적으로 조직·전유·제도화하는 방식을 통해, 토착적 생사관(生死觀)에서 발원하는 민중의 내면적 정념까지를 심층적으로 지배함으로써 정치적 안정과 왕권 강화를 유지하고자 시도했다. 그러나 역으로 이것은 민중들의 현세와 내세에 관한 무교적 신앙 체계가 왕부 안에서도 거부할 수 없는 강력한 신앙 체계로서 작동하고 끈질긴 영향을 끼쳤음을 반증하는 사례로도 이해될 수 있다.

---

[39] '심층 무의식'과 '문화적 초자아'는 프로이트와 융의 자아 이론을 원용해 필자가 재정의한 것이다. 융의 경우, 인간은 나면서부터 특정한 방법으로 생각하고 느끼고 지각하고 갈등하는 많은 소질을 갖고 있는데, 이것은 개체의 차원에서 뿐만 아니라 집단의 차원에서도 계승된다고 주장했다. 이런 집단무의식은 원형(archetype)의 형태로 이미지와 사고, 문화적 실천행위를 결합시킨다. 오키나와의 무교적 인식과 실천 행위들은 그러한 집단무의식을 오키나와인의 무의식 심층에 각인시켰다는 점에서 '심층 무의식'으로 명명할 수 있다고 생각한다. 한편, 프로이트의 설명처럼 '문화적 초자아'(cultural super ego)는 무의식을 규범·제도·금지를 통해 제도화하여 억제하는 성격을 띤 자아의 또 다른 측면을 의미한다. 류큐왕부의 공식 종교인 불교와 통치이념인 유교는 이러한 역할과 기능을 한 것이라고 필자는 생각한다. 이상의 해석은 캘빈 S. 홀, 최 현 역, 『융 심리학 입문』(범우사, 1985), 지그문트 프로이트, 박찬부 역, 『쾌락 원칙을 넘어서』(열린책들, 1997) 참조.

[40] 조수미는 오키나와의 문중 의식을 17세기 사쓰마 번 침공 이후의 사족(士族) 문중과 19세기 후반에 등장한 민중(民衆) 문중으로 나누어 논의한 바 있는데, 민중의 문중 의식이란 사족들의 문중 의식의 모방으로 신분제가 철폐된 후 뒤늦게 나타난 것임을 밝히고 있다. 조수미, 「오키나와의 문추화(門中化) 현상」, 『비교문화연구』, 제7집, 2호, 2001.

류큐왕부는 왕권(王權)의 절대성을 과시하고 영속화하기 위해 불교와 유교를 통치 이데올로기로 활용했지만, 아이러니한 것은 국왕 누이들의 경우 신권(神權)의 절대적 담지자이자 제사장인 기코에 오기미(聞得大君)로 군림하면서, 민중의 내면을 제도적으로 장악하는 것이 일반적이었다. 게다가 왕위 계승 등을 둘러싼 권력투쟁 등의 경우에 기코에 오기미가 왕권을 견제하거나 위협하기도 했던 시도가 있었다는 점에서 이를 확인할 수 있다. [41] 정교일치(政敎一致)의 중세 왕조란 지배계급의 권력투쟁에서, 언제든 정(政)과 교(敎) 사이의 세력 갈등과 충돌이 벌어질 수 있음은 오키나와뿐만 아니라, 조선을 포함한 동아시아 중세 국가 모두에서 공통적으로 나타나는 현상이다.

본고에서는 오키나와 민중의 심층 무의식에 해당하는 지역의 창세신화를 포함한 신화적 관념 체계와 민간신앙으로서 무교를, 오키나와문화에 깃든 중층성과 이중구조라는 관점에서 검토해 봄으로써, 오키나와인이 현대까지 끈질기게 유지하고 있는 사고 체계의 원형 또는 정신적 기반을 재고해보기로 한다.

---

41 가령 류큐왕국의 제2쇼씨왕조의 치세를 이룬 쇼신(尙眞)의 즉위를 둘러싼 에피소드 중에는 이런 것이 있다. 제2쇼씨왕조를 개창한 쇼엔(尙円)이 죽자, 세자인 쇼신이 아직 어려 쇼엔의 동생인 쇼센이(尙宣威)가 국왕이 되었다. 국왕이 되면 기미테주리(キミテズリ)라는 의식을 통해 신으로부터 "너에게 왕위를 주노라" 하는 신탁을 받아야 한다. 이것을 중계하는 것은 기코에 오기미 슬하의 신녀들이다. 그런데 이 의식에서 신녀들은 왕위에 오른 쇼센이가 아닌, 어린 세자 쇼신을 향해 몸을 돌렸다고 한다. 쇼센이는 이러한 상황에 충격을 받았다. 신탁이 자신을 거부한 것이다. 물론 이것은 쇼신을 즉위시키기 위한 세력들과 신녀들의 계획된 음모였다. 이 때문에 쇼센이는 왕위에서 물러났고 6개월 만에 급작스럽게 병사했다고 하는데, 자살 아니면 암살에 의한 죽음이었을 것이란 해석이 오키나와 학계에서는 지배적이다. 이처럼 기코에 오기미를 포함한 왕실의 신녀들은 막후에서 왕권과 제휴하기도 하고 길항하기도 했다. 仲村淸司, 『本音で語る沖縄史』(新潮社, 2011), 64~72쪽 참조.

2. 오키나와 창세신화의 특징

류큐호 지역의 창세신화는 아마미, 오키나와, 미야코, 야에야마 지역에서 매우 다채로운 양상으로 나타난다. 특히 오키나와 전 문화권에서 동아시아에 위치한 다른 지역의 신화에 공통적으로 나타나는 '천손강림(天孫降臨)' 모티프가 나타나는 사실은 특징적이다. 물론 이밖에도 여러 유형의 창세신화가 존재하는 것은 사실이지만, 천손강림 모티프야말로 지배적이다.

오키나와 본도에서 구전되는 창세신화의 주인공은 '아마미쿄'와 '시네리쿄'인데, 천손족인 아마미쿄가 오키나와의 쿠다카지마(久高島)에 강림한 이후 걸어서 오키나와 본도에 입도했다고 전해진다. 이 '거인신'이 발걸음을 옮긴 곳곳에 섬들이 생겨났으며, 이 신이 벼농사 등을 포함한 농경기술을 전수했다는 이야기다.

오키나와 본도뿐만 아니라 다른 지역 역시 천손강림 신화는 반복적으로 나타나고 있다. 가령 아마미오시마(奄美大島)의 창세신화에서도 하늘에서 신이 내려와 흙으로 여자와 남자를 만들고 농경기술을 전수했다는 모티프가 존재한다.[42] 미야코지마(宮古島)의 창세신화 역시 하늘의 신의 명령에 따라 신의 딸이 하계로 강림하여 섬을 만들고 농사에 필요한 종자와 농업기술을 전수했다는 설화가 존재한다.[43] 야에야마제도

---

42 정진희, 『오키나와 옛이야기』(보고사, 2010), 21쪽. "나가미네(永峰)라는 산봉우리 꼭대기에 물이 흐르는 곳이 있다. 하늘에서 신이 그곳에 내려왔다. 신은 인간을 만들어야겠다고 하시고 흙으로 여자와 남자를 만들었다."
43 정진희, 위의 책, 47쪽.

역시 마찬가지다. 야에야마(八重山)의 창세신의 이름은 아만(アマン)인데, 태양신의 명령에 따라 지상으로 하강하여 이시가키지마(石垣島)를 만들고 소라게와 아단 나무 등을 만들어, 소라게 속에서 남녀를 탄생시켰다는 설화가 구전되고 있다.[44]

이것은 한국이나 일본 등 동아시아 창세신화에 나타나는 천손강림 모티프와 공통적인 특성을 보여주고 있다는 점에서 흥미롭다. 그런데 이 부분에서 더욱 흥미로운 것은 오키나와의 창세신인 아마미쿄나 시네리쿄를 포함한 많은 신들이 토착신이 아니라 내방신이자 도래신과 같은 외래자의 성격을 갖고 있다는 점이다. 바꿔 말하면 이 신들은 오키나와의 외부에서 선진 기술(벼농사, 농기구, 무기 등과 관련된 기술)을 지닌 채 입도한 후 오키나와를 정치적·문화적으로 통합했음을, 이 신화 또는 설화 등은 잘 보여준다.

오키나와의 창세신 또는 조상신이 외래자라고 하는 것은 오키나와인에게 이 신들이 도래한 곳, 즉 원향(原鄕)에 대한 관념이 강력하게 존재한다는 점에서도 확인되는 바다. 그렇다면 이 신들은 어디에서 왔는가.

오키나와의 류큐왕부가 민간설화 등을 채록해 편집한 신가집(神歌集)인 『오모로소시(おもろさうし)』[45]를 해석한 이하 후유(伊波普猷)는 오키나와의 창세신인 아마미쿄와 아마베(海人部)라는 어원의 연결성을 기초로, 민

---

44 위의 책, 51쪽.
45 "오모로는 고류큐인의 풍요로운 내면세계를 대평하게 표현한 서사적 가요다. 내용도 태양의 아름다음과 제사 의례, 주연(酒宴)과 항해, 지역의 유력자와 국왕을 칭송하는 것 등 다기한데, 오모로가 노래된 지역 또한 오키나와제도 전 지역에 걸쳐 매우 광범위하다. 이것을 집대성한 것이 『오모로소시』(전22권 1554수)이다." 新城俊昭, 『琉球·沖繩史』, 東洋企劃, 2014, 72~73쪽.

족신인 아마미쿄가 일본의 규슈 남부로부터 벼농사기술을 갖고 아마미오시마를 거쳐 남하해 온 것으로 해석하는데, 이는 오키나와인의 민족이동 경로를 상징한다고 주장했다.[46] 이것이 오키나와 민족의 북방으로부터 남하설의 근거를 이루는데, 이하 후유는 이러한 주장을 통해 오키나와 민족과 일본 민족과의 동조동근설(同祖同根說)을 적극적으로 주장했다.[47]

그런데 이러한 주장을 밀고 나갈 경우, 벼농사와 철기 기술 같은 선진 문명을 갖고 남하한 오키나와 민족이동의 기원이, 일본열도 민족이동의 원초적 기원이 되는 한반도계 도래인(渡來人)과의 관련성을 강력하게 환기시킨다는 점이 문제다.[48] 가령 이하 후유가 오키나와인과 일본인의 동일민족설을 주장하기 위해, 도쿄대 스승이었던 영국 출신 언어학자 챔벌린(B. H. Chamberlain)의 다음과 같은 주장을 인용하고 있음은 인상적이다.

> 류큐인은 그 본질에 있어 일본인과 흡사하며, 몽골리언 타입을 갖고 있다. 그들의 조상은 일찍이 공동의 근원지(根源地)에 거주했는데, 기원전 3세기경 대이주를 기도해, 대마도를 경유해 규슈에 상륙했고, 그 대부대는 길을 동북으로 취해, 계속해서 선주민을 정복하고, 야마토(大和) 지방에 정주하기

---

46 外間守善, 『海お渡る神々』(角川選書, 1999), 18쪽.
47 이하 후유의 오키나와문화론의 성격에 대해서는 이명원, 「이하 후유의 일본인식」, 『바리마』, 제3호, 2014 ; 이명원, 「오키나와 민족의 교사 '이하 후유'」, 『주간경향』, 2014. 5. 27. 1077호 참조.
48 실제로 오키나와에서는 한반도계 유물이라 간주되는 명도전은 물론, 한반도계 토기의 영향을 받은 가무이야키(龜燒, 거북무늬 토기), 고려기와 등이 다수 출토되고 있다.

에 이르렀다. 그 사이에 남쪽으로 방황하던 작은 무리의 사람들은 두려움 이나 혹은 어떤 대사건 때문에 바다를 떠돌다가, 마침내 류큐제도에 정주 하는 데 이르렀다. 그것은 지리상의 위치에서도 전설상의 유사성에서도 언 어의 비교에서도 용이하게 설명된다.[49]

일본열도로부터 활처럼 휘어 있는 '지리상'의 근접성, 천손강림 신화 로 상징되는 '전설상의 유사성', 그리고 일본어와의 '언어의 비교' 등을 통해, 오키나와와 일본은 하나의 뿌리에서 분기된 민족이라는 것을 증 명하고 또 역설한 것이 이하 후유의 일관된 태도였다. 그가 이런 주장을 펼치고 있는 것은, 동일 민족임에도 불구하고 류큐처분 이후의 일본인 은 왜 오키나와인을 차별하는가 하는 문제의식에서 비롯된 것이다. 하 지만 이 논의가 확장될 경우 일본과 오키나와의 '근원지'가 한반도로 확 정될 가능성이 있다. 이러한 내용은 '남방도래설'을 주장한 야나기타 구 니오(柳田国男)에게는 인정하기 힘든 주장이었을 것으로 판단된다.

이런 이유 때문에, 야나기타 구니오는 오키나와 민족 기원설을 북방 도래인에 의한 것이 아니라, 남중국에서 오키나와에 입도한 것으로 설정 하고자 했다. 이는 전적으로 일본 민족의 기원을 한반도 도래설에서 찾 는 이론과 단절을 꾀하고자 한 의도였다고 판단된다. 그는 수전(水田) 농 법과 같은 선진 벼농사기술이 북방에서 온 것이 아니라, 계절풍과 구로

---

49 伊波普猷,「琉球人の祖先に就いて」,『沖繩歷史物語』(平凡社 1998), 230~231쪽 재인용. 이러한 주 장은 챔벌린의 논문 "Essay in Aid of a Grammar and Dictionary of the Luchuan Language" 에서 인용한 것이라고 이하는 밝히고 있다.

시오해류를 이용해 중국 남방으로부터 북상하여 오키나와를 거쳐 일본으로 유입되었다고 주장한다. 이러한 주장은 일본의 패전 직후 출간된 『해상의 길』을 통해 밝혔다.[50] 일본문화의 남방기원설을 주장하고 북방기원설을 부정함으로써, 한반도 도래인에 의한 선진문명 전수를 회피하고자 했던 야나기타의 주장은 현재에 와서는 일본 학계 내부에서도 대체로 회의적이다.

왜냐하면 수전(水田) 농법에 입각한 벼농사라든가 철기를 포함한 선진문명은 한반도에서 일본으로 전파된 것이 분명하며, 한반도에서 도래인이 직접 오키나와로 입도했든 혹은 일본을 경유해 입도했든, 오키나와의 창세신화에서 농기구라든가 벼농사와 같은 농업 모티프가 빈번하게 등장하는 것 역시 이러한 문화 전승의 영향으로 보는 것이 보다 타당하다는 논리다.

오키나와문화권의 창세신화는 각 섬들에 따라 신들의 이름이 다르다. 아마도 그것은 각각의 신들이 오키나와의 각 제도에 입도한 상이한 씨족신 또는 부족신의 성격을 띠고 있기 때문일 것이다. 지역을 막론하고 해양문명권이나 도서 지역은 일신교적 성격보다는 제주처럼 다신교적 성격을 보여주는 경우가 많은데, 이것은 고류큐 시기 오키나와제도에 입도했던 사람·문명·문화의 복합적 성격을 보여주는 것으로 이해하는 것이 타당하다. 그렇기 때문에 아마미오시마와 오키나와 본도는 북방으로부터, 미야코제도와 야에야마제도의 경우는 남방으로부터 도래

---

50 柳田國男, 『海上の道』(角川学芸出版, 2013) 참조.

인과 문화가 각각 유입되었을 것으로 판단된다.

이렇게 유입된 남방 문화와 북방 문화가 오키나와 본도에서 상호 침투하고 세력 대결을 벌인 결과, 보다 선진적인 문명을 갖고 있던 북방 세력이 오키나와의 지배계급을 형성했다. 하지만 대다수 토착 민중은 그 생활상 또는 의식·무의식적 토대로 남방 문화적 요소를 간직해 오늘에 이른 것이 오키나와문화의 이중구조라고 보는 것이 타당하다. 요컨대 오키나와문화는 단일 문화가 아니라, 남방과 북방으로부터 도래한 외래문화가 이중구조로 혼효되어 있는 복합 문화라는 것을 이해하는 것이 중요하다.

그런데 이 부분에서 다소 흥미로운 지점은 오키나와의 창세신화나 설화 가운데는 한반도와 명백하게 관련된 신화소나 설화소도 존재한다는 사실이다. 가령 아마미오시마의 세토우치(瀬戸内) 지역에서 전해지는 다음의 설화가 그런 경우에 해당한다.

남국(南國)에서 아마미쿄사마가 형제들과 함께 왔다. 압록강, 조선에서 이즈모노쿠니(出雲国)로 왔으나 그곳도 어지러워져서, 아마미쿄사마는 이야야(巌屋, 동굴)에 들어가 버렸다. 세상은 이레 동안 암흑이었다. 다카치호사마가 춤과 씨름 등으로 아마미쿄사마를 굴 밖으로 나오게 하자 세상이 밝아졌다. 그 때 다카치호사마가 가져온 나무에 짚을 올려 집을 지었으니, 이것이 집의 시작이다. 이날을 기념하여 축하하는 날이 8월의 십오야(十五夜)이다.

일본은 아직 굳어지지 않은 채 부유하고 있었다. 아마미쿄사마가 쉬면서 떠다니는 섬을 향해 합장하니, 그것들이 하나가 되어 나라가 이루어졌다.

남쪽에 좋은 섬이 있다 하여 그곳으로 가서 '아름다운 섬'이라는 뜻의 '아마미'라는 이름을 붙였다. 유안다케의 구니시라는 신과 아마미쿄사마 사이에서 생겨난 딸이 비지딘 신이다. 아마미쿄사마는 비지딘에게 유안 동쪽의 아름다운 백사장이 있는 마을의 시마다테카나시(島建加那志, 카나시는 존경의 뜻을 나타내는 경칭어)가 되라고 명하고, 골짜기나 하천에 좌정하지 않고 산등성이를 타고 가 단뇨라는 봉우리에 좌정하였다고 한다.[51]

위의 신화에는 도래신(아마미쿄사마), 샤먼신(다카치호사마), 토착신(구니시) 등의 복합적인 면모가 나타난다. 도래신인 아마미쿄사마는 남국(南國)으로 호명되는 대륙의 북방으로부터 남하한 것으로 서술되고 있다. "압록강", "조선"을 거쳐 "이즈모노쿠니"로 왔다는 이동 경로가 잘 드러나 있는데, 이 도래신이 한반도계 출자(出自)임이 상징적으로 드러나는 대목이다. "일본은 아직 굳어지지 않은 채 부유하고 있었다"고 말한 것으로 보면, 아마도 혼란 속에서 종족 간 항쟁이 지속되고 있었음을 의미하는 것일 터이다.

이 설화 속의 도래신 아마미쿄사마는 마치 단군신화에서 웅녀가 동굴 속에서 오랜 기간 동안 기거하다가 사람이 되어 나온 것과 유사하게 이레 동안 어두운 굴속에서 기거하다가 세상으로 나온 것으로 서술되는 것 역시 흥미롭다.

샤먼신에 해당하는 다카치호사마가 춤과 씨름을 통해 아마미쿄사

51 정진희, 앞의 책, 27쪽.

마를 굴 밖으로 나오게 하자 비로소 세상이 밝아졌다는 대목은 『가락
국기』 김수로왕 설화에 등장하는 영신제(迎神祭)의 양상과도 유사하다.
즉 신을 맞이하기 위한 춤과 노래, 씨름 등과 같은 집단 제의를 벌이고
있는 풍경이 위의 설화에서도 유사한 형태로 나타나고 있는 것이다. 외
부로부터 입도한 도래신 아마미쿄사마는 토착신인 구니시와 혼인해 비
지딘을 낳는데, 아마도 이것은 선진문명을 가진 도래인과 토착인들의
씨족적·종족적 결합을 상징하는 것으로 이해할 수 있을 것이다.

아마미쿄사마 신화를 포함한 '오키나와 신화'[52]를 '천지창조', '천지
분리', '거인신화', '여신신화'라는 관점에서 제주 신화와 공통성을 추출
한 논의도 존재한다.[53] 가령 허남춘은 제주도 창세신화의 주인공인 설
문대 할망과 오키나와의 창세신화인 아마미쿄사마 신화에 공히 이러한
공통적 모티프가 등장한다는 사례를 분석한다. 두 신이 모두 여신의 계
보에 해당한다는 것, 공통적으로 거인 형상을 띠고 있으며 섬들의 형성
을 도모했다는 것, 도래신의 성격을 띠고 있다는 주장이 그것이다. 주목
할 점은 이 도래신의 기원으로서 유토피아가 바다 저편으로 상징되고
있다는 점 등인데, 가령 오키나와인에게 이상향으로 설정된 '니라이카

---

52 한국 학계에서 오키나와 신화와 설화에 대한 연구로는 다음의 논의를 참고할 수 있다. 최인택, 「沖
繩 八重山 祖上祭祀와 祖靈觀」, 『일본일문학』, 제51집, 2011. 8. 정진희, 「류큐왕국 사회의 문헌기
록과 구비전승」, 『인문과학 연구』, 제42집, 2014. 9. 김용의, 「『유로설전』 우타키(御岳) 유래설화
의 양상」, 『일어일문학』, 제 45집, 2010. 6. 오키나와 신화와 설화를 탐구하기 위해서는 『오모로
소시』, 『유료설전』, 『유구국 유래기』, 『유구신도기』 등 다양한 고류큐 시대의 저작을 탐구하는 한
변, 민속지적 연구를 종합해야 하는데, 현재까지는 오키나와 연구 자체가 풍부하게 논의되지 않
아 더욱 활발한 탐구가 요구되는 분야라 할 수 있다.
53 허남춘, 「제주와 오키나와의 창세 여신 신화와 후대의 변모」, 『재일제주인과 마이너리티』(재일제
주인센터, 2014).

나이(ニライカナイ)' 역시 바다 저편에 있는 도래신의 원향(原郷)을 적극적으로 상기시킨다.

오키나와제도에는 수많은 섬들이 존재한다. 또 각각의 섬에는 각기 다른 씨족신들이 존재하고 있다. 그럼에도 불구하고 오키나 본도의 아마미쿄 신화가 이후 지배적인 것이 되어 왕부의 기록에 등재된 데는 각기 다른 씨족 혹은 부족공동체가 류큐왕국이라는 단일 왕권으로 정치적으로 통합된 결과 때문일 것이다. 말하자면 아마미쿄는 권력투쟁의 과정에서 승리한 정복신이다. 그 결과 오키나와 본도의 아마미쿄 신화가 초월적으로 제도화되어 왕부의 기록을 통해 지속적으로 전승될 수 있었던 것이다.

그렇다고 해서 패배한 신들이 사멸한 것은 아니다. 그 신들은 왕부의 공식 기록에서는 소거될 운명에 직면했지만, 민중의 민간신앙과 구비 전승되는 민간설화 등을 통해 살아남을 수 있었을 것이다.

3. 민간신앙으로서의 조상(祖先) 숭배

오키나와인은 바다 저편에 있는 이상향을 니라이카나이(ニライカナイ)로 부른다. 지역에 따라 약간의 발음상 차이는 있지만, 그것이 의미하는 바는 거의 동일하다. 니라이카나이는 오키나와인이 탄생한 기원이자 죽은 후에 그들의 영혼이 되돌아가는 원향(原郷)인 동시에 타계(他界)를 의미한다. [54]

오키나와의 민속학자인 호카마 슈젠(外間守善)의 설명에 따르면, 니라이카나이 관념은 오키나와인들에게 다음과 같은 의미를 띠는 것으로 해석된다.

첫째, 그것은 '뿌리가 되는 장소', '뿌리의 나라(根國)'라는 것이다. 오키나와인은 자신의 조상이 바다 저편에서 와 오키나와에 입도했다고 믿고 있다. 이것은 오키나와인의 독특한 생사관(生死觀)을 낳는데, 한편에서는 뿌리가 되는 조상의 영혼을 기림으로써만 현세에서 행복이 가능하다는 조상숭배 의식을 강렬하게 추동한다. 실제로 오키나와인의 조상(祖先) 신앙은 매우 깊은 것이어서, 자녀가 현세에 병과 고통을 겪는 일은 조상에 대한 제사가 소홀할 때 나타난다는 의식이 매우 강렬하다. 동시에 뿌리의 나라가 바다 저편에 있다는 것은 '이 세상'에서 죽음이 삶의 끝이 아니고, '저세상'이라는 보다 근원적인 세계로 돌아가는 안식이라는 관점을 갖게 한다.

둘째, 니라이카나이가 조상신이 계시는 장소이며 죽은 영혼이 돌아가는 곳이기 때문에, 오키나와인들은 현세에 풍요와 행복을 가져다주는 영력(靈力)의 근원지라고 생각한다. 불교식으로 치면 니라이카나이는 극락이랄지 하는 개념과 유사한 것인데, 따라서 니라이카나이의 영력이 소진되지 않게 하기 위한 현세에서 후손들의 노력이 의식적·무의식적으로 강조된다.

셋째, 니라이카나이는 낙토(樂土) 또는 유토피아의 의미를 띠고 있다. 대륙이나 열도, 격절된 도서(島嶼) 지역 주민들의 삶은 아마도 끝없는 자

---

54 外間守善, 앞의 책, 15쪽.

연재해와 식량 부족으로 고통스러웠을 것이다. 특히 오키나와와 같이 태풍과 해일이 끝없이 불어닥치는 지역의 경우, 생존을 위해 지불해야 할 민중들의 고통은 매우 컸을 것이다. 이러한 척박한 환경은 현세의 삶을 매우 심각하게 제약했을 것인데, 제약과 고통이 크면 클수록 이상향에 대한 갈망은 더욱 커졌을 것이니, 사후세계를 낙토로 미화하고 경배하는 일은 어쩌면 자연스러운 일이었을 것이다.

오키나와인들은 대체로 뿌리의 나라로부터 조상신이 오키나와를 방문해 풍요를 선사해준다는 신앙을 갖고 있다. 이런 신앙 때문에 정월이 되면 신들이 내방한다는 동쪽이나 서쪽의 해안에서 신녀(神女) 또는 무녀(巫女)가 주관하는 제의가 오키나와 대부분의 장소에서 행해진다. 특히 오키나와 창세신화에서 아마미쿄가 처음 밟았다는 쿠다카지마(久高島)의 제의는 오키나와 안에서도 매우 신성한 것으로 간주되어 왔다. 류큐 왕부의 안녕을 가능하게 하는 신성한 장소로 여겨왔기 때문이다.[55]

니라이카나이 신앙이 바다 저편 또는 이승 저편의 낙토 관념을 강렬하게 상징한다면, 이승에서의 삶을 수호한다는 성역 관념 또한 뿌리 깊다. 오키나와의 각 촌락들에는 우타키(御嶽)로 일컬어지는 신성화된 공간이 존재한다. 표면적으로 보면, 동아시아에서 일반적인 산악숭배 사상과 유사하지만, 한국과 같은 거산(巨山)이 드문 오키나와에서는 마을의 배후를 형성하고 있는 구릉이나 고지대의 야산 등의 한 장소가 우타키인 경우가 많다. 필자의 판단에 오키나와의 우타키는 마을신 또는 부락

---

55 比嘉康雄, 『日本人の魂の原郷 沖繩久高島』(集英社, 2000)에는 쿠다카지마의 제사(祭祀) 세계와 니라이카나이 관념을 포함한 오키나와인 특유의 샤머니즘적 세계 인식이 치밀하게 검토되고 있다.

신이 거주하는 장소이자, 니라이카나이에서 명절을 맞아 귀향하는 조상
신이 부락으로 들어올 준비를 위해 일시적으로 머무는 장소로 생각된다.

오키나와인은 우타키와 부락의 구조를 어미가 아기를 안고 있는 형
상으로 흔히 설명하는데, 그것은 이 성역의 수호적 성격을 은유화한 것
으로 판단된다. 이 부분에서 특징적인 것은 우타키 출입이 외부인에게
는 철저히 금지되어 있으며, 특히 남성들의 출입은 대체로 엄금된다는
점이다. 오키나와에서 공동체적 제의를 담당하는 것은 여성 사제인 '노
로(ノロ)'이며, 일상의 길흉화복을 점치는 것은 흔히 '유타(ユタ)'로 불린
다. 노로의 경우가 공동체적 제의를 담당하는 공식화된 제사장의 성격
을 띠고 있다면, 유타는 일상인과 밀접한 생활 속의 무녀(巫女) 역할을 담
당하고 있다.

앞에서 보았듯 오키나와의 샤먼은 모두 여성이며, 대체로 이 샤먼들
의 신직(神職)은 어머니에게서 딸로 세습된다. 한국의 무속신앙과 비교해
보면 대체적으로 강신무와 세습무로 나뉠 수 있고, 북방의 강신무와 달
리 특히 도서 지역의 경우는 세습무가 지배적인 것과 마찬가지로 오키
나와 역시 세습무 전통이 자리 잡고 있다는 것은 눈여겨볼 지점이다.

오키나와의 신화나 신앙 체계, 또 일상 체계에서 특징적인 것은 모가
장제(母家長制)적 성격이 강력하다는 것이다.[56] 오키나와의 창세신인 아

---

56 오키나와의 전통적 가족구조가 가장적 모권제였다는 사실은 일찍이 이하 후유가 오모로소시의
해서을 통해서 규명한 바 있다. 伊波普猷, 「家長的 母權制の名残」, 『伊波普猷選集』下卷(沖繩タイム
ス, 1962) 참조. 오키나와의 가부장제 문화는 왕부와 사족들과 같은 지배계급에게 한정적으로
존재하다가, 류큐국의 멸망 이후 신분제가 해제되며 민중들도 성씨를 갖게 되고 여기에 일본의 가
부장적 전통이 수용됨으로써 형성되었다고 보는 것이 타당할 것이다.

마미쿄가 여성인 것은 물론이거니와 조상숭배나 부족신의 핵심적인 제의를 담당하는 샤먼들은 원칙적으로 여성에 한정된다.[57] 오키나와인의 생사관에 깊은 영향을 끼치고 있는 윤회관 역시, 할머니가 죽으면 그 영혼이 환생하여 손녀의 삶으로 환생한다는 관념이 지배적인데, 이러한 관념은 류큐왕국의 지배계급이 유교의 도입을 통해 남성 중심의 질서를 견지했던 것과 무관하게, 민중들은 여성 중심적인 샤먼의 질서 속에서 삶을 영위해갔다는 것을 잘 보여준다.

생사관의 문제가 나왔는데, 이는 오키나와인의 전통적인 장례 의식에 중요한 영향을 끼쳤다. 고중세 동아시아인들이 불교와 도교의 영향을 받은 것과 동일한 영향 속에서, 윤회와 환생의 개념을 갖고 있었다. 죽은 후에 영혼은 소멸하지 않고 뿌리의 나라인 니라이카나이로 귀환하며, 명절을 맞으면 후손들이 살고 있는 장소를 방문한다는 믿음이다.

오키나와인의 장묘 의례에서 특징적인 것은 풍장(風葬)과 세골(洗骨) 의식이다. 시신을 땅에 매장하지 않는 대신 관으로 짜거나 큰 잎사귀로 묶은 후 절벽의 동굴이나 문중묘에 안치해 풍장하는 것을 자연스럽게 생각했다. 시신을 안치하고 3년에서 7년이 지나면 육신은 자연히 썩고 유골만 남게 되는데, 이때 친족들이 모여 유골을 깨끗이 씻은 후 납골

---

57 호카마 슈젠(外間守善)이 야에야마의 경우를 들어 논의하고 있는 부분을 요약하면 다음과 같다. 야에야마의 우타키는 '온'으로 불리는데, '온'은 신 마당→이비노마에→이바로 구성되어 있다. '온'은 원칙적으로 남성금제(男性禁制)이지만, 야마닌주(山人數)로 불리는 제사 집단은 그렇지 않다. 그러나 야마닌주 역시 '온'의 가장 신성한 성역인 '이비'에 들어가는 것은 허용되지 않으며, 이비 바깥의 '온야' 혹은 이비 앞에서 기원을 행한다. 이비 앞과 이비가 있는 공간은 돌담 등으로 막혀 있다. 이비는 성역 중의 성역이며, 온의 신이 왕림하여 진좌하는 곳이다. 요컨대 신을 맞이하고 신의 목소리를 듣는 핵심 성역에는 오직 여성만이 입장할 수 있다는 것이다. 호카마 슈젠, 심우성 역, 『오키나와의 역사와 문화』(동문선, 2008), 176~179쪽 참조.

항아리에 정성스럽게 담아 문중묘에 납골했다.

그렇다면 왜 이러한 풍장과 세골(洗骨) 의식이 오키나와에서는 오랫동안 유지되었던 것일까. 기후 환경 등을 고려해보면, 융기 석회암 지대이면서 토지가 좁은 오키나와의 경우 매장에 따른 장묘 지대의 확산이란 거주 공간을 협소하게 만들 것이 필연적이었기에 이러한 장묘 형식을 선택하였을 것이다. 동시에 아열대 지역이라는 특성상 풍장을 통한 시신의 탈골이 더 용이했을 것이라는 가정도 생각할 수 있다. 석회암 지대에서 매장된 시신의 부패는 더 더디고 어렵기 때문이다.

그러나 다른 측면에서 보자면, 사자(死者)와 생자(生子)와의 관계가 죽음으로써 끝나는 것이 아니라 영속화된 관계를 맺는다는 것을 확인하게 하는 의식일 것이다. 가령 세골 풍습의 경우, 사자(死者)의 일족들이 모두 모여 손으로 뼈 마디마디에 남아 있는 살점을 발라낸 후 깨끗하게 씻어내는 과정을 통해, 죽은 조상들의 육체와 영혼을 다시 조우하면서 애도한다는 의식은 결국 삶과 죽음을 연결시키는 것이며, 문중묘에 안치하고 또 한 번의 장례를 집행하는 과정은 문중 구성원들을 통합하는 한편 뿌리에 대한 감각을 재확인할 수 있는 장치였을 것이다. 아래 인용문을 참조하는 것도 좋을 것 같다.

> 또한 세골·이장에는 고인의 가족·친지들이 폭넓게 참여한다. 섬 밖에 거주하면서 매년 추석 때에도 좀처럼 돌아오지 못하는 가족·친족들도 세골·이장만큼은 고인에 대한 매우 중요한 일로 생각하기 때문에 이때만은 대부분 섬에 돌아온다. 그리고 세골 전날은 전야제를 지내면서 고인의 추억을 함께 이야기하고, 오랜만에 만나는 친척끼리 섬 밖으로 나가서 지금까지의 사

건이나 최근의 생활 등에 대해 이야기꽃을 피운다. 새로 생긴 가족을 소개하는 장소가 되기도 한다. 이렇게 해서 고인의 후손인 산 자 간의 관계성을 확인할 수 있다. [58]

그러나 풍장과 세골이라는 오키나와의 전통적인 장의 제례 역시 일본 문화의 영향으로 점차 사라지고, 현재는 대부분이 화장으로 대체되고 있다. 니라이카나이 신앙이나 우타키, 문중묘를 중심으로 한 낙토와 성역 등 피안에 대한 오래된 전통적 관념 역시 산업화 속에서, 또는 오키나와인의 기억 속에서 형해화되고 있는 현상도 나타나고 있다. 노로나 유타와 같이 무교적 제의를 담당하는 세습직인 신녀(神女)와 무녀(巫女)의 경우 역시, 개명된 여성일수록 신직(神職) 계승을 거부하는 현상이 점차 늘어나 문화적 전통이 망실되는 경우도 나타나고 있는데, 이 역시 시대 변화의 역설이라고 표현하는 것이 적합할 것 같다.

4. 권력에 의한 통제와 민간신앙

앞에서 오키나와의 풍장이 화장 등의 일본화된 제도에 의해 쇠퇴했다는 사실을 언급했지만, 크게 보면 신화와 민간신앙이라는 것 역시 권력에 따른 통제 등과 같은 사회 변화의 여러 요인에 따라 역사적으로 변

---

58 가미야 도모아키(神谷智昭), 「사회변화가 초래한 사자(死者)와의 관계변화」, 『재일제주인과 마이너리티』(재일제주인센터, 2014), 432쪽.

모한다는 점은 오키나와의 경우도 예외는 아니다.

사실 아마미쿄로 상징되는 오키나와의 창세신화는 오키나와 본도 슈리 지역을 중심으로 한 류큐왕국의 개국신화와 연결된다. 말하자면 슈리를 세력권으로 하는 씨족·부족공동체가 종족신으로 간주했던 신이 이후에 통일된 류큐왕국의 민족신으로 승화되었다고 보는 것이 옳을 것이다.

그러나 오키나와와 같이 동서로 1200km를 늘어선 긴 열도의 섬들에는 당연히 그 기원이 다른 씨족 신화나 토착 신앙들이 건재했을 것이다. 따라서 류큐왕국이라는 단일 통치 질서로 통합되는 과정에서 비유컨대 '신들의 투쟁'이라고 할 수 있을 신화의 통합과 성쇠 과정이 존재했으리라 능히 유추할 수 있다.

이러한 생각이 단순한 유추에 머물지 않는다는 사실은 1500년에 일어난 이른바 '아카하치(アカハチ)의 난'에 대한 기록에서도 확인할 수 있다.

태곳적 야에야마(八重山)에서는 이리키야아마리라는 신을 숭상하였다. 이리키야아마리는 주민들의 주거를 건설하고, 농작물의 재배 방법과 불을 사용해 음식을 익혀먹는 방법 등, 인간 생활에 필요한 모든 것을 가르쳐주었다. 이후, 야에야마의 주민들은 이 신을 섬의 최고신으로 받들었고, 매년 각 촌에서 제사를 봉행해왔다.

그런데, 슈리왕부는 야에야마를 지배하에 두게 되자 1486년에 모고쿠즈이와 온나웨가탄치를 파견해, 이러한 제사는 많은 민력(民力)을 무익하게 하기 때문에, 마을들을 피폐하게 만든다는 이유를 들어 금지시켰다. 그 대신, 오키나와섬의 발전된 농업기술을 도입해 여러 습관을 개선하고 왕부가 정한 규칙을 지키며 생활하라고 명령했다.

야에야마의 민중은, 이는 숭고한 이리키야아마리 신에 대한 모독이며 조상이 건설한 전통적인 삶의 방식을 짓밟는 것이기 때문에 강한 반감을 품었다. 더구나 왕부에 바칠 공물은 매년 늘어나기만 했기 때문에 민중들의 불만은 점점 심해졌다.[59]

이러한 상황에서 야에야마의 민중 영웅인 오야케 아카하치(オヤケアカハチ)가 등장하여 민중을 규합하고 통일 류큐왕국에 대항한다. 이에 류큐왕부가 300여 척의 군선에 군사들을 태워 보내 아카하치의 반란을 평정한 사건을 오키나와에서는 '아카하치의 난'이라고 부른다. 이러한 사실이 류큐왕부에서 편찬한 사서 『구양(球陽)』(1745)에 기록되어 있는데, 오키나와사에서는 매우 역사적인 사건으로 볼 수 있다.

아카하치의 난이 일어난 때는 류큐왕국의 제2쇼씨왕조(尚氏王朝)가 건설된 후 중앙집권제를 완성한 군주인 쇼신왕(尚眞王) 치세였다. 이 시기에 이르러 오키나와 본도에만 한정되어 있었던 류큐왕국의 통치권은, 위로는 아마미제도를 복속시키고 아래로는 미야코제도와 야에야마제도를 통합하는 일대 변혁이 달성되었던 것이다.[60] 그러나 통합의 과정은 각

---

59 新城俊昭, 『琉求·沖繩の歷史と文化』(編輯工房 東洋企劃, 2010), 36쪽.
60 호카마 슈젠에 따르면, 아카하치의 난은 야에야마가 내율적으로 통일된 단계에 유력한 토호의 한 사람이었던 오야케 아카하치가 야에야마에서 패권을 차지하려던 나타후즈·게라이케다구수 쿠요우쵸 동맹군 및 미야코·슈리왕부 연합군과 항전한 사건이다. 이에 패전한 야에야마의 통치는 슈리왕부가 임명한 나카소네가에 위임되었고 1600년에 이르러 왕부에서 파견한 관리와의 합의 아래 놓였으며, 이후 사쓰마 번의 류큐 침공 뒤에는 왕부에 직접 통치를 받았다. 호카마 슈젠, 『오키나와의 역사와 문화』(동문선, 2008), 256~260쪽.

지역에서의 무장 저항을 초래했다. 위의 인용문에서 언급되고 있는 야에야마의 아카하치 반란은 아마도 이러한 무장 항쟁 가운데 가장 큰 사건이었기 때문에 왕부의 사서에 기록된 것일 터이다.

위 기록에서 특징적인 것은 민중 저항이 부족신을 기반으로 한 무교적 통합 속에서 나타났다는 점이다. 오키나와 본도 왕부의 부족신이 아마미쿄였다는 것은 앞에서 지적한 바 있는데, 이 시기 야에야마의 경우 이리키야아마리라는 신이 부족신이었다. 그러니까 류큐왕부와 야에야마의 항전은 상징적으로 보면 각기 다른 부족신 간의 투쟁의 형태를 띠고 있는 것이다. 인간들도 싸우지만, 이것은 '신들의 싸움'이기도 한 것이고 일종의 종교전쟁인 셈이 된다.

물론 이 전쟁의 승자는 류큐왕부였지만, 아카하치 세력의 저항 역시 만만치 않았던 듯싶다. 특히 왕부군이 야에야마에 입도할 때 야에야마의 샤먼이 결사 항전을 독려하며 저주의 주술을 퍼부었다는 기록으로 봐서, 그 싸움이 단순히 군사적 전투로만 한정될 사건은 아니었다. 바꿔 말하면 그것은 중앙집권이라는 권력의 수직계열화에 저항했던 민중들의 저항이자 반란이었는데, 생사를 넘어 그것을 가능케 했던 것은 민중을 수호한다고 간주했던 신화적이고 종교적이면서 주술적인 삶의 양식에 기인한 것이었다. 그러나 야에야마의 민중신앙은 오키나와 본도의 왕부신앙에 의해 궤멸적 타격을 입게 된다. 아마도 류큐왕국의 통일 과정에서 이러한 종교전쟁은 류큐호 각지에서 전개되었을 것이다. 영토가 통일된 이후의 류큐왕부는 권력의 토대를 공고히 하기 위한 여러 형태의 관료제적 제도를 정비했을 것이고, 이 과정에서 정치적·경제적 차원에 그치지 않고 종교적 통합을 꾀함으로써 민중들의 행동은 물론 내면까지를 장악하고자 했을 것이다.

일차적으로 왕부의 통치 질서는 지방의 무장 호족 세력을 거세하고 순치시키는 일을 통해 달성되었다. 쇼신왕은 왕부에 복속된 류큐호 각 지역의 호족들을 오키나와 본도의 슈리(首里)로 압송해 거주하게 했다. 이를 통해 지방 호족의 권력 기반은 붕괴되었으며, 각 지역에는 공납제를 시행하고 지방관을 파견해 왕부의 중앙집권적 권력을 공고히 했다. 이것은 정치권력만으로 멈추지 않았다. 무엇보다 민중의 왕부에 대한 복종과 충성을 보다 내면화하기 위해서는 민간신앙을 왕부의 중앙집권적 통치 체제 아래 통합하는 것이 필요했을 것이다.[61]

글의 도입부에서 언급한 바 있지만, 오키나와의 왕부는 유교와 불교를 통치 이념으로 삼았다. 동시에 오키나와 민중의 토착 종교인 무교 역시 왕부의 통치 체제에 통합시켰다. 국왕의 오누이는 최고 신직(神職)인 기코에 오기미(聞得大君)로 왕실의 길흉화복을 종교적으로 뒷받침하는 역할을 하였을 뿐만 아니라, 수직계열화한 신녀(神女)들을 류큐호 전 지역에서 조직하고 운용했다. 노로(아마미, 오키나와)와 시카사(미야코, 야에야마)로 불리는 열도 각 섬의 신녀들은 국왕에 의해 임명되는 관직의 일종이었고, 이들은 보다 상위 신녀인 오아모(大阿母)와 왕부의 최고 신관인 기코에 오기미(聞得大君)의 정치적 통제를 받았다. 요컨대 민중의 민간신앙인 무교가 왕부에 의해 수직계열화한 관료제적 조직으로 변환됨으로써, 왕부에 의한 오키나와 전역에 대한 지배는 정치·경제적 차원에서는 물

---

61 이명원, 「류큐왕국 시대 오키나와의 지배-종속 관계」, 『녹색평론』, 2013. 9-10. 류큐왕국기 지배
계급과 민중의 대립 구도를 검토한 바 있다.

론 종교적으로도 전일적으로 관철되었던 것이다.

그렇다고 해서 각 섬의 민간신앙이나 신화가 소멸한 것은 아니다. 이는 류큐왕부에서 편찬한 신가집 『오모로소시』에 채록된 각 지역의 다양한 구전설화와 신화들을 통해 확인할 수 있다. 그러나 왕부에 의한 신녀들의 중앙집권적인 통일 조직이 형성된 이래, 류큐왕국의 정교일치적 통치 체계가 흔들린 적은 없었다. 일본에 의한 류큐 멸망에 이르기 전까지는 류큐호의 신화와 민간신앙 체제는 중앙집권적 지배 체제 속에서도 지역적 자율성을 유지할 수 있었던 것이다.

그러나 류큐왕국이 일본에 의해 멸망당한 후, 오키나와의 신화와 민간신앙은 여러 위기에 처하게 되었다. 일본은 류쿠왕국을 침략한 이후 류큐와 일본의 동조동근론을 이론적으로 강조하는 데서 머물지 않고, 류큐의 일본화를 체계적으로 진척시켰다. 그것은 일본이 식민화했던 조선이나 대만과 유사한 것이었다.

정치적 통제는 물론이거니와 류큐 민중들의 내면을 장악하기 위해 토착 종교의 박멸에도 힘을 기울였다. 가령 류큐왕성이었던 슈리성을 오키나와 신궁으로 바꾸고, 기존의 오키나와 민중의 성역이었던 우타키의 초입에 일본식 도리이(鳥居, 신사 출입문)를 세우고 그것을 신사로 바꾸는 등의 통제는 그런 관점에서 나타난 것이다. 동시에 일본은 오키나와 특유의 생활과 무교적 세계관을 '생활개선 운동'을 통해 야만적인 것이라 비난한 후, 일본식의 근대적 생활관이 문명이라는 관점에서 토착 문화를 박멸하고자 했다. 그러나 권력의 억압과 통제에도 불구하고 오키나와의 신화와 민간신앙은 변형된 형태로나마 끝내 살아남았다. 류큐왕국의 멸망과 함께 수직계열화되었던 신녀 조직 역시 형해화되었지만, 그

럼에도 불구하고 오키나와의 토착적 종교와 생사관은 여러 형태의 공동체적 제례 의식을 통해 끈질기게 유지되었다. 현재도 유타(ユタ) 등이 오키나와에는 존재하며, 민간신앙의 차원에서 여전히 강한 영향력을 지니고 있다.

이것은 권력의 통제와 지배를 통한 순치에도 불구하고, 민중의 끈질긴 비원과 생사관은 역사를 통해 지속된다는 것을 보여주는 극명한 사례일 것이다. 오키나와전쟁과 미군정기를 거치고 오늘날에도 기지의 섬으로서 비극을 겪고 있는 오키나와인이, 그것에 굴복하지 않고 역사적 비극의 현장에서 자기결정권을 요구하는 행동에 과감히 나설 수 있는 이유는 무엇일까. 여러 원인을 생각해볼 수 있겠지만, 여기서는 오키나와 민중의 영혼과 육체 속에 끈질기게 보존되어 있는 니라이카나이와 그로 상징되는 낙토(樂土)에 대한 열망이 결코 소멸되지 않았다는 점에서 그 이유를 찾고 싶다. 그것이 비극 속에서도 낙천성을 잃지 않는 민중에게 내면화되어 있는 오키나와적 삶의 방식이기 때문이다.

오키나와 전후문학과
제주 4·3문학의 연대

마타요시 에이키의 「긴네무 집」과
현기영의 「순이삼촌」의 세계성

1. 소설과 기억투쟁

　본고에서는 오키나와 작가인 마타요시 에이키(又吉榮喜)의 「긴네무 집
(원제 : ギンネム屋敷)[62]」(1980)[63]과 제주 작가인 현기영(玄基榮)의 「순이삼촌」
(1978)[64]을 중심으로 오키나와 전후문학과 제주 4·3문학의 연대 가능성
을 검토하고자 한다.

　여기서 필자가 오키나와의 전후문학이라 말하는 것은, 태평양전쟁
말기 오키나와전쟁(1945)의 비극을 통해 오키나와인이 자각하게 된 전쟁

---

62 한국의 일문학계에서 이 작품을 논의할 때는 보통 「자귀나무 저택」으로 번역해 쓰이고 있다. 아
　마도 번역자는 오키나와적 성격을 강조하기 위해 '긴네무'라는 오키나와 원어를 쓴 듯하다. 다만
　필자의 입장에서는 '屋敷'를 '집'으로 번역하기보다는 '저택'으로 번역하는 게, 작품 속의 공간 묘
　사를 고려할 때 더 타당하지 않을까 하는 생각이 든다.

63 본고에서의 인용은 『ギンネム屋敷』(集英社 1981)를 저본으로 곽형덕이 번역한 「긴네무 집」, 『지
　구적 세계문학』, 제3호(2014봄, 글누림) 수록본으로 하기로 한다. 최근에 위 번역자가 『긴네무
　집』(글누림, 2014)이란 제목으로 마타요시의 다른 두 작품과 함께 번역 출간한 바 있다.

64 본고에서 인용은 현기영, 『순이삼촌』 제2판(1980, 창작과비평사)을 대상으로 한다.

의 상흔과 나아가 식민주의에 대한 주체적인 극복과 진실을 추구하는 문학을 의미한다. 마찬가지로 제주 4·3문학은 해방 직후 일어났던 제주 4·3항쟁의 비극적 체험과 자각의 결과, 이데올로기적·무력적 폭력에 대한 제주인의 주체적 극복과 진실을 추구하는 문학이라 할 수 있겠다.

공교롭게도 오늘 논의하게 된 두 작품은 오키나와와 한국에서 비슷한 시기에 창작되었을 뿐만 아니라, 비통하게 경험했으나 명백하게 발화할 수 없었던 오키나와전쟁과 제주 4·3항쟁을 섬사람의 관점에서 주체적으로 제기하고 있는 소설이다. 동시에 이 소설은 오키나와전쟁과 제주 4·3항쟁의 상흔 때문에 결국 자살에 이르는 두 인물을 공히 보여주면서, 그 죽음을 둘러싼 미스터리를 해명하는 과정에서 두 역사적 사건의 진실에 대해 질문을 던지는 공통된 구조를 보여주고 있다.

표면적으로 보면 두 작품에서 갈등 양상과 당사자들의 배치는 편차가 있다. 마타요시의 소설에서 주된 갈등을 빚는 당사자들은 우치난츄 65(오키나와인)와 '조세나'66라 하여 경멸적으로 지칭되는 미군 소속의 한국인 군속이다. 이렇게 보면 마타요시의 소설에서는 오키나와인, 한국인, 미국인(일본계 미국인)이 갈등의 3성분이다. 일본인은 사건의 표면적 갈등에서 은폐되어 있다. 반면, 현기영의 소설에서 갈등의 당사자는 제주인, 서북인, 서울 사람으로 나타난다. 「긴네무 집」에서 오키나와인과 한국인은 조작된 '강간 사건'을 중심으로 가파르게 갈등하고 있고, 「순

---

65 오키나와인들은 현재도 스스로를 '우치난츄'로 부르며, 일본 본도인을 '야마톤츄'라 부른다. 이런 명명 속에서 우리는 오키나와 정체성의 독자성을 확인할 수 있다.

66 1945년 이전 오키나와인은 조선인을 '조시나' 또는 '조세나'로 불렀다. 이는 '조센징'이라는 일본 본도의 호칭과 유사하게 차별적 뉘앙스를 띤 것이었다.

이삼촌」에서는 서북청년단으로 입도하여 친족 관계로 얽혀 제주인과 공존하는 고모부와 제주 출신 조카가 미묘하게 갈등하고 있다.

　마타요시 소설에서 오키나와를 식민 통치하고 있는 미국인과의 갈등은 표면적으로는 약화되어 있다. 특히 오키나와전쟁에서 가해 책임의 큰 몫을 짊어진 일본인은 서사의 배후로 밀려나 은폐되어 있다. 아마도 이것은 배경을 오키나와전쟁으로부터 7년이 경과된 미군정기로 설정한 데서 나타난 소설적 배려일 것이다. 현기영의 소설에서도 4·3항쟁의 격화와 악화에 책임이 있는 미군정의 문제가 암시적으로 제기될 뿐 '전경화'되고 있지 않은 것은 그것을 불가능케 했던 1970년대 당시 한국의 정세에 기인하는 일일 것이다.

　마타요시 에이키의 「긴네무 집」과 현기영의 「순이삼촌」을 통해서, 필자가 궁극적으로 상기하고자 하는 것은 '증언'의 문학화와 '기억투쟁'을 통한 소설의 진실 탐구이다. 나아가 그것으로 가능해지는 '해방의 서사'가 갖는 비서구문학 특유의 세계문학적 가치의 확인에 있다. 제국주의와 식민주의와 궤적을 같이 했던 서구문학과는 달리 비서구문학은 식민주의·제국주의의 폭력에 저항하면서, 스스로의 주체성을 구성해냈다. 오키나와의 전후문학과 제주의 4·3문학이 이를 어떻게 구현하고 있는지를 살펴보는 것은 이점에서 중요하다.

2. 사건의 현장으로 소환되는 매개자

　마타요시 에이키 작품 「긴네무 집」의 화자 '나'는 미야기 토미오라는 중년의 우치난츄다. 그는 오키나와전쟁 중 미군의 폭격으로 외아들이 죽자 삶의 의미를 완전히 상실한 인물로 그려진다. 이 상흔 때문에 부인인 쓰루와 헤어지고 풍속업소에 나가는 20대의 하루코와 우라소에(浦添)[67]에서 동거 생활을 하고 있는데, 하루코와의 섹스에 몰입하는 것만이 그의 고통을 해소하는 창구처럼 묘사되고 있다. 그는 소설에 등장하는 다른 인물들처럼 전후 오키나와인이 수입원으로 삼았던 불발탄이나 고철 수집 등의 '생계노동'을 하지 않는 완전히 무기력한 인물로 그려지고 있다.

한편 현기영의 「순이삼촌」의 화자인 '나'는 유년 시절에 겪은 4·3항쟁의 트라우마를 간직하고 있으면서도, 그것을 억압하거나 은폐한 채 이제는 서울에서 자못 성공한 직장 생활을 하고 있는 중년 남성이다. 제주도 방언도 완전히 교정해서 서울 사람들이 그의 고향을 의식할 수 없을 정도로 현실에 잘 적응한 것처럼 보이며, 서울 출신 아내를 만나 평범한 중산층의 삶을 살아간다. 어떤 이유 때문인지는 몰라도 고향 제주에는 7년여 동안 내려오지 않아서, 이제는 거의 절반은 육지 사람이 된 듯한 인상을 풍기는 인물이지만, 조부의 제사 때문에 제주에 내려왔다가 '순이삼촌'의 죽음을 확인하게 되는 것으로 이야기가 전개된다.

「긴네무 집」에서 '나'는 오키나와전쟁이 자신의 삶 전체를 내파시킨 충격을 일종의 책임 없는 동거 생활로 회피하는 인물인 반면, 「순이삼

---

67 우라소에 시는 오키나와 본도 남서부에 있으며, 오키나와 최초의 역사시대를 열었다고 추정되는 에이소(英祖) 왕이 건설한 성읍이다. 그가 건설한 우라소에 구스쿠(城)와 왕릉인 요도레에서는 계유년(癸酉年)에 고려 출신의 도공이 제작한 고려기와가 다수 출토되어, 오키나와 역사 형성의 기원을 둘러싸고 한일 학계 간에 여러 논의가 지속되고 있다.

촌」의 '나'는 대도시 서울에서 성실한 가장과 직장인으로 4·3항쟁의 상흔을 억제하는 인물로 그려지고 있다. 사실 소설의 전반적인 스토리라인을 보자면, 이들은 가파르게 전개될 오키나와전쟁이나 4·3항쟁에서 오키나와인과 조선인, 서북인과 제주인으로 대치되는 가해와 피해의 분열증적인 상흔을 얼마든지 억제하고, 비루하고 또 굴욕적이기는 하지만 별 변화 없이 이어질 일상을 살아갈 수도 있을 사람들이었다.

그런데 어떤 우연적 계기가 그들로 하여금 오키나와전쟁과 4·3항쟁의 비극적 본질에 도덕감정을 몰입하게 만들었으며, 자살로 생을 확정한 '조세나'와 '순이삼촌'의 죽음을 묻게 만들었다.

소설에서 화자의 역할은 의제가 되는 사건의 목격자 또는 매개자로서 사태를 객관화하는 것이다. 따라서 사건의 입구로 나아가게 되는 것은 대체로 그 자신의 의지와 무관한 일종의 우연 또는 운명의 성격을 띠게 된다.

가령 「긴네무 집」에서 미야기가 오키나와전쟁 당시 조선인 군부와 현지 동원된 방위대원으로 조우했던 기억을 되살리는 계기를 만드는 것은, 전후 오키나와에서 흔하게 볼 수 있었을 부유하는 민중 표상인 유키치 때문이었다. 유키치는 가령 한국의 손창섭 등의 전후소설에서 흔히 발견할 수 있는 뒤틀린 내면과 행동의 소유자이면서도, 기회만 오면 진창 같은 삶에서 탈출해 한몫 잡을 수 있으리라는 인생 역전을 꿈꾸는 가련하면서도 비열하며 소외된 인물로 그려진다.

유키치의 내면이 드러나도록 히는 발화제로 요시코가 등장한다. 요시코는 매춘부인데, 오키나와전쟁에서 자식을 잃고 손녀를 홀로 키우는 할아버지와 살고 있다. 그녀는 전쟁의 상흔으로 정신지체를 앓지만 영혼이 순수한 인물이다. 미야기가 미군 군속의 조선인 엔지니어와 재회하게 되는 계기가, 이 조선인이 매춘부 요시코를 강간했다는 유키치의 음모 때문이었다. 물론 요시코를 조선인 엔지니어가 강간했다는 주장은 이 소설을 끝까지 읽어보면 결국 허위로 드러난다.

정작 요시코를 강간한 것은 유키치 자신이었다. 그는 끈질기게 요시코의 할아버지에게 자신과 요시코의 결혼을 허락해달라고 청했지만, 할아버지가 이를 거절하자 강간의 형태로 요시코를 소유하고자 한 것이라는 사건의 비밀을 후에 고백한다. 그렇다곤 하지만, 요시코가 긴네무 집에서 조선인과 만난 것은 사실이기에, 그는 혐의를 조선인에게 덮어씌우면 미야기, 할아버지, 그 자신이 거액의 배상금을 받아낼 수 있다는 주장을 피력했던 것이다. 이런 이유 때문에 전후의 상흔 속에서 허우적거리던 30대 중반의 미야기가 조선인 엔지니어를 만나게 되고, 그 참혹했던 오키나와전쟁의 기억과 조우하게 만들었던 것이다.

한편, 「순이삼촌」에서 '나'가 일종의 매개자 역할을 하게 된 것은 '순이삼촌'과의 관계 때문이다. 4·3항쟁 당시 토벌군에 의한 민간인 학살에서 기적적으로 살아남은 순이삼촌은 죽음의 기억이 자욱한 제주를 떠나고 싶어한다. 이런저런 사정으로 순이삼촌은 서울에 있는 '나'의 집에 거주하게 되었고, 섬에서의 악몽을 억제하고 육지 그것도 대도시 서울에서 중산층의 삶에 평온하게 적응하려던 '나'의 일상은 요동치기 시작한다. 순이삼촌을 조우하게 되면서, 그는 제주인의 정체성을 지우려던 자신의 오랜 노력이 '위기'에 빠지는 것을 직감한다.

그 위기의 가장 명백한 징후는 주체의 아이덴티티를 구성하는 '제주방언'에 대한 아내의 몰이해에서 시작된다. "벌써 쌀이 떨어졌어요?"라는 '아내'의 서울식 어조를 마치 자신이 쌀독을 다 들어냈다는 식의 타매(唾罵)로 이해한 순이삼촌은 실의에 빠지고 안절부절 못하게 된다. 이러한 상황은 제주 출신이면서도 서울 생활에 안착했다고 생각되는 '나'와 '아내' 사이의 내밀한 긴장의 간극을 넓히면서, 결국 '나'로 하여금 그 자신의 본래적 정체성의 기원인 제주로 귀향하게 만들고, 그곳에서 수십 년간 누구도 명백하게 언급하기를 꺼렸던 4·3항쟁의 진실에 대해 '발성'하게 만드는 것이다.

「순이삼촌」에서 4·3항쟁을 둘러싼 토벌대/양민, 육지 것들/섬사람, 억압/저항의 대주제는 제삿날 벌어진 서북청년단 출신인 고모부와 사촌인 길수 형의 우발적이면서도 격한 논란을 통해 '전경화'된다.

「긴네무 집」에서 미야기가 그렇듯 「순이삼촌」에서 '나' 역시 이 협잡과 갈등의 중심인물은 아니다. 어떤 차원에서 보자면, 미야기와 '나'는 갈등의 중심으로부터 한발 떨어져 이 상황 전체를 관조하는 인물이면서도, 그것이 초래한 도덕감정의 하중을 그것대로 짊어지면서 내밀하게 회의하는 인물로 그려진다. 그러나 이 회의와 반추의 과정은 그 자신이 억압하거나 망각하고자 했던 사건의 기원으로 '회귀'하는 과정이기도 하고, 따라서 이 두 소설의 목표 영역이라 할 수 있는 오키나와전쟁과 4·3항쟁의 본질을 종합하는 과정이기도 하다.

역시 「긴네무 집」과 「순이삼촌」의 백미는 이 무기력하고 때로는 진실의 직시를 회피하고자 했던 관찰자들이 사태의 중심으로 자의식의 촉수를 옮기고, 그러한 과정에서 망각하고자 했던 기억에 해석과 판단을 제기하는 것이라 할 수 있다. 이런 사명을 짊어진 두 인물이 소설의 도입부에서 무기력한 제스처로 상흔 이후의 일상을 잘 살아내는 것처럼 의

지적으로 행동하는 것은, 이 서사의 종결부를 미리 읽은 사람이라면 오히려 극적 전환을 암시하는 서사적 트릭이라는 것을 인정하게 된다.

3. 은폐된 가해와 폭력의 구조

그렇다면 「긴네무 집」과 「순이삼촌」에서 서사적 갈등을 초래하는 인물들의 행태를 어떻게 판단해야 하는가. 가령 「긴네무 집」에서 요시코가 조선인에게 강간당했으니 그로부터 거액의 배상금을 뜯어내야 한다며, 할아버지와 미야기를 시종일관 충돌질하는 유키치를 우리는 어떻게 볼 것인가. 4·3항쟁 당시 서북청년단으로 입도한 후 제주인들을 '폭도'로 간주해 무차별 학살을 자행한 '고모부'를 우리는 또 어떻게 보아야 하는가.

소설을 표면적으로 읽을 경우, 그것은 가해 책임의 부인에서 인정 및 고백으로 이행하는 구조를 띠고 있다. 가령 「긴네무 집」에서 유키치는 요시코를 강간한 것은 한국인 엔지니어며, 따라서 할아버지와 미야기가 이 사실을 밝힌 후 배상금을 받아내는 것은 오키나와인으로서 당연한 일이라고 강변한다. 설사 창녀라고 해도 오키나와 여성이 한국인에게 강간당한 것은 동족인 오키나와인으로서 치욕에 해당하는 것이며, 더구나 이 한국인이 오키나와를 점령하고 있는 미군의 군속이라는 점에서 그것은 더 치욕스러운 사태에 해당된다고 역설하는 것이 유키치의 논법이다.

물론 할아버지와 미야기는 유키치의 말을 전적으로 신뢰하지는 않았다. 평소 유키치가 요시코에게 마음을 두고 있다는 사실을 짐작하고 있기도 하거니와, 유키치란 인물 자체가 오키나와의 전통무예인 공수도 유단자이면서도, 강간 사태를 목격하고 가만히 있었다는 점을 납득할 수 없기 때문이다. 그러면서도 미야기는 미군 군속인 조선인에게서 배상금을 빼어내는 일이 불가피하다고 스스로를 설득한다. 그것은 전후 오키나와의 빈곤에서 헤어날 길이 없는 자신들의 탈출구가 거기에 있고, 더불어 오키나와전쟁 때부터 조선인들과 오키나와인 사이에 맺혀 있는 애증의 관계가 상기되고 있었기 때문이다.

일제 말기 오키나와전쟁에 강제연행된 다수의 조선인이 존재했었다는 점은 잘 알려져 있다. 특히 소설에서 미군 군속으로 등장하는 한국인이 과거 오키나와전쟁 당시 조선인 군부(軍夫)였다는 설정에서 알 수 있듯, 한반도에서 강제연행된 조선인 군부와 일본군 '위안부'들은 오키나와인들과 마찬가지로 참혹한 고통과 희생의 운명에 처해졌다.[68] 그런데 일본제국의 신민(臣民)으로 강제연행되어 종군했던 조선인이나 현지에서 동원되었던 오키나와인 사이의 관계는 매우 미묘한 관계였을 수도 있다는 점이 이 소설에서 상기된다.

조선에서 강제연행되어 특별수상근무대 요원으로 종군했던 조선인들은 군부로 불렸다. 군부는 군속의 최말단으로 오키나와 현지에서 주로 기지건설과 군수품의 하역, 해상특공정인 마루레(マルレ)의 은폐를 위한 진지 구축 작업 등에 동원되었고, 때때로 오키나와 현지인들로부터

---

68 이명원, 「오키나와의 조선인」, 『녹색평론』, 2014. 3-4월호 참조.

식량을 공출하는 역할을 맡았다.[69] 오키나와인들 역시 현지에서 일본군이나 방위대원으로 동원되어 난세이제도 방위를 위해 1944년에 편성된 32군의 지휘 아래 오키나와전쟁에 참가했다. 하지만 대일본제국의 국민(國民)이라는 일본인, 오키나와인, 조선인 사이의 관계는 매우 미묘한 것이었다. 오키나와는 일찍이 일본의 한 현으로 편입되었지만, 오키나와전쟁 당시 현민들이 '스파이' 혐의로 학살당하거나 군의 명령에 의해 대규모 강제집단사(집단자결)를 당했던 사실에서도 잘 알 수 있다.[70]

일제 말기에 일본 정부는 오키나와현에 관하여 우치나구치(오키나와어)의 사용 금지, 창씨개명, 전쟁에 전면적으로 협력할 것 등을 강요했다. 그렇다고 해서 오키나와인들이 대일본제국의 믿을 수 있는 국민(國民)으로 간주되었던 것은 아니다. 그들은 일본과는 다른 고유한 역사와 언어와 문화를 소유하고 있었는데, 이 사실이 전쟁이라는 극한 상황에서는 일본에 대한 배신으로 나타날 것이라 일본군은 우려했다. 따라서 오키나와 땅에서 오키나와인은 '2등 국민'으로 취급받았다. 그들 자신이 일본의 천황제 파시즘 체제 아래서 강력한 황민화 정책에 의해 동화되었지만, 전쟁이 극한적인 방향으로 갈수록 일본군은 오키나와인들을 '비국민(非國民)=스파이'라는 수식으로 정의하였다. 그렇기 때문에 그들을 스파이 혐의로 몰아 학살하는 일이 자주 있었으며, 방공호에서 내쫓아

---

69 오키나와전쟁 당시 조선인 군부의 전쟁 체험은 金元榮, 『朝鮮人軍夫の沖縄日記』(三一書房, 1992) 참조.
70 오키나와전쟁에서 스파이 학살과 집단자결에 대한 증언은 많다. 그 가운데 게라마제도(慶良間諸島)에서의 집단자결을 다룬 森住卓, 『沖縄戦集団自決お生きる』(高文研, 2009)에서의 증언은 생생하다.

미군의 폭격에 사망하게 만들었고, 미군이 점령하게 되면 "남자는 탱크로 밀어죽이고 여성은 강간한 후 불태워 죽일 것이다"는 루머를 체계적으로 유포해 '강제집단사'의 비극으로 내몰았다.

이것은 강제연행된 조선인 군부와 일본군 '위안부'에 대해서도 마찬가지였다. 오키나와에서 오키나와인이 '2등 국민'이었다면, 조선인은 '3등 국민'이었다. 그러나 군부로 종군했다는 사실은 현지의 오키나와인과의 관계에서, 이 2등 국민과 3등 국민이라는 관계의 역전을 일시적으로 허용하기도 했다. 그것은 조선인 군부와 오키나와 민중 사이에 미묘한 민족적 적대 감정을 야기하기도 했으며, 일본군은 이러한 감정을 이용해 때로는 화해시키고 때로는 갈등을 고조시키는 정책을 취했다. 그러나 전쟁 말기에 다수의 조선인이 '스파이 혐의'로 일본군에 학살당한 것은 오키나와인들과 동일한 운명이었다고 볼 수 있다.

「긴네무 집」에서 시종일관 오키나와인과 미군 군속인 한국인 사이에 긴장감이 초래되고 있는 이유는 오키나와전쟁 당시 조선인 군부 학살 사건을 소설의 등장인물인 오키나와인이 기억하고 있으며, 그 죽음에 자신들이 연루되어 있다는 사실에 깊은 죄의식을 느끼고 있기 때문이다. 아래의 인용문을 살펴보기로 하자.

전쟁 때 보던 광경은 여전히 생생하다. 중년의 조선인은 울고 아우성치며, 두 손 두 발을 뒤에서부터 잡고 있는 오키나와인의 손을 풀려고 날뛰었다. 조선인의 마르고 벌거벗은 가슴을 총검으로 천천히 문지르던 일본 병사가 갑자기 엷은 웃음을 거두더니, 스파이라고 하며 이를 갈았다. 그 직후에 조선인의 가슴팍 깊숙이 총검을 꽂고, 심장을 도려냈다. 나는 눈을 굳게 감았

지만, 그 기계가 삐걱대는 듯한 조선인의 목소리는 지금도 귓가 깊숙이에서 되살아난다.[71]

일본군에 의해 자행된 스파이 혐의 학살에서, 이 소설의 문제적 인물인 한국인 엔지니어는 살아남는다. 그를 살린 것은 이 소설의 화자인 미야기로 제시되고 있으며, 위의 인용문은 그의 회상 장면이다. 그러나 한국인 엔지니어가 살아남았다고 해도 이전에 오키나와인이 일본군에 협력해 다수의 조선인 군부를 죽였다는 사실은 변하지 않는다. 오키나와전쟁 당시의 여러 기록을 읽어보면 오키나와 현민들의 믿을 수 없는 제보, 즉 조선인 군부가 오키나와 여성을 강간했다는 등의 이유로 학살당한 내용들이 있다. 그 역의 경우도 성립한다. 투항을 권고하러 온 오키나와 여성을 일본군이 체포하고 스파이 혐의로 처단하는 일, 또는 스파이 혐의를 받는 오키나와인을 천황에 대한 충성심의 시험대로 삼아 오키나와 출신 군인에게 맡기는 등의 비인간적인 행위들이 오키나와전쟁에서 자행되곤 했던 것이다.

문제는 전후 오키나와라고 하는 공간에서 과거 조선인 군부로 강제 연행되어 고된 노동과 죽음 직전까지 갔던 사내가 이제는 점령군인 미군의 군속으로 다시 오키나와인들 앞에 나타났다는 사실이다. 미군의 폭력에 대한 분노 및 공포는 물론, 오키나와전쟁 당시 조선인 군부에 대한 오키나와인들의 죄의식이 분열증적으로 결합되면서, 작품 속에서는

---

71 마타요시 에이키, 「긴네무 집」, 위의 책, 413쪽.

시종 그 한국인 엔지니어가 권총으로 자신을 죽이면 어떻게 하느냐는 근거 없는 불안이 지속적인 배경음으로 강조되고 있다.

이렇게 보면, 이 소설에서의 가장 명백한 가해자는 사실상 '은폐'되어 있다고 볼 수 있다. 당연히 오키나와인과 조선인의 학살이나 강제집단사의 실행자는 천황제 파시즘을 무력적으로 수행했던 일본군이다. 그런데 소설에는 전쟁 당시 '우군'이었으면서도, 조선인과 오키나와인을 학살했던 일본군의 정체는 흐릿한 채 다만 이면으로 은폐되어 있고, 전후 오키나와 식민 지배의 명백한 가해자에 해당되는 미군 역시 집중적인 묘사의 표적이 되지는 않는다. 아마도 이것은 이 소설이 발표되었던 시대적 한계 탓이라 생각한다.

「순이삼촌」의 경우 가해자의 역할을 떠안으면서, 자신의 행위를 때로는 강변하고 결국은 정당화해 제주인들의 분노를 사는 역할을 담당하는 것은 서북청년단 출신의 고모부다. 서북청년단원으로 입도해 토벌대가 되어 제주도의 양민들을 무차별 학살했던 주체인 고모부는 4·3항쟁 당시 제주의 현지 여성과 결혼해 현재는 토착화되어 있는 상황이다. 그런데 집안 제사를 계기로, 화자인 '나'와 4·3항쟁의 역사적 진실을 역설하는 길수 형이 함께한 자리에서 고모부는 감정이 격해져 4·3 당시 자신의 행위를 정당화한다.

"도민들이 아직도 서청을 안 좋게 생각하고 있다만, 조캐네들 생각해보라마. 서청이 와 부모형제 니북에 두고 월남해왔갔서? 히도 빨갱이 등쌀에 못 니겨서 삼팔선을 넘은 거이야. 우린 빨갱이라믄 무조건 이를 갈았디. 서청의 존재 이유는 앳새 반공이 아니갔어. 우리네 무데기로 엘에스티(LST) 타고 입도한 건 남로당 천지인 이 섬에 반공전선을 구축하재는 목적이었디. 우리네 현지에서 입대해설라무니 순경도 되고 군인도 되었디. 기란디 말이야, 우리가 입대해 보니까 경찰이나 군대나 다 엉망이드랬어. 군기도 문란하고 남로당 빨갱이들이 득실거리고 말이야.[72]

「순이삼촌」에서 4·3항쟁의 진실규명이 어려운 것은 소설 내적으로는 가해와 피해의 경험자들이 제주라는 공간에서 긴장되게 공존하고 있다는 점에서 오며, 그런 까닭에 이 일상적 안정을 동요시키는 4·3항쟁의 상흔은 어지간하면 상기되지 않는다. 소설 바깥으로 나가 당시의 시대상을 유추해보면, 반공이데올로기에 입각해 철권통치를 휘둘렀던 당시의 독재적 상황에서 빨갱이 또는 폭도로 내몰려 죽음에 이른 제주인들의 상흔을 상기한다는 것은 매우 위험한 일이었을 것이다.

그렇기 때문에 이 소설에서는 4·3항쟁 당시 희생의 폭력성과 부조리성을 '전경화'하는 방식을 취하기 위해 순정한 양민들이 '비무장 폭도'로 몰려 학살당한 일을 상기하면서 토벌대의 잔학성이 강조되고, 외상 후 스트레스에 기인한 순이삼촌의 죽음이 이데올로기적인 장막을 걷어내고 친족으로서 정서적으로 애도하는 식의 서사가 전개되고 있다.[73]

그러나 역시 생각해보면, 이 소설에서 가해자의 고백과 속죄의 몫을

---

72 현기영, 「순이삼촌」, 위의 책, 67쪽.
73 물론 현기영의 「순이삼촌」은 당대적 시점에서 금기를 뛰어넘는 표현의 최대치를 보여주며, 이 소설을 구성하는 서사와 방언의 대립 구조가 일종의 알레고리 장치로 4·3항쟁을 둘러싼 힘의 역학을 잘 보여주고 있다는 관점에서의 분석도 진행한 바 있다. 이명원, 「4.3과 제주방언의 의미작용」, 『연옥에서 고고학자처럼』(새움, 2005).

짊어지고 있는 고모부 역시 그것의 실행자이기는 하되, 은폐된 가해와 폭력의 중핵적 기획자 내지는 주동자라고 볼 수는 없다. 4·3항쟁이 놓여 있는 세계사적 폭력과 비극의 의미를 정교하게 해명하기 위해서는 오키나와전쟁은 물론 타이완의 2·28사건, 제주 4·3항쟁으로 이어지는 일련의 비극적 사태를 아시아·태평양에서 미국 헤게모니의 구축이라는 관점에서 파악하는 거시적 시야가 필요할 것이지만, 4·3항쟁의 초기적 진실을 촉구하는 소설에서 이러한 작업은 사실상 불가능했다고 보는 것이 타당하다.

4. 상혼(trauma)을 넘어서기 : 고백과 증언

오키나와전쟁을 체험한 한국인 엔지니어와 제주 4·3항쟁의 비극을 경험한 순이삼촌은 공히 자살로 생을 마치고 있다. 자살이라는 극단적인 선택을 할 정도로 전시 폭력의 기억은 끈질긴 상혼을 남겼고, 이들의 죽음은 살아남은 자에게 죄의식의 형태로 각인되어 '진실 추구'로 나아가게 만드는 역할을 하고 있다.

필자는 이들을 '지연된 희생자'로 규정하고 싶다. 「순이삼촌」의 서술에서도 나오는 것처럼, 순이삼촌은 시체가 나뒹굴던 4·3항쟁 당시의 옴팡밭에서 이미 정신적으로는 죽었다고 보는 것이 옳을 듯하다. 이것은 「긴네무 집」의 한국인 엔지니어의 경우도 마찬가지다. 동료 군부가 학살당하던 장소에서, 또 동향 여동생인 소리의 실성 앞에서 그는 이미 죽었다. 오키나와에 강제연행된 후 일본군 '위안부'의 삶을 견디지 못해 정신을 놓았고, 전후에는 미군 상대의 매음녀로 전락한 소리는 그가 사랑했던 여인이었다.

「긴네무 집」에서 요시코를 강간했다는 혐의가 유키치의 음모였음은 앞에서도 밝힌 바 있다. 그런데 기묘한 것은 화자인 미야기가 요시코 강간 사건을 추궁하는 장면에서 이 한국인 엔지니어가 순순히 그것을 인정하고, 막대한 물적 보상을 치른 후 자살을 선택한다는 사실이다. 그렇다면 원인은 아마도 다른 데 있을 텐데, 역시 오키나와전쟁의 상흔이 한국인 엔지니어에게는 중요한 것이었다.

제가 이렇게 태평스럽게 살아남은 것은 소리를 보았기 때문입니다. 일본군에게 끌려나와 요미탄(讀谷)에서 오키나와인이나 대만인과 함께 비행장건설 강제노동을 하고 있던 때였습니다. 저는 직사광선과 눈으로 파고드는 땀 때문에 눈이 부셨지만, 수십 미터 앞에 멈춘 군용트럭에서 대장과 동행해서 내린 여자가 소리라는 것을 바로 알아챘습니다. 저는 곡괭이를 버리고, 달리기 시작했습니다. 바로 옆에 있던 일본병사에게 붙잡혀서, 달려든 담당 반장에게 호되게 두들겨 맞고, 발로 차이고, 쭈그리고 앉은 채로, 원래 서 있던 곳으로 질질 끌려갔습니다. (…)
종군 간호부라면 모두 일본군 '위안부'가 아닙니까. 그렇지요? 오키나와 여자도 마찬가지입니다. 당신의 여동생은 징용되지 않았나요? 여동생이 있습니까? 그렇습니까? 그렇지만 말입니다. 오키나와인들은 전쟁이 없는 곳으로 소개(疏開)하고, 조선인은 격전지에 가야 한다니, 어딘가 이상하다고 생각하지 않습니까? 아니, 이건 그쪽 책임은 아니지요. 기분 상하시지 않기 바랍니다. … 한때는 여러분들이 옥쇄(玉碎)하지 않은 것이 분했습니다. 삼십만 명이나 살아남은 것은 비겁하다, 한 사람도 남김없이 전부 스파이라서 그랬다고 생각했습니다. 그렇지만 저는 오키나와인을 원망하지 않습니다. 미군도 원망하지 않습니다. 우리를 끌고 간 인간을 원망합니다.[74]

소리는 일본군 '위안부'로 오키나와로 강제연행된 조선 여성이다. 기록이 차별적이어서 명백한 숫자는 밝혀지지 않고 있지만, 대략 1000여 명 내외의 조선 여성이 오키나와에 일본군 '위안부'로 강제연행되었을 것으로 추측하고 있다. 이 가운데 종전 이후 한반도로 귀환한 여성도 있지만, 소설 속의 소리나 실제로 오키나와에서 삶을 마쳤던 배봉기처럼, 전후 오키나와에 건설된 미군기지촌 주변에서 매춘부로 전전하다가 고독하게 죽어간 여성들도 상당수 있었다.[75]

이 소설에서 한국인 엔지니어는 전쟁 당시 일본군 '위안부'로 전락한 소리를 목격한 이후 충격에 빠진다. 조선에서 연모의 정을 품고 있던 여성이 일본군의 성노예로 전락한 모습을 보는 것은 자신이 군부로 연행되어 극한적인 노역에 시달리는 것보다 더한 고통이자 충격이었을 것이다.

어떤 이유 때문인지는 몰라도, 이 한국인 군부는 전후 오키나와에 남아 미군 군속으로 일하게 되었고, 전쟁 중에 조우했으나 이후 소식이 끊긴 소리를 찾아 헤맨다. 그러던 그가 기지촌의 한 업소에서 소리를 발견

---

74 마타요시 에이키, 위의 책, 421쪽.
75 가와타 후미코(川田文子), 『빨간기와집』, 오근영 역(꿈교출판사, 2014) ; 朴壽南, 『アリランのウタ』(青木書店, 1991) 등의 여러 증언집에 오키나와에서 조선인 일본군 '위안부'의 전쟁 체험과 그 이후의 신산한 삶의 궤적들이 잘 그려져 있다.

해 그녀가 떠안고 있던 빚을 갚고, 자신이 거주하고 있는 긴네무 집으로 데려오지만, 몸과 영혼이 소모되어 착란상태인 소리는 그의 얼굴을 전혀 기억하지 못하고 발작한다.

긴네무 집을 탈출하려는 소리를 붙들고 절규하던 한국인 엔지니어는 발작적으로 그녀의 목을 조르기 시작하다가 급기야 그녀를 죽인다. 그리고 긴네무 나무가 일렁거리는, 일본군 사체 두 구가 매장되어 있는 우물 근처에 그녀를 매장한다.

오키나와 출신 매음부인 요시코를 어떤 이유로 그가 자신의 긴네무 집으로 불렀는가는 알 수 없다. 그게 단순하게 성욕을 해소하려는 이유가 아니었다는 것은 요시코를 보며 소리라고 착란 속에서 애원했던 그의 행동에서도 잘 드러난다. 그러나 요시코는 이 한국인 엔지니어의 한국어를 알아들을 수 없었고, 더구나 그녀는 소리도 아니었기에 한국인 엔지니어는 비통하게 체념하면서 정원의 요시코를 그냥 둔 채 거실로 들어갔던 것이다. 이 모든 장면을 목격하고 있었던 유키치가 요시코를 이후에 강간하고, 알리바이를 들어 이것은 한국인 엔지니어의 소행이라며 보상금을 뜯어내는 것이 이후 소설의 스토리라인이다.

이 소설에서는 시종일관 한국인 엔지니어와 오키나와인들 사이의 애증이 서술되고 있다. 유키치는 오키나와전쟁 당시 일본 국민인 오키나와인과 식민지인인 조선인이 동일한 강제노역에 시달리는 것은 타당하지 않다고 말한다. 그랬던 조선인이 이제는 오키나와를 점령한 미군 군속이 되어 오키나와인 위에 군림하는 듯한 거드름을 피우는 것은 더더욱 용납할 수 없고, 더구나 요시코와 같은 오키나와 여자를 농락하는 것은 동족인 오키나와인 입장에서 분노해야 한다고 주장한다.

미야기는 앞에서 말한 것처럼, 전쟁 중 조선인 학살 문제를 상기하면서 깊은 전율과 죄의식에 빠지는 한편, 한국인 살해에 가담한 오키나와인들에 대해 조선인 엔지니어가 흡사 원한을 품은 것은 아닐까 하는 의혹에 휩싸인다. 그러면서도 그 장소에서 조선인 엔지니어를 구한 것은 바로 자신인데, 혹시 그가 자신의 얼굴을 기억하고 있는 것은 아닐까 는 생각에 잠기기도 한다.

한국인 엔지니어가 자살을 감행한 것은 표면적으로 그가 사랑했던 소리를 발작적으로 죽인 것에 대한 '자기 응징'의 성격을 띠고 있다. 이것은 자살의 이유로써 충분한 설명이 된다. 그러나 그 죽음에는 더 중층적이고 누적적인 역사의 비극이 숨어 있다. 위의 인용문에서 말한 것처럼 "저는 오키나와인을 원망하지 않습니다. 미군도 원망하지 않습니다. 우리를 끌고 간 인간을 원망합니다"라는 발언의 진실성을 믿게 되면, 그를 죽음에 이르도록 만든 것은 소리도, 요시코도, 그 자신도 오키나와에서 전혀 예기치 않은 상흔에 직면하도록 밀어 넣은 일본의 식민주의와 제국주의라는 것이 된다.

이것은 마타요시가 노골화하지는 않았지만, 지속적으로 암시하고자 했던 오키나와전쟁의 책임 문제를 둘러싼 추궁이다. 소설에서는 일본군에 의한 오키나와인들의 '스파이 혐의 학살'이나 '강제집단사' 등의 비극이 전경화되지 않았지만, 우군인 일본군에 의해 조선인도 죽었다는 진술이 지나가듯 제시되고 있다. 또 조선인 엔지니어의 말을 빌려 '유령의 집'으로 전락한 긴네무 집의 내력도 다음과 같이 암시되고 있다.

"이 집에 유령이 나온다는 소문이 있죠? 괜찮습니다. 아마도 조선인 앞에서는 둔갑하지 않는 것 같습니다. 이 마루 아래에 묻었다는 것 같아요. 두 명의 일본군은… 여기서 주무시고 가지 않으실래요? 나올지도 모릅니다… 오키나와 사람 손에 괭이랑 낫으로 갈기갈기 찢겨졌다고 하니까요."[76]

"오키나와 사람 손에 (…) 갈기갈기 찢겨" 죽은 일본군에 대한 암시를 통해서, 조선인 엔지니어는 오키나와전쟁기에 조선인과 오키나와인이 나눠 가진 상흔이 동류의 것임을 환기하고 있다. 그런 점에서 보면, 일본군 '위안부'로 끌려온 조선 여성 소리나 전쟁 중에 실성해 미군 상대 매음부로 전락해 있는 요시코의 상처 역시 동일한 것은 아니지만, 동류의 것이라 할 수 있다. 이런 고백을 통해서 「긴네무 집」의 오키나와인과 조선인은 간신히 오키나와전쟁기에 뒤얽힌 애증의 칸막이를 걷어내지만, 그것이 화해로운 결말로 이어지는 것은 아니고 조선인의 죽음이라는 비극으로 종결되는 것이다. 진실 고백의 과정은 자기 해방의 출발점이기도 하지만, 개인적으로 고백한다 한들 구조적 모순이 해소되지 않는다면, 그것은 전쟁 트라우마가 다만 잠복했을 뿐이라는 것을 의미한다.

「순이삼촌」에서의 '순이삼촌'의 죽음은 이에 비하자면 더욱 비극적이다. 양민 학살의 트라우마를 고스란히 가슴속에 담아온 삼촌은 제주에서도 또 도피처인 서울에서도, 제 안의 절망을 해소할 수 있는 계기를 찾지 못한다. 가해/피해를 짊어진 친족공동체 안에서도, 4·3항쟁의 진실

76 마타요시 에이키, 위의 책, 417쪽.

은 꺼내서는 안 되는 무거운 금기로 남아 있었으니, 그녀에게 나날의 일상은 끝없는 4·3항쟁의 고통스런 반복이었을 것이다. 이 반복 강박을 승화하거나 치유할 수 없었기에 순이삼촌은 미스터리한 죽음의 형식으로 자신의 생을 마감한다.

이 죽음을 계기로 4·3항쟁의 진실을 고백하고 성찰하는 임무를 담당하는 것은 용길 형과 같은 후세대들이다. 이들은 어둠 속의 금기를 해 아래 꺼내놓고, 가해/피해를 넘어선 4·3항쟁의 객관적 진실을 밝히는 작업으로 나아간다.

"고모부님. 고모분 당시 삼십만 도민 중에 진짜 빨갱이가 얼마 된다고 생각햄수꽈?"

"그것사 만 명쯤 되는 비무장공비 빼부리면 얼마 되어? 무장공비 한 3백 명쯤 될까?"

이 말에 나도 모르게 발끈 성미가 났다.

"도대체 비무장공비란 것이 뭐우꽈? 무장도 안한 사람을 공비라고 할 수 이서마씸? 그 사람들은 중산간 부락 소각으로 갈 곳 잃어 한라산 밑 여기저기 동굴에 숨어살던 피난민이우다."

나의 반박하는 말에 고모부는 의외라는 듯 흠씻 나를 바라보았다.

"그건 서울 조캐 말이 맞아. 나도 내 눈으로 직접 봤쥬. 목장 지대서 작전 중인디 아기 울음소리가 들리길래 덤불 속을 헤쳐 수색해보난 동굴이 나왔는디 그 속에 비무장공비 스무남은 명이 들어 있지 않애여."

"비무장공비가 아니라 피난민이라 마씸."

나는 다시 한 번 단호하게 고모부의 말을 수정했다.

"맞아. 내가 자꾸 말을 실수해. 그땐 산에 올라간 사람은 무조건 폭도로 보았으니까….”[77]

"공비가 아니라 마씸”이라는 진술의 반복은 4·3항쟁의 폭력과 학살을 이데올로기적으로 봉쇄하는 냉전적 담론에 대항하는 비타협적인 진실 추구의 태도를 보여준다. 물론 이 소설이 발표되던 당시의 상황에서, 4·3항쟁을 둘러싼 거시적이고 체계적인 분석과 해명이 제출될 수는 없었다. 거꾸로 이러한 소설적 진술을 통해 그것의 불가피성과 필연성은 적극적으로 환기되고 있는데, 이것이 상흔을 극복하려는 증언과 고백의 서사가 갖고 있는 힘이다.

5. 제주 4·3문학과 오키나와 전후문학의 연대

오키나와와 제주는 본토와 섬 사이의 ‘구조적 차별’을 공히 체험하고, 2차대전을 전후한 시기에 공히 전쟁과 내전 상황에 준하는 국가 폭력에 노출되었었다. 전후에는 냉전적 국제정치 지형 아래서 한쪽은 미군점령지로, 다른 한쪽은 반공 독재정권의 강압 정치로 고통을 받았다는 사실은 부정할 수 없다.

이러한 구조적 차별과 폭력을 거슬러 제주와 오키나와 민중은 그간

---

77 현기영, 위의 책, 70~71쪽.

짊어져왔던 역사적 상흔을 극복하기 위한 진실 투쟁과 민주화 운동을 지속해 왔다. 이러한 과정에서 그간 억압되거나 체계적으로 망각된 사실과 진실들이, 마치 융기 석회암과 현무암 아래 매장되어 있던 하얀 유골이 발굴되듯 역사의 지평 위로 떠올랐던 것이다.

마타요시 에이키의 「긴네무 집」과 현기영의 「순이 삼촌」은 역사보다도 앞서 또는 그것과 앞서거나 뒤서거나 하면서, 섬사람들의 열망과 절망을 넘어선 시대정신을 열어놓은 작품이다. 그러나 이 두 작품에서 적극적으로 음미되고 상기되는 오키나와전쟁이나 제주 4·3항쟁은 투명하게 그 진실규명이 완료된 사안은 아니다.

가령 오키나와의 경우 미국과 일본의 이중식민지 체제라는 고압적 상황이 현재도 지속되고 있는 실정이며, 제주 역시 오키나와와 동일한 것은 아니지만 제주인들의 역사를 이데올로기적 금제로 억압하고 은폐하려는 시도는 여전히 강력한 현실권력을 지니고 있다.

그러나 분명해 보이는 것은 마타요시 에이키로 상징되는 오키나와 전후문학과 현기영으로 상징되는 제주 4·3문학이, 증언의 문학화에 기반한 '기억투쟁'의 서사화를 통해, 평화와 정의, 역사와 진실을 높은 수준에서 촉구하고 각성하게 만들었다는 것이다. 동시에 이 두 소설은 현대 오키나와와 제주라는 한정된 시공간을 넘어, 세계문학의 지평에서도 크게 기여할 수 있는 '전쟁과 평화'라는 보편적 주제의식과 비서구문학 특유의 '탈식민'의 과제를 적극적으로 환기하고 있다.

그런 점에서 보면, 제국주의·식민주의의 안쪽에서 그것을 성찰하고 내적으로 저항했던 유럽문학의 문화식민주의적 세계성과는 다른 탈식민적 세계성을 이 작품들이 담지하고 있다고 보아야 한다. 이 탈식민적 세계성 안에는 제국주의와 식민주의, 냉전적 이데올로기와 패권주의가 촘촘하고 구체적으로 묘사·폭로되면서, 평화와 인권 그리고 자치와 연대라는 미래적 비전이 담겨 있는 것이다. 무엇보다도 그 어떠한 끔찍한 절망에서도, 스스로의 인간됨을 포기하지 않는 작고 위대한 민중의 목소리가 두 소설에서는 장엄하게 발성되고 있다.

이제 우리에게 주어진 과제는 제주와 오키나와의 두 문학을 작품 간의 해석적 연대를 뛰어넘어, 더욱 동시대적이고 미래지향적인 연합의 형식으로 만나게 하는 것이다. 그 문학적 만남이 체계화된다면 동아시아의 평화 공존에 있어서도 매우 큰 의의를 확보할 수 있을 것이다.

제 2 부

기억투쟁과 동아시아 평화

일본 내셔널리즘의 기원

1. 메이지유신과 자유민권 운동

페리 제독의 구로후네(黑船)와 '함포 외교'에 따라 일본이 서구에 문호를 개방하기 이전까지 지배했던 근세의 도쿠가와막부는 250년간 쇄국 정책을 유지했다. 대중국 무역은 류큐왕국의 대중(對中) 무역을 수탈하는 것으로, 서구와의 교역은 나가사키 항(長崎港)을 개항하되 네덜란드와의 제한적 무역만으로 한정했다. 도쿠가와막부는 중앙집권을 강화하고 지방의 통치자인 다이묘(大名)들에게 절대적인 충성을 요구했으며, 대외무역과 그를 통한 서구와의 접촉을 엄격하게 통제했다.

그러나 이러한 쇄국 속에서 장기간에 걸친 표면적 안정은 정국과 시대의 변화에 따라 급속한 격변에 직면하게 된다. 내부적으로는 도쿠가와막부 체제 아래서 소외된 지역 번주(藩主)들에 의한 불복종 및 반란 위협이 심화되었고, 대외적으로는 자본주의 시장의 발달에 따라 동양으로 눈을 돌린 서구의 개항 요구가 고조되었기 때문이다. 특히 도쿠가와막부가 위기를 실감하게 되는 것은 청나라가 영국과의 아편전쟁(1840~1842)에서 패배한 것을 목격한 이후다. 당시 청나라는 조공·책봉 시스템을 통해 동아시아적 정치-교역 시스템을 견고하게 유지하면서 서구에 대해서는 쇄국정책을 펼치던 때였다.

영국과의 전쟁에서 청나라가 패배한 사건은 일본뿐만 아니라 동아시아 전역에서 충격적인 사건으로 받아들여졌다. 이는 중국 중심의 천하체제(조공·책봉 시스템)가 절대적인 것이 아니라는 인식 변화와, 이후 쇄국정책을 강화하느냐 반대로 개항을 통한 근대화를 추진하느냐의 시대적인 논란까지 가중시켰다.

도쿠가와막부는 애초에 쇄국정책을 통한 통치권의 보존을 시도했으나, 서구의 개항 요구에 무력으로 대응할 능력이 없다는 것을 확인하게 된다. 페리가 몰고 온 함선을 당시의 일본인들은 구로후네(黑船)라 불렀는데, 이것의 출현이 막부와 민중에게 끼친 공포는 대단한 것이었다. 도쿠가와막부에 개항을 요구한 페리 제독의 함대는 '함포 외교'를 통해 1854년 '가나가와(神奈川) 조약'으로 불리는 미·일 친선 조약과 후속 조약인 '시모다(下田) 조약'을 맺었는데 이는 전형적인 불평등조약으로, 이를 기점으로 일본의 막번 체제(幕藩體制)는 붕괴의 길로 들어서게 된다.[78]

페리와의 불평등조약 이후 일본이라는 국가의 목표는 압도적인 서구

78 맥세계사 편찬위원회, 『일본사』(느낌이있는책, 2015), 29~32쪽.

열강과의 대치 속에서 어떻게든 정치적 독립을 수호하고 사회를 서양화·근대화해 구미 열강을 따라잡는 것이 국가적 과제로 변용되었다.[79] 이 결과로 나타난 것이 메이지유신(1868)이다.

메이지유신(明治維新)은 명목상의 권위에 불과했던 천황(天皇)에게 실질적인 주권을 부여하고, 막번 체제에 입각해 무인 지배가 지속되어왔던 중세 일본을 근대 국민국가로 전환시키기 위한 '위로부터의 혁명'의 성격을 갖고 있었다고 볼 수 있다.

그러나 메이지유신을 통해서 '천황주권'의 국민국가가 일단 성립된 것은 사실이나, 이후 일본이라는 국민국가의 성격을 어떻게 규정하느냐 하는 문제에서는 정치 세력 간의 상이한 이해관계가 충돌할 수밖에 없었으며, 이 과정에서 일본의 민중들 역시 다양한 국가 전망을 모색했다. 메이지유신이 진행되면서 일본의 정치가와 민중들은 한편에서는 부국(富國)과 강병(強兵)을 중심 목표로 설정해야 한다는 '부국강병파'와, 의회(議會)와 헌법(憲法) 제정을 중심으로 서구적 입헌주의를 기반으로 한 민주주의를 구축해야 한다는 세력인 '공의여론파(公議與論派)'가 경합하고 충돌했다.[80] 이것을 단순화하면 국권파와 민권파의 대립이라고 할 수도 있지만, 이 표면적 차이에도 불구하고 일본적 내셔널리즘의 구성·강화를 통한 국민의식의 강조는 이 두 세력 모두가 공유하고 있는 가치형태였다고 규정할 수 있다.

부국강병파는 서구적 근대의 핵심이 산업의 진흥과 근대화에 있다고

---

79 大野建一·坂野潤治, 『明治維新 1858-1881』(講談社, 2010), 18쪽.
80 大野建一·坂野潤治, 위의 책, 23쪽.

보았다. 국가주도의 산업화를 진행해야 한다는 이 노선의 대표적인 인물은 오쿠보 도시미치(大久保利通)와 기토 다카요시(木戶孝允)였는데, 이들은 1871년 이와쿠라(岩倉) 사절단에 참가해 서구의 정치와 산업화 상황을 시찰한 후 큰 충격을 받았다. 이 충격이 오쿠보의 경우는 일본의 산업화를 진홍하기 위한 국가주도의 식산홍업(殖産興業) 정책을 강조한 반면, 기토는 독일식의 군주 권력을 강화하는 천황 친정의 '독재 헌법'을 제정할 것을 요구하는 것으로 이어졌다.[81] 후발 근대화를 추구하는 일본이 독일의 정치 체제와 산업화 노선에서 단서를 얻은 것은 어쩌면 자연스런 일이었을 것이다.

반면, 공의여론파는 이타가키 다이스케(板垣退助)를 중심으로 민선의원(民選議院)을 설립할 것을 건의한다. 1874년 1월에 메이지 신정부에 제출한 「민선의원설립건백서(民選議院設立建白書)」를 기화로 이른바 국회개설 운동으로 이어지는 자유민권 운동이 전개되었다.[82] 일본에서의 자유민권 운동은 피치자가 역사상 처음이자 본격적으로 국가의 존재 방식을 논의하고 그 실현을 위해 행동했던 획기적인 운동으로 평가될 수 있다.[83] 자유민권 운동을 통해서, 종래의 신분제 질서는 폐지되고, 토지개혁을 통한 농민적 삶의 개선이 주장되었으며, 정치참가 운동을 통해 일본적 국민 의식이 형성되기 시작했다.

---

81 大野建一.坂野潤治, 위의 책, 52~53쪽.

82 위의 책, 64쪽.

83 牧原憲夫, 『民權と憲法』(東京 : 岩波書店, 2006), v.

모든 초기의 정치 운동이 그렇지만, 일본에서의 자유민권 운동 역시 '계몽주의'의 성격을 띠고 있었다. 문명개화의 표어는 민권 운동의 과정에서도 중요한 모토가 되었으며, 이 시기에는 운동의 토대가 되는 여러 형태의 사족(士族) 결사체가 형성되었고, 도시를 중심으로 다양한 신문이 창간되어 지식인과 저널리스트들의 활동이 활발해졌다. 연설회 등을 통한 대중들의 정치적 각성과 계몽, 이에 따른 청원 활동 역시 활발해졌는데, 특히 이 시기의 경제적 빈궁은 민중들로 하여금 여러 형태의 집단적 항의 운동을 촉발하게 하였으며, 이 과정에서 신정부는 민중봉기를 무력으로 진압하고, 자유민권 운동 지도자들에 대한 탄압 역시 강화하는 등의 강권적·권위주의적 행태도 나타났다.

자유민권 운동이 고양되고 부국강병 노선이 추진되는 과정에서 일본의 양상을 보면 이후 전개되는 일본적 모순의 기본형을 발견하게 된다.

우선적으로 언급될 필요가 있는 것은 부국강병 노선이건 자유민권 노선이건, 그것이 '서구의 위협'이라는 당대 일본의 맥락 속에서 일본적 내셔널리즘을 강화시키고, 아시아 여러 나라에 대한 침략을 일본이라는 내부의 안정과 번영을 위해 필연적인 것으로 승인하는 형태로 귀결되었다는 사실이다. 메이지유신 이후 일본 정부는 이른바 홋카이도 개척(1869), 류큐 병합(1872), 타이완 출병(1874) 등을 통해 지속적인 대외확장 정책을 시도한다. 이를 통해 국내에서 심화되었던 경제난에 대한 민중들의 분노와 자유민권의 정치적 요구를 국가주의와 국민주의로 변용시킨다. 이후 청일전쟁(1884)과 러일전쟁(1905)을 통해 조선을 식민지화하는 것 역시 식민주의를 기반으로 한 일본적 내셔널리즘의 연장이었다.

이 부분에서 흥미로운 것은 계몽사상가 후쿠자와 유키치(福澤諭吉)의 변모다. 그는 계몽활동의 초기에는 서구의 동아시아 침략을 막자며 '아시아 연대론'을 펼치지만, 이후에는 '탈아입구(脫亞入歐)' 노선을 통해 문명화의 일본적 사명을 강조하면서 사실상 침략노선을 정당화하게 된다. 그러나 후쿠자와의 논의를 살펴보면, 일관되게 그 자신이 일찍부터 '국민의식=내셔널리즘'을 강조했다는 것을 우리는 확인할 수 있다. 그는 『학문을 권장함』(1871)을 통해서 과거 막번 체제하의 민중들은 신분제적 질서 아래서 갸쿠분(客分, 노예의식)에 종속되어 있었고, 오직 그가 섬기는 주인(主人)에 대한 복종만을 염려했다고 지적한다. 그러나 메이지 신정부가 성립되고 민중 자신이 주인이 된 이상 국민 의식과 애국심은 필연적인 것이라 말한다. 그래야 이전에는 찾아볼 수 없었던 '우리나라'라는 의식을 비로소 자각할 수 있다는 것이다. 그렇다면 국민이 된다는 것은 무엇인가. 국가를 위해서 생명을 버릴 각오를 해야 한다는 것을 의미한다고 그는 역설했다.[84] 요컨대 정치적 평등은 국민적 의무와 책임의 평등을 의미하며, 그것은 일본인으로서 내셔널리즘의 기반 아래 있다는 것이 후쿠자와의 생각이었다.

자유민권 운동에서 민권파와 민중들의 정치적 의사가 강력하게 표출된 것은 사실이지만 그것은 정치적·법적으로 수용되지 못했고 도리어 국가에 의한 무력적 탄압에 빈번하게 노출되었다. 자유민권 투쟁의 결과로 성립된 일본의 제국헌법(1890) 역시 '입헌주의' 국가로의 상징적 출발을 의미한다. 하지만 천황을 만세일성(萬世一姓)의 신성한 존재이자 주권

---

84 牧原憲夫, 위의 책, 21쪽.

의 담지자 그리고 국가를 지배하는 절대적 존재로 격상시켰다는 점에서
보면, 흡사 유럽의 절대왕정과 유사한 성격을 지닌 것이었다. 입법·군
사 통솔·재정·외교 등 국가 업무의 모든 결정권은 천황에게 집중되었
고, 국민의 권리는 제한적이어서 신민(臣民)에 불과한 것으로 규정되었
다. 평민의회인 중의원의 설치를 헌법은 허용했지만 그 권한은 사실상
미미한 것이어서, 일본의 입헌군주제란 실질적으로 천황제 절대주의로
귀결되었다[85].

2. 제국헌법과 교육칙어의 반포

전전(戰前) 일본에서 입헌정치와 시민계층의 출현이 차단되고 천황주
권론에 입각한 절대주의 체제가 지속된 것의 핵심적인 근거는 '대일본제
국헌법(이하 제국헌법으로 약칭. 1889)'의 존재였다. 애초에 헌법제정 운동이
자유민권파에 의해 제기될 때 그것의 핵심 내용은 사족들뿐만 아니라
신분제 철폐를 통해 자유로운 존재가 된 평민들이 정치에 능동적으로
개입하고 이를 통해 대의정치를 구현하고자 하는 이상이 존재했다.

그러나 제국헌법을 제정하는 데 사실상 전권을 갖고 있던 초대 일본
내각총리 이토 히로부미(伊藤博文)와 같은 근황주의자들의 생각은 달랐
다. 1882년 이토 히로부미는 헌법 조사단으로 유럽을 방문하여 18개

---

85 맥세계사 편찬위원회, 앞의 책, 198쪽.

월간 체재하였다. 이토는 제국헌법의 모델을 군주국인 독일, 정확하게는 프로이센에서 찾았다. 그는 가령 입헌군주제 아래서도 시민정부론을 채용했던 영국의 의회정치론에 대해서는 회의적인 시각을 보여주었다. 일본과 같은 나라에서는 조직의 완전한 단결을 통해 땅의 크기와 인구의 왜소함을 보상해야만 한다는 것이 당시 그의 생각이었다.[86] 물론 국가의 완전한 단결을 가능케 하는 주체는 천황이라는 생각이 담겨 있었다. 다분히 서세동점(西勢東漸)에 대한 위기의식의 산물이라 볼 수 있지만, 실질적으로 이러한 인식은 민권파들이 요구하는 민주주의에 대해 그가 격렬한 반감을 갖고 있다는 것을 의미한다.

이토 히로부미가 비밀리에 작성하고 반포한 헌법 초안은 앞에서 언급한 대로 천황절대주의 체제를 여러 지점에서 드러낸다.

이러한 접근방법의 결과로서 천황에게는 선전포고, 조약체결, 군 통수권 등을 포함한 많은 권한이 약속되었다. 뿐만 아니라 천황은 통괄적인 포고권을 가졌고, 국회를 자유로이 연기하거나 정지시킬 수 있었다. 더 중요한 사실은 국회가 예산안을 통과시키지 못했을 경우 전년도 예산에 준해서 집행할 수 있도록 규정되었던 것이다. 그리하여 국회는 새로운 조세를 부정할 수 있는 권한 이상의 통제력을 갖지 못했다. 이것은 향후 몇 년 동안 보였듯이 내각을 괴롭히는 강력한 무기일 수 있었지만 국회로 하여금 국가 정책에 관한 통제력을 갖게 해주는 충분한 지렛대가 되지는 못하였다. 선거에

86 W. G. 비즐리, 장인성 역, 『일본 근현대사』(서울 : 을유문화사, 2004), 136쪽.

의해 구성되는 중의원(衆議院)이 국회의 결의를 결정할 수 있다는 것도 확실치 않았다. 결국 귀족원(貴族院)이 그것과 동등한 권위를 가졌고, 귀족원 의원은 세습 임명으로 자연스럽게 메이지 체제를 유지하였다.[87]

위에서 볼 수 있듯이 제국헌법에서 천황은 국가 자체다. 의회의 기능은 구 번벌 귀족 출신인 귀족원이 장악하고 있고, 평민의회라 할 수 있는 중의원의 권한은 미약하다. 천황의 절대성이 극단적으로 강조되는 반면, 국민들은 신민(臣民)이라는 봉건적 정체성으로 환원되었다. 메이지 유신은 명목상의 지위에 있는 천황을 주권의 절대적 담지자로 옹립한 '왕정복고'의 성격을 갖고 있는 것인데, 그런 점에서 보자면 메이지 신정부의 성격은 18세기 유럽의 절대왕정에 유사한 것인지, 근대적 입헌주의에 가까운 것인지가 헌법의 성립 과정에서부터 논점이 되었다.

제국헌법 제1조는 대일본제국은 만세일계(萬世一系)의 천황이 이를 통치한다는 규정으로 천황대권(大權)을 명확히 했으며, 제정 과정 전반을 보면 국민의 의사와 관련이 없이 군주의 단독 의사에 의한 흠정헌법(欽定憲法)의 성격을 띤 것이었다.[88] 사정이 이러했기 때문에 이 헌법의 제정을 통해 절대화된 것은 천황의 주권과 통치 의지였으며, 근대 일본의 국민적 공동성을 구축하는 일 역시 만세일계의 천황에 대한 충성과 신민들의 절대적 복종이 강조되었다.

제국헌법 아래서 천황은 가히 절대적 존재였다. 군대의 통수·편제·

---

87 위의 책, 136~137쪽.
88 木原憲夫, 『民權と憲法』(東京 : 岩波書店, 2006), 189쪽.

선전포고 및 강화, 조약 체결 등의 결정은 전적으로 천황에게 속한 것이었다. 천황주권은 무력의 독점을 통해서도 강화되는 것이겠지만, 이것으로 그치는 것은 아니다. 무엇보다도 장구한 무가 지배 체제 속에서 천황에 대한 충성심이 사실상 부재했던 국민들에 대한 헤게모니적 통치 역시 긴급한 것이었다. 중세 일본의 무사나 민중은 그들이 속해 있던 번(藩)의 수장에 대해서는 절대적으로 복종했지만, 광역적인 봉건적 통치 권력인 막부나 교토에 은둔했던 천황에 대한 충성심은 사실상 부재한 상징적 상태에 머문 것이었다.

제국헌법을 통해서 천황주권 또는 천황대권론을 국민적 통합의 핵심적 근거로 삼고, 이를 통해 일본적 국민 의식을 체계화하기 위해서는 단순히 무력의 독점을 통한 위로부터의 강제뿐만 아니라, 동의에 의한 지배를 관철시키기 위한 이데올로기적 국가 장치의 강화, 즉 교육을 통한 국민 의식의 지속적인 내면화와 국민적 주체 형성을 필요로 했을 것이다. 따라서, 이러한 천황제를 강화시키기 위해 다음 두 차원에서 '신민적 주체형성'이 시도되었다고 판단한다.

첫째, 상비군 체제의 확립과 천황의 군대 육성이 그 하나다. 메이지유신 이전의 막번 체제하에서는 무력이 각각의 번별로 독립적으로 편재되어 있었다. 각 지방의 무사들은 자신이 속해 있는 번의 수장에게는 절대적인 충성심을 보였지만, 중앙권력인 막부나 상징적 지위에 있었던 천황에 대한 복종심은 대체로 미약했다. 때문에 메이지 신국가가 일단 성립되었다고 해도, 그 즉시 천황에 대한 사족(士族) 계층의 충성심이 가능해졌다고는 볼 수 없다. 반대로 메이지 신정부의 출현은 그동안 신분제 질서 아래서 특권계급으로 존속했던 사족들의 독자적 군사력은 물론 정치·경제적 토대를 상실케 하는 결과를 초래했다. 메이지유신에 참가한 당사자였던 사이고 다카모리(西郷隆盛)의 사쓰마 번(薩摩藩)이 정부군과 격돌했던 세이난전쟁(西南戦争, 1877)의 원인 역시, 이면에는 메이지유신 이후 사족 계층의 급격한 몰락이라는 비정한 현실이 숨어 있다.

이에 메이지 신정부는 구 사족 계층의 반발을 귀족원이라는 세습적 입헌정치 장치 안에 수렴시켜 사회경제적 특권을 제한적으로 보존해주면서도, 궁극적으로는 국민개병제로서의 징병제(1872)를 실시해 군사력의 중앙집중화를 시도했다. 특히 징병제의 실시는 인구의 절대다수를 이루는 평민들로 하여금 천황에 대한 충성심을 군사 훈육적 장치를 통해 내면화시키는 또 하나의 교육 장치였다.

칙령의 형태로 반포된 '군인칙유(軍人勅諭, 1882)'는 이를 잘 보여준다. 군인칙유는 1945년 패전까지 일본의 군국주의를 내면화한 이데올로기 장치였다. "의는 산악보다도 무겁고 죽음은 깃털보다도 가볍다고 각오하라"는 표현을 통해 인간의 생명은 경시되는데, 이 칙유에서 천황은 "짐은 너희들 군인의 대원수다"라고 선언된다. 1945년 패전에 이르기까지 일본 천황은, 군인은 물론 일본의 국민들에게 스스로를 대원수로 간주하게끔 만드는 의례와 발언을 계속했다. 그는 평시에도 일본 육군 군복을 착용하고 모든 의례에 참가했으며, 초등학교 교과서에도 군복 입은 모습을 게재하였다. 이로써 '천황은 모든 국민의 대원수'라는 군국주의적 천황 표상이 국민들의 의식 속에 각인되었으며, 이는 대원수 천황에 대한 절대적인 신민(臣民)으로서의 충성심을 내면화시키게 했다.[89]

둘째, 천황에 대한 충성과 복종을 강화하기 위한 이데올로기적 장치로 가장 명확하게 강조되는 것은 의무교육이다. 1890년 메이지 천황의

이름으로 '교육에 관한 칙어(教育ニ関スル勅語)'(이하 교육칙어)가 반포되었다. 헌법이 반포된 이후 문부성은 교육에 대한 통제를 강화했다. 메이지 천황 자신이 일본의 역사를 영광의 역사로 기록할 것을 강조했고, 특히 수신(修身) 과목의 경우는 문부성이 직접 교과서를 편찬해 덕육(德育) 교육의 기초로 삼았다. 교과서 제도 역시 검정제로 시행하되, 교육의 핵심은 교육칙어의 가치에 순응할 것을 강조했다. 교육칙어는 그 내용에 있어 유교적 가치로 포장했지만, 교육의 근본이란 황조황종(皇祖皇宗)의 유훈(遺訓)을 받드는 데 있다는 것이었다. 즉 『일본서기』와 『고사기』에 기록된 신화적 천황제의 연속성 아래 신민(臣民)은 천황에게 절대적인 충성을 해야 한다는 것이었다. 이는 메이지기에 확립된 국민교육의 본질이 신민교육에 있다는 것을 의미한다.

군인칙유나 교육칙어는 천황대권을 기반으로 한 명령의 형태로 반포되었다. 이것은 천황의 명령이었기 때문에 의회의 심의는 필요 없었다.[90]

헌법 제정 이후 메이지기의 일본인들은 교육에서는 교육칙어, 군복무에서는 군인칙유에서 강조하는 천황에 대한 복종과 충성이라는 가치를 국민적으로 내면화하여, 결국 일본적 내셔널리즘을 형성했다. 천황제에 기반한 국가주의·군국주의가 이 두 가지 칙령에 의하여 공적 세계로부터 일상은 물론 개인의 내면 통제까지 제도화된 것이다. 이것은 일본의 천황제 근대국가가 내포하고 있는 근본적인 한계로, 이후 일본 내부에서 민본주의나 사회주의에 입각한 민주주의의 요구가 격렬하게 비등한

89 山住正己, 『日本敎育小史』(東京 : 岩波書店, 1987), 40쪽.
90 山住正己, 위의 책, 58쪽.

시기가 있었음에도 불구하고, 결국 좌절되거나 아시아 여러 나라에 대한 침략으로 그 에너지가 전환되는 식의 부정적 양태로 나타나게 된다.

3. 다이쇼 데모크라시의 실패

메이지기의 일본은 천황주권론을 기반으로 한 근대 국민국가의 형성 과정이었다. 부국강경파와 공의여론파가 적절한 균형을 취할 수 있었다면, 이후 식민주의·제국주의의 강경한 경향은 제어될 가능성이 얼마간 있었다.

그러나 자유민권 운동의 좌절 이후 일본의 국권파들은 서구 열강의 침략을 방어하고 주권을 수호한다는 명분 아래 아시아에 대한 침략을 정당화했다. 후쿠자와 유키치식으로 그것은 일종의 문명론 성격을 띠면서 정당화된 것인데, 종래의 중국은 '지나(支那)'라는 멸칭을 통해 격하시키고 조선은 지나의 속국적 지위로 간주하면서, 중국과 조선에 대한 침략을 문명화의 사명으로 치환시켰던 것이다.

러일전쟁(1904~1905)에서 일본의 승리는 지배계급 내부에서 기획된 일본적 내셔널리즘을 민중에게도 확산시키는 계기를 만들었다. 국민교육과 징병제의 실시에 따라 내셔널리즘을 내면화한 일본 민중은 러일전쟁기에 '제국 의식'이라고 할 수 있을 새로운 국가주의를 내면화하게 된다. 동시에 서구 열강에 대한 배외주의는 물론 아시아 주변국에 대한 멸시의 시각 역시 고조되는데, 일본의 승리는 서구 열강의 주권 위협으로부터 해방일 뿐만 아니라 아시아에서 명백한 지도적 지위에 이르게 되었음을 확인하게 되는 전환기의 사건으로 인식되었다.

그러나 러일전쟁에서 승리는 비유적으로 말하자면 상처뿐인 영광이었다. 전쟁에 소요된 막대한 군비(17억 엔)와 병사들의 희생(24만 명의 사상자)에도 불구하고, 포츠머스강화조약 내용에 배상금과 관련한 항목이 없다는 사실이 알려지자 일본 민중은 히비야(日比谷) 공원에서 폭동을 일으켰다. 전쟁 기간 동안 일본 정부는 막대한 국채를 발행했고 이것은 고스란히 민중들의 부담이 되었을 뿐만 아니라, 징병제로 전쟁에 참가한 군인들의 희생에도 불구하고 승전에 따른 물질적 보상이 존재하지 않는다는 사실이 일본 민중의 분노에 불을 댕겼던 것이다.[91]

일본 민중이 전후 처리 결과에 분노하여 폭동을 일으켰다는 것은 뒤집어 말하면, 일본적 내셔널리즘이 이제 지배계급뿐만 아니라 민중 대다수의 내면에도 강력한 영향을 끼치기 시작했다는 것을 의미한다. 그것은 메이지유신 이후의 지속되는 전쟁들, 즉 이른바 홋카이도 개척, 류큐 병합, 타이완 정벌, 청일전쟁, 러일전쟁, 조선 병합 등 일본의 근대란 서구 열강의 제국주의를 아시아에서 동일한 방식으로 재현한 것이었다는 사실에서 확인할 수 있다. 요컨대 제국주의적 근대였던 것이다.

모든 제국주의 국가의 속성이 그렇지만 식민지라는 외부 프런티어의 확대는 수탈을 통해 확보된 국부를 내부로 돌려 경제성장을 촉진하고 내부 민주화에 대한 요구에 온정적으로 대응하는 유화 국면을 낳는 경향이 있다. 다이쇼기의 일본 상황 역시 이와 유사한데, 러일전쟁 이후 일

---

91 함동주, 『천황제 근대국가의 탄생』(창비, 2009), 201~204쪽.

본 경제는 제조업 부문을 중심으로 수출 경제를 통한 경제성장을 촉진시켰고, 이런 가운데 정치 영역에 있어서도 요시노 사쿠조(吉野作造)의 민본주의는 물론 러시아혁명 이후의 사회주의 사상까지 수용되는 등 이른바 '다이쇼 데모크라시'의 시대가 나타났다.

1916년 일본의 계몽사상가인 요시노 사쿠조는 「헌정의 본의를 밝히고 그 유종의 미를 마치는 길을 논한다」라는 기념비적인 논의를 통해서, 입헌주의 정치가 유종의 미를 거두기 위해서는 그 근본에 '국민적 교양'이 있어야 하며, 이를 위해서는 군주제와 공화제를 묻지 않고, 또 귀천 상하의 구별 없이 민중을 중시해야 한다고 역설했다. 이것이 요시노 사쿠조가 강조한 민본주의(民本主義)다.[92]

요시노의 민본주의는 데모크라시(democracy)의 번역어인데, 그것을 민주주의(民主主義)로 옮기지 않은 것에 주목할 필요가 있다. 구미의 입헌주의 사상은 주권재민의 원리를 기본으로 삼지만, 앞에서 검토한 것처럼 일본의 메이지헌법은 천황대권을 중심으로 성립된 흠정헌법이다. 만일 요시노 사쿠조가 데모크라시를 민주주의로 번역한다면 이것은 천황의 군주주권(君主主權)에 대한 부정이 되기 때문에, 표현은 민본주의로 하면서도 실질적으로 주권재민의 원리를 헌정 체제 아래서 실현하기 위한 의회 개혁, 보통선거권 운동, 국민적 교양의 육성을 강조했던 것이다. 이는 정치적 자유주의의 요구로 이해될 수 있다.

천황의 존재를 어떻게 볼 것인가 하는 문제 역시 이 시기에 중요한 헌

---

92 山住正己, 위의 책, 84쪽.

법 해석상의 논쟁이 되었다는 점도 주목할 만하다. 도쿄대 법학부 교수였던 미노베 다쓰키치(美濃部達吉)는 『헌법강화』(1912)라는 저작을 통해 이른바 '천황기관설'을 주장했다. 그에 의하면 국가는 법률상의 인격을 가지며 법률상 주체인 국가가 주권을 가지게 되는데, 천황이란 국가의 최고 기관이라는 주장을 펼쳤다. 천황이 '신'이 아니라 '국가기관'이라는 주장인데, 이는 군주주권과 인민주권의 중간적인 형태로 국가 주권을 주장하면서, 천황의 절대성을 상대화하고 정당정치를 강화하기 위한 헌법 해석이었다.[93] 천황을 현인신(現人神)으로 보는 당대의 관점에서는 매우 급진적인 법 해석이었다고 볼 수 있는데, 이러한 주장은 천황을 초월적인 국체(國體)로 보는 시각을 사실상 견제하는 논리였다. 미노베의 학설은 당대의 지식인과 정치가들에게 깊은 영향을 끼쳤으며, 이것이 요시노 사쿠조의 민본주의 논리와 결합되면서 정당정치·의회정치의 강화와 민중의 보통선거권 확대 요구와 맞물려 다이쇼 시대의 정치 운동을 뒷받침하는 기폭제가 된다.

요시노와 미노베의 민본주의와 천황기관설 논의가 자유주의적 성격의 정치개량론으로 나타난 것이라면, 근본적으로 일본의 민중적 현실과 제국주의적 노선을 비판하면서 활동을 전개했던 아나키스트와 사회주의자들도 존재한다. 고토쿠 슈스이(行德秋水)라든가 오스키 사카에(大杉榮) 같은 인물이 그들인데, 이들은 일본의 제국주의적 침략을 비판하면서 노동자와 빈민들의 고통스런 현실에 주목하여 사회운동을 전개시켰다.

---

93 成田龍一, 『大正デモクラシー』(東京 : 岩波書店, 2007), 30쪽.

그러나 이들의 사회운동은 두 가지 측면에서 장애에 부딪쳤다. 정부에 의한 탄압이라는 위로부터 압력이 그 하나라면, 이들 자신이 연대하고자 했던 민중과의 괴리라는 아래로부터의 배제가 다른 하나였다. 가령 고토쿠 슈스이는 국체인 천황을 부정했을 뿐만 아니라 암살하려 했다는 이른바 '대역사건'으로 1911년에 처형된다. 대역사건 이후에도 사회운동의 지향을 견지했던 오스기 사카에는 1923년 관동대지진 중에 일본 헌병에 의해 학살당한다.

다이쇼기의 일본은 표면적으로는 민본주의를 통한 의회주의의 요구를 일면 수용하는 한편 25세 남성 보통선거권제를 실시하고, 교육과 문화의 측면에서도 '교양주의'를 기반으로 한 다채로운 활동이 전개되었다. 일시적으로 정당정치가 활성화되고 사상적 측면에서도 자유주의와 사회주의 등의 사상운동이 활발해졌으며, 민중들 역시 1918년의 '쌀 폭동' 이후 자신들의 요구를 사회운동의 형태로 제기하면서, 지식인들과 연대하는 모습을 보여주었다.

그러나 다이쇼 데모크라시의 외형적 활기에도 불구하고, 이 시기의 일본 정치는 천황주권론의 강력한 자장을 여전히 벗어날 수 없었고, 1차 세계대전 참전과 같은 전쟁을 통한 일본의 제국주의·식민주의 노선은 오히려 강화되는 면모를 보였다. 교육에서는 국체(国体)의 명징을 강조하면서 천황에 대한 국민적 충성을 부각했고, 민중들의 경제적 불만을 해소하기 위해 국외로의 계획 이민이 국책으로 반복되었으며, 침략으로 획득한 식민지를 통한 수탈 경제는 변함없이 지속되었다.

민중들 역시 한편에서는 1918년의 '쌀 폭동'을 통해 격렬한 저항을 보여주었지만, 1919년 조선의 3·1만세운동을 목격한 이후로는 국가주의와 결합된 내셔널리즘의 경향이 더욱 농후해졌다. 이러한 경향은 1923년 관동대지진 조선인 학살 사태 당시 일본의 평범한 민중들이 자경단을 구성해 관헌들과 함께 집단적으로 조선인·중국인 학살에 가담한 데서도 잘 드러난다. 민중들의 현실에 대한 불만이 '제국의식'으로 표상되는 민족적 우월의식과 결합하여 국가주의로 회수되었던 것이다. 일본 정부 역시 1925년에는 천황제 수호를 위한 '치안유지법'을 제정해, 국체(国体)의 변혁을 시도하는 사회운동 및 정치 세력에 대한 대대적인 탄압을 시도했으며 집회·결사의 자유를 봉쇄했다. 이는 일본의 민주정체 형성 가능성을 뿌리로부터 제거하는 결과를 초래했다.

4. 총력전 체제와 파시즘의 대두

다이쇼의 뒤를 이은 쇼와(昭和) 시대는, 군부 주도의 천황제 파시즘이 강화되어 급기야 15년 전쟁(1931~1945)으로 비화된 후 패전을 맞게 되는 전쟁과 침략의 시대였다. 1929년의 뉴욕발 세계대공황은 일본에도 큰 영향을 끼쳤다. 공황을 타개하기 위한 일본의 전략은 외부의 식민지를 더욱 확대하는 전략으로 이어지는데, 여기에는 형식적인 수준의 의회정치조차 부정하는 군국주의 세력의 확장이 그 궤를 같이 한다.

중국 동북 지역에서 만선철도를 관리하고 있던 관동군은 1931년 9월 만주사변을 일으켜 이듬해 괴뢰국인 만주국(滿洲國)을 건국한다. 초기 단계에서는 청나라의 마지막 황제를 만주국의 황제로 형식상 옹립시킨 후 실제로는 관동군이 만주국의 통치에 직접 관여했다. 만주사변이 일어날 당시 중국은 각 지역이 군벌 세력에 의해 분할 통치되고 있던 혼란기였을 뿐만 아니라, 사회주의 국가를 건설하기 위한 홍군과 국민당군이 내전을 벌이던 혼돈의 시점이었다. 이러한 혼란의 와중에 일본의 관동군과 조선군이 만주 지역을 점령하고 만주국을 수립한 것의 표면적인 이유는 중국과 러시아발 '적색혁명'의 방어라는 명분이었지만 의도는 다른 데에 있었다.

> 군부 '혁신파'를 축으로 하는 다음의 공세는 3월 사건을 거쳐 1931년 9월, 세계 어느 나라보다도 먼저 감행한 대외침략전쟁이 된 만주사변으로서 개시되었고, 이 전쟁이 일본의 파쇼화의 발화점이 되었다. 군부 혁신파(이 경우 육군이 중심)가 기도한 구상은, 관동군 참모 이시와라 간지(石原莞爾)의 구상을 예로 들면, 장래에 임하게 될 미국과의 결전을 목표로 하면서 당면한 중국의 통일과 자각한 대중운동의 발전을 저지하고, 소련에 대한 전략적 기반(중국 동북부의 기지화, 자원 및 시장의 탈취)을 구축하기 위하여 중국 동북부(만주)를 무력으로 점령한 다음, 이 전과를 지렛대로 삼아 군부의 위신을 높여 국내의 정치 체제를 전환시키고, 동시에 전쟁을 계속 진행시켜 일본의 자급적인 전쟁 경제와 총력전 체제를 이룩하자는 것이었다. [94]

위에서 군부혁신파라고 표현되고 있는 세력은 의회정치를 철폐하고 천황 친정, 실제적으로는 군부 지배를 획책하고자 했던 강경파들이다.

---

94 高橋行八郎 외 2인 공편, 『일본근대사론』(서울 : 지식산업사, 1981), 299쪽.

만주사변은 이들 강경파 군인들의 패권적 욕망과 재계의 공황 타개에 대한 기대가 절묘하게 결합되어 나타난 사태라고 볼 수 있지만, 그 결과는 예상과는 다른 도미노식의 파국을 초래했다.

일단 일본의 만주 침략을 국제연맹은 합법적인 것으로 간주하지 않았고 만주국의 성립 역시 인정하지 않았다. 중국의 통일과 대중운동의 발전을 저지한다는 일본의 목표와는 반대로 만주사변을 기점으로 중국에서 항일 의지는 더욱 높아졌으며, 이는 애초에 일본 군부에 호의적이었던 장쉐량(張學良)의 동북 군벌조차 항일전쟁에 참가하는 계기를 만들었다.

반면 일본의 경우는 총력전 체제의 구축을 위해 만주국뿐 아니라 화북 지역에까지 침략을 지속하고 궁극적으로는 중국 본토 전역으로 군사력을 전개하는 악순환에 빠져들게 되었다. 이것이 이후 중일전쟁(1937)으로 전면화되는 것은 필연적인 일이었는데, 이는 아시아에서 일본에 대한 항일 항전을 더욱 거세게 만든 요인이었다.

가장 심각한 아이러니는 만주사변을 기화로 일본이 고립무원의 상황에 빠져들게 되었다는 것이다. 만주사변과 만주국의 건국을 소련은 안보 위협으로 간주했고, 영국과 미국 역시 만주국을 승인하지 않고 아시아에서 일본의 군사력 전개를 자국의 이익에 대한 명백한 위협으로 간주했다. 이에 일본은 국제연맹을 탈퇴함으로써 고립주의 노선을 선택하게 되는데, 이것은 외교적 고립일 뿐만 아니라, 경제공황기의 파국적 경제위기를 더욱 심화시키는 상황을 초래했다.

이런 와중에 일본 국내 상황은 형식상의 입헌주의 사상조차도 부정되고 탄압에 직면하게 되는 파쇼화로 귀결되었다. 앞에서 언급했던 천황기관설의 주창자인 미노베 다쓰키치는 천황에 불경을 범하는 반역 사상이라는 이유로 지목되어 공직에서 추방되었고[95], '국체명징운동'이라는 기치 아래 천황이 절대화되고 형식적이나마 존재했던 입헌주의가 완전히 부정되는 사태로 귀결되었다. 1937년에는 군부를 등에 업은 제1차 고노에(近衛) 내각이 성립되고 중일전쟁이 본격화·장기화되는데, 1938년에 이르면 '동아 신질서'라는 구호 아래 일본의 군국주의와 고립주의는 더욱 강화되게 된다.

정치적 파쇼화도 심각해 문부성에 의한 국체명징훈령(1935), 치안유지법(1925)의 보완 입법인 사상범보호관찰법(1936), 국가총동원법(1938) 등이 연이어 제정됨으로써, 형식적이나마 존재했던 입헌주의의 근간이 완전히 붕괴되는 결과를 초래한다. 특히 국가총동원법은 일제 말기 파쇼화를 가장 단적으로 보여주는 근거였다. 아래의 인용문을 참고해보도록 하자.

이 법(국가총동원법 : 인용자)은 인원, 물자, 시설, 자금을 비롯한 경제활동의 모든 분야를, 통제를 통해 전쟁을 위하여 총동원하려는 법률과 세목을 일체 칙령에 위임함으로써 경제체제의 모든 권한을 사실상 정부에 부여하는 것이었다. 뿐만 아니라 이 법률의 성립은 다음과 같은 의의도 갖고 있었다. 첫째는, 경제통제에 관한 의회의 법률협찬권(法律協贊權)을 빼앗음으로써 메이지 헌법에 규정된 입헌주의가 무의미해진 것이다. 둘째로는 국가총동원

---

95 高橋行八郎 외 2인 공편, 위의 책, 302쪽.

의 필요라는 이유로 생활, 근로, 재산에 관계되는 국민의 기본적 인권을 완전히 부정하는 길이 열린 것이다. 셋째는, 모든 정당들이 일치하여 이 법안을 찬성함으로써 경합적 파쇼화 상황이 전개된 것이다.[96]

국가총동원법은 일본 내지(內地)뿐만 아니라 식민지 지역 모두에 일원적으로 적용되었는데, 치안유지법과 사상범보호관찰법 역시 마찬가지였다. 일본은 이러한 전시하의 초국가주의적 법률을 통하여, 천황으로 상징되는 국체에 반(反)하는 일체의 조직과 인사를 검거·와해·전향시켰다.

이 부분에서 흥미로운 것은 일본의 이른바 입헌파, 민주파, 사회주의자들이 위로부터의 국가 탄압에 직면하자 보여준 태도에 나타나는 사상적 경향이다.

일본의 근현대사상사를 검토하는 연구자들이 기묘하게 느끼는 부분 중 하나는, 한때 급진적으로 폭발한 반국가주의적 사상이 국가의 탄압을 받아 전향하게 되면, 역설적으로 더 경직된 초국가주의로 치닫는 식의 반동형성이다. 그런데 이러한 반동형성의 배후에는 메이지유신 이후 뿌리내린 아시아에 대한 멸시 의식이 끈질기게 남아 있었던 것은 아닌가 추측된다. 가령 옥중에서 전향 선언을 한 두 공산주의자에 대한 다음과 같은 분석은 이러한 태도를 잘 설명하고 있다.

---

96 高橋行八郎 외 2인 공편, 위의 책, 308~309쪽.

쓰루미 슌스케(鶴見俊輔)가 "국가권력의 압력을 받아 생기는 변절"이라고 말한 현상이다. 공포와 곤경 때문이기도 했지만, 그러한 선언은 출옥할 때 나왔으므로 전향이 단지 공포와 곤경의 결과로서 이루어졌던 것은 아니다. (…) 두 공산주의자 사노 마나부(佐野學)와 나베야마 사다치카(鍋山貞親)의 경우가 유명한 예이다. 1933년 이들은 일본에 대한 자신들의 신조 중에서 반제국주의의 신념들을 부인하게 되었다. 그들은 일본이 서양 자본주의에 대항하여 아시아를 지도하고 있으므로, '후진국'인 중국으로 팽창해서 대만과 조선의 경우처럼 만주를 일본의 지배하에 두는 것이 옳다, 이러한 과업을 달성하는 데 있어서 "식민지 독립과 민족자결권이란 관념은 시대에 뒤떨어진 부르주아 이념이다"라고 말하였다.[97]

실제로 사노와 나베야마뿐만 아니라 전향한 일본의 공산주의자들은 아시아에서 일본의 지도적 임무를 강변하면서, 또 한편으로는 구미 선망에 대한 반동형성으로 새로운 멸시감을 표현하였다. 이들은 국가사회주의자로 전향하여 만주 침략 및 중일전쟁, 더 나아가서는 미국과의 태평양전쟁까지 적극적으로 정당화했다. 서구적 근대에 대한 일본적 콤플렉스가 아시아 주변민족과 서구에 대한 멸시로 이어진 것은, 천황을 정점으로 한 신국(神國) 일본에 대한 절대화된 나르시시즘이 그 핵심 동력이었을 것이다.

하와이의 진주만 기습 폭격으로 개전된 이른바 태평양전쟁은 중일전

---

97 W. G. 비즐리, 장인성 역, 『일본근현대사』(을유문화사, 2004), 302~303쪽.

쟁 이후의 일본의 고립주의와 이에 대한 미국의 경제봉쇄 정책에 대한 극단적 타개책이었으며, 여기에 대동아공영권이라는 표어 아래 기획된 일본의 망상적 세계 전략의 결과로 나타난 전쟁이다.

일본은 모든 전쟁 과정에서 이것이 '도의적 전쟁'이라는 것을 강조했다. 중일전쟁에서는 서구 열강으로부터 아시아를 방어하는 '동아신질서'를 지도적으로 대변한다고 주장했고, 태평양전쟁에서는 동남아시아 침략으로 영미 제국주의에 대항하여 공존공영의 질서를 구축한다는 명분을 제시했다. 그것이 남방과 북방 아시아 모두를 세력권으로 하는 이른바 '대동아공영권'의 구상이었다.

그러나 일본의 동남아시아 침략은 엄밀하게 말하면 전쟁경제를 가동시키기 위한 원료와 에너지의 확보가 목적인 침략적 자원전쟁이었다. 동시에 구미 자본주의와의 연결이 끊어진 것의 절망적인 결과로 자급적 전쟁경제를 유지하기 위한 수단의 성격도 가진 것이었다. 당시 일본은 독일, 이탈리아와 3국동맹을 통해, 유럽과 아시아에서 권익을 분점할 수 있다고 생각했는지 모르지만, 이미 이 시기에 이르면 세계대전의 향방은 주축국이 아닌 연합국으로 넘어간 실정이었기에 사실 승산이 없는 전쟁에 뛰어든 셈이다.

전쟁이 확대되면서 일본은 완전한 전시체제로 이행한다. 군관민 총력전의 태세는 더욱 강화되었고, 국가 이데올로기적 장치로서 '황민화 교육'은 일본과 식민지 모두에서 강제되었다. 이 시기의 전시 교육은 국어, 수신, 지리, 국사 등의 이른바 '국민과' 교과를 통해, 황국사관과 국민동원을 더욱 노골화하는 것으로 귀착된다. 일관되게 국가 및 천황을 위해 멸사봉공할 것을 강조하는 전체주의적인 황민화 교육이 '국민총동원'의 수단으로 강화된다. 정치 역시 기존의 모든 정당을 해산시키고 대정익찬회(大政翼贊会, 1940)라는 초국가기구가 성립됨으로써 전시체제하에서 국가주의에 반하는 모든 언설은 사라진다.

객관적 전황의 악화와 전력의 열세를 일본은 '야마토다마시이(大和魂, 일본 민족 고유의 정신)'라는 정신주의로 무장해 싸웠다. 하지만 연합군의 파상적인 공세와 히로시마·나가사키의 원폭 투하 이후에는 사실상 전의를 상실했고, 돌격대식의 근대가 끝에 도달했다는 것을 자인해야만 했다. 1945년 8월 15일, 쇼와 천황 히로히토는 라디오를 통해 '무조건 항복'의 조서를 일본 국민에게 발신했다. 이로써 '구로후네(黑船)'의 출현과 이에 대한 공포에서 시작된 메이지유신(1868) 이래 일본적 근대는 'USS 미주리호'에서의 항복 선언(1945. 9. 2.)으로 그 기나긴 막을 내리게 된다.

5. 결론

동아시아에서 일본의 근대는 서구 열강에 의한 개항 요구로부터 시작하여 아시아태평양전쟁으로 그 막을 내리게 되었다. 일본의 경우를 생각해보면, 동아시아적 근대의 역사적 교훈을 몇 가지 차원에서 상기하게 된다.

첫째, 중세 봉건주의 체제로부터 근대 민주주의 체제로의 전환에서 역사적 경로의 난관이 그 하나의 문제다. 일본의 경우는 도쿠가와 혹은 에도막부로 상징되는 막번 체제하의 봉건제를 메이지유신을 통해 변혁하고자 했지만, 오늘의 상황에서 보면 그것은 유럽 절대왕정 체제 혹은 아시아 전제왕정 체제와 유사한 것으로 귀결되었다. 국민국가가 형성되었다기보다는 천황제 절대왕권이 형성되는 것으로 귀결되었기에 여기에 민주정체가 성립되는 데는 근본적인 한계가 있었던 것으로 판단된다.

둘째, 아시아에서 '국제 협력주의'를 간과하고 '아시아 멸시'와 '서구 선망'의 태도를 일찍부터 취했던 집권 세력의 고립주의 노선, 즉 탈아입구(脫亞入歐) 전략의 구조적 한계를 들 수 있다. 메이지유신의 초기 단계에서 일본이 취했던 서양 따라잡기 전략은 물질적·제도적 수준에서 일정한 근대화를 성취했다. 그러나 조선과 중국 침략과 같은 아시아 제국에 대한 패권주의 전략은 결과적으로 일본적 근대를 서구 열강에 의한 점령으로 귀결시킨 구조적인 계기이다. 중일전쟁의 장기화가 결국 일본의 패전을 초래한 근본적인 원인이라는 점은 부정하기 어렵다.

셋째, 일본이 '기술의 근대성'이라는 차원에서는 상당 부분 자본주의적 축적을 성취했지만, '해방의 근대성'이라 할 수 있을 사상과 정치 체제의 자율성과 민주성을 상당 부분 억압하고 방기한 것은 결과적으로 일본사를 극단적인 파국으로 내몰리게 했다고 판단된다. 특히 제국헌법 제정 전후에 있었던 두 가지 가능성, 즉 메이지기의 자유민권 운동과 다이쇼 데모크라시 운동 과정에서, '정치 참가의 권리'로 요약되는 시민권을 봉쇄시키고 의회정치의 가능성을 축소시키는 한편, 천황 대권을 오히려 강화하는 조치를 취한 것은 태평양전쟁기 대정익찬회로 상징되는 파시즘 통치 체제를 형성시킨 근거였다.

넷째, 천황제라는 일본 고유의 관념이 근대에 이르러 만들어진 것에도 일본적 근대의 실패가 숨어 있다. 천황제 국가형태 아래서 시민은 존재하지 않으며, 민주주의 역시 기껏해야 민본주의라는 시혜적 온정주의로 축소될 수밖에 없었던 것이 전전(戰前) 일본의 상황이었다. 시민은 부재하고 신민(臣民)만이 존재하였기에, 국체 관념이랄지 국가 신도랄지 하는 초국가주의 유사종교적 초월성이 일본의 근대 정치를 왜곡하게 되었던 것이다.

결론적으로 말하면, 전전 일본의 서구 근대에 대한 대응은 기술적·제도적 차원에서는 서구 자본주의의 근대성을 빠른 속도로 모방 또는 흡수했음에도 불구하고, 구미 여러 나라들이 축적된 물적 토대를 근거로 하여 내부 민주주의를 강화시켰던 것과는 반대로, 민주주의를 압살하고 국가주의를 강화함으로써 '해방의 근대성'에 있어서의 파국적 실패를 낳았던 것이다.

바로 이것이 일본적 근대의 모순적 결과이며, 오늘에 이르기까지 일본의 정치와 민주주의가 자민당 일당지배 체제(55년 체제)와 같은 권위주의적 양상으로 지속되고 있는 중요한 원인 중 하나일 것이다.

여성을 위한 아시아평화국민기금과
한일 학계

1. '나눔의 집'과 일본군 '위안부' 할머니가 박유하 교수의 『제국의 위
안부』에 대한 출판금지 가처분 신청 및 명예훼손 소송을 했습니다. 현
재의 상황에서는 1심까지는 가겠지만, 서로 간에 조정하고 끝내기를 기
대합니다.

2. 저는 일본군 '위안부'를 전문적으로 연구한 사람은 아닙니다. 박
유하 교수 역시 마찬가지이겠지요. 저는 국문학을, 박 교수는 일문학을
전공했는데 제가 일본군 '위안부' 문제에 대해 관심을 갖은 계기는 전공
인 근대문학 연구에서 왔습니다.

3. 애초에 제 관심사는 일제 말기 문학의 '협력과 저항'의 문제였는데,
이런 연구에 관심을 갖다 보니, 학문의 언저리에서 한국, 일본, 중국, 대

160

만, 인도네시아 등의 학자들이 피력하는 견해를 게으르게 읽은 지 한 10여 년이 되었습니다.

오키나와의 기록 : 70여 곳 이상의 조선인 일본군 '위안부' 공식 확인

4. 제 전공은 국문학이지만, 경희대학에서는 '시민교과' 교수로 재직하고 있습니다. 지난 몇 년 동안 동아시아의 '시민 교육'과 '평화 교육'의 문제를 고민하면서, 동아시아의 평화 교육의 문제에 주목해 연구하고 있습니다. 이것의 한 부가적 생각을 『주간경향』에 '오키나와로부터 온 편지'를 연재하기도 했습니다.

5. 오키나와를 종종 취재·연구차 방문하면서 오키나와에서 반(反)기지운동을 하고 있는 일본 본도인, 오키나와인, 재일한국인·조선인, 귀화 일본인 등을 만났습니다. 물론 오키나와 문학도 읽었고, 오키나와에 대한 기록을 남긴 일본인들의 책들도 꼼꼼히 읽어보았습니다.

6. 오키나와 남부 이토만 시(糸満市) 마부니(摩文仁)에 있는 오키나와 평화공원에는 여러 종류의 조선인 위령 시설이 있습니다. 박정희가 조성했다는 조선인 위령비, 평화의 초석에 있는 한반도 출신 학병, 병사, 군부들의 각명비, 그들과 함께 있는 당시 일본 32군 사령관이 우지마(牛島)의 각명비도 보았습니다.

7. 오키나와인들은 현재도 일본을 '야마토'라 부르고, 일본인을 '야마톤츄'라 부릅니다. 오키나와를 '우치나'로 자신들을 '우치난츄'로 부르죠. 오키나와전쟁 당시 체류했던 여러 조선인들은 '조세나'로 부릅니다.

8. 박유하 교수는 일제하에 강제연행된 일본군 '위안부'들과 일본군과의 관계를 같은 "일본 국민"이었다고 말하지만, 오키나와에서 오키나와인·조선인·타이완인·일본인은 박교수의 주장과 다르게 생각했고 행동했습니다. 가장 명백한 것은 '말(言語)'이 달랐기 때문에, 오키나와어나 조선어로 끼리끼리 대화하면, 일본군은 이들을 스파이 혐의로 처형하는 일이 다반사였습니다.

9. 오키나와의 일본군 '위안부'들은 대만, 남방, 한반도, 중국에서 입도하는 일본군에 의해 오키나와로 연행되었습니다. 중국에서 온 일본군 '위안부'들은 중일전쟁 전후로 '간호부'를 포함한 '근로정신대'로 갔다가 일본군 '위안부'로 전락한 사람들과 애초부터 일본군 '위안부'로 강제연행된 사람들이었고, 한반도에서 오키나와로 강제연행된 일본군 '위안부'들은 1944년 10월 10일 공습 직후 군부와 함께 오키나와로 연행된 사람들입니다.

10. 현재까지 확인된 바로는 오키나와에 130여 군데의 위안소가 있었고, 그 가운데 70여 군데에 조선인 일본군 '위안부'가 있었다는 것이 공식 확인되었습니다. 일본 역사학자 하야시 히로후미(林博史) 교수 등이 계속 확인 중입니다. 최근에는 한국인 연구자 홍윤신 박사가 오키나와

의 위안소와 관련된 괄목할 만한 저작을 출간하기도 했습니다. 오키나와에서 일본군 '위안부'의 실상은 재일조선인 감독 박수남의 '아리랑의 노래'(1991)라는 영화와 증언집, 군부 출신인 김원영의 『어느 한국인의 오키나와 생존수기』(1991)에도 잘 나타나 있습니다. 그밖에 일본과 오키나와 연구자들이 취재하고 채록한 주민들의 증언집에도 잘 드러나 있습니다.

조선인 일본군 '위안부' 문제를 그저 여성학계의 문제로 방기한
한국 학계의 문제

11. 박유하 교수가 주장하듯이, 조선인 일본군 '위안부'들과 일본군이 "동지" 비슷한 감정을 가졌던 것은 아닙니다. 저는 '스톡홀름 신드롬'이라는 개념으로, 박 교수가 해석했던 개념을 이해할 수 있다고 생각했습니다.

12. 나중에 길게 분석해야겠지만, 박 교수가 '여성을 위한 아시아평화국민기금'(이하 아시아 여성기금)과 이른바 "강경파 위안부" 및 지원 단체를 비판하고 있는 논리는, 이 기금의 이사이기도 했던 오누마 야스아키(大沼保昭) 도쿄대 교수의 『위안부 문제는 무엇이었는가』(中央公論, 2007)에서 주장과 유사하거나 많은 부분에서 동일합니다.

13. 따라서 저는 박유하 교수와 논쟁하기보다는 오누마 교수의 저

작을 문제 삼고, 이를 비판적으로 검토하는 게 일단 선행돼야 한다고 생각합니다. 이 문제에 대해 많은 식견을 갖고 있는 한겨레의 한승동 기자나 중립적인 태도를 견지하는 길윤형 기자 등이 검토해보면 좋을 것이라고 생각합니다.

14. 저는 한국의 일문학계나 역사학계도 문제라고 생각합니다. 일제 말기 '일본군 위안부' 문제에 대해서, 한국의 사학계는 단순히 '여성학계'의 문제라는 식으로 사실상 대학 내의 제도화된 연구를 방기했습니다. 그러니 몇몇 여성학자들과 저 같은 국문학자들이 박유하 교수의 저작을 둘러싼 논의를 하게 된 것입니다. 일본에서 유학 생활을 한 일본학자들이 이 문제에 대해 제대로 된 논의를 하지 않았기에 오늘과 같은 사태가 연출된 데 일부 원인이 있다고 생각합니다.

아시아 여성기금의 문제성

15. 우파와 리버럴리즘, 그리고 북한 문제에 조예가 깊은 와다 하루키(和田春樹) 교수 역시 아시아여성기금에서 이사로 주도적인 활동을 했습니다. 하지만, 일본의 요시미 요시아키(吉見義明) 교수를 포함해 일본군 '위안부' 문제의 해결에 적극적이었던 양심적 좌파 지식인들은 참여하지 않았습니다. 아시아여성기금은 마치 제3의 길을 연다는 식으로, 특히 초기 일본군 '위안부'의 진상규명에 힘쓴 일본 내 좌파들과 한국의 정신대문제대책협의회(정대협)와 같은 시민·지원 단체를 "강경파"라며 비

난했습니다.

16. 오누마가 중심이 된 아시아여성기금은 일본군 '위안부' 할머니들의 세속성을 유독 강조했습니다. 역사적 심판이 중요한 게 아니라 당장 살아갈 '돈'이 중요하다, 이것을 부정하면 안 된다, 하는 식이었죠. 아시아여성기금은 네덜란드, 대만, 필리핀에서 피해자로 인정된 일본군 '위안부' 할머니들에게 위로금을 지급하고, 한국에서 개인적으로 신청한 할머니들에게도 그랬습니다. 일본 총리의 사과 편지에 친필 사인도 해 보냈지만, 일본 정부는 과거나 현재나 이것은 법률적 배상이나 책임이 아닌 "도의적 책임"에서 비롯된 것이라고 말하고 있습니다.

17. "도의적 책임"이라는 말. 참 아름다운 말입니다. "법적 책임"은 말도 안 된다, 불가능하다, 곤란하다의 면죄 논리가 이 '도의'의 참 뜻입니다. 박유하 교수가 교묘하게 왜곡하고 있지만, 아시아여성기금에 대해 일본 정부는 협조하지 않았습니다. 민관 합동 모금 형식으로 모인 기금 가운데 상당 부분이 공무원 노조를 포함한 노동조합이나 시민단체 등을 중심으로 모금한 금액이었고, 아이러니하게도 재일조선인 역시 성금을 내기도 했습니다. 정부에서 갹출된 금액은 대부분 이 재단을 운영하기 위한 인건비나 운영자금에 충당되었습니다.

18. 한국 정부는 김영삼 정부와 김대중 정부를 지나면서, 일본군 '위안부' 피해자 할머니들에 대한 국가적 지원을 결정했습니다. 아시아여성기금을 받지 않아도, 일단 생활과 건강을 보장하기 위해서였습니다.

사정이 이렇기 때문에, 일본을 향해서 "돈"이 아니라 국가의 "법적 책임과 배상"을 요구하고 있는 것입니다. 미국 정부 역시 이러한 한국의 태도를 지지하며, 일본 정부를 압박한 바 있습니다. 물론 이후 미국의 태도는 돌변하게 되었죠.

19. 아시아여성기금은 절반의 성공과 실패로 끝났습니다. 이번에 문창극 씨의 국무총리 지명에 반대했던 새누리당 의원 중에 이자스민 의원이 있었습니다. 왜 그랬을까요? 필리핀 역시 일본군 '위안부'의 피해국이었기 때문입니다.

20. 아시아여성기금 사업은 끝났습니다. 아시아여성기금의 최초 광고는 한국의 『한겨레』에 게재되었고, 당시 『동아일보』 기자였던 이낙연(현 국무총리)이 이를 적극 평가하는 기사를 쓴 바 있습니다. 아시아여성기금 쪽에서, 자신들의 사업 목표를 설명하기 위해 한국의 이른바 지일파(知日派) 지식인들에게 여론 형성을 부탁했지만(일종의 외교적 로비였던 셈이죠), 당시에 모두 난색을 표했다고 오누마 교수는 『위안부 문제는 무엇이었는가』에서 쓰고 있습니다. 이 책에는 서울대의 이영훈 교수와 함께 박유하 교수가 아시아여성기금을 이해하는 희귀한 한국의 지식인이라며 고평되고 있습니다.

21. 일본군 '위안부' 문제는 단순한 국가 폭력이 아닙니다. 이것은 식민주의와 제국주의와 남근주의가 종합된 20세기의 비극입니다. 구 일본군들이 일본군 "위안부"에 대한 인상을 담고 있는 글들에는 그들이 "누이", "아내", "동지" 같았다거나 죽음을 목전에 둔 순간에 "구원의 여인"이었다는 식의 어처구니없는 발언이 종종 등장합니다. 왜 그랬을까요? 죽음이라는 한계 상황에서 나타난 정서적 도착이라고 저는 생각합니다.

22. 우리가 일본군 '위안부' 문제를 논의하는 것은 오누마나 박유하 교수가 말하듯 "반일 내셔널리즘" 때문이 아닙니다. 저는 스스로의 연구 입장을 '비민족주의적 반식민주의'(김재용 교수의 개념입니다만)라는 관점에서 견지하고 있습니다. 저와 비슷한 생각을 하는 사람도 많다는 것을 박유하 교수에게 알려드립니다.

기억투쟁과 동아시아 평화

일본군 '위안부' 문제와
지식인의 지적 쇠퇴

1. "불가역적", "최종적인 해결"이라는 말의 반복

2015년 12월 28일. 한일 외무장관은 일본군 '위안부' 문제에 대한 양국 정부의 합의사항을 발표했다.

① 위안부 문제는 당시 군에 관여하에 다수 여성의 명예와 존엄에 깊은 상처를 입힌 문제로서, 이러한 관점에서 일본 정부는 책임을 통감한다. 아베 내각 총리대신은 일본국 내각 총리대신으로서 다시 한 번 '위안부'로서 많은 고통을 갖고 상처 입은 분들에게 마음으로부터 깊은 사죄를 표명한다.
② 일본 정부는 지금까지도 본 문제에 진지하게 임해왔으며, 이에 기초해 이번에 일본 정부의 예산에 의해 모든 전(前) 위안부분들의 명예와 존엄의 회복 및 마음의 상처 치유를 위한 사업을 진행하기로 한다.

③ 일본 정부는 이상 말씀 드린 조치를 한국 정부와 함께 착실히 실시한다는 것을 전제로, 이번 발표를 통해 이번 문제가 **최종적이고 불가역적으로 해결**됐음을 확인한다. 일본 정부는 향후 유엔 등 국제사회에서 본 문제에 대해 상호 비판하는 것을 자제한다.[98] (강조 : 인용자)

위의 내용은 일본 외무장관인 기시다 후미오(岸田文雄)가 발표한 일본 측 합의사항이다. 이에 대해 윤병세(尹炳世) 외무장관은 다음과 같이 한국 측 합의사항을 발표했다.

(1) 한국 정부는 일본 정부의 표명과 이번 발표에 이르는 조치를 평가하고 일본 정부가 앞서 표명한 조치를 전제로 이번 발표를 통해 일본 정부와 함께 **최종적 및 불가역적으로 해결**됐음을 확인한다.
(2) 일본 정부가 한국 소녀상에 대해 공관의 안녕을 우려하는 점을 인지하고 관련 단체와의 협의하에 적절히 해결되도록 노력한다.
(3) 한국 정부는 이번에 일본 정부가 표명한 조치가 착실히 이행된다는 전제로 유엔 등 국제사회에서 이번 문제에 대해 상호 비판을 자제한다.[99]

(강조 : 인용자)

양국의 일본군 '위안부' 문제 합의에서 중요한 쟁점이 되는 것은 첫째, 일본 정부가 일본군 '위안부' 문제에 대한 책임 소재를 분명히 밝히고 있

---

98 [전문] 위안부 합의…한일 외교장관 공동기자회견문(종합), 『뉴스1』, 2015. 12. 28.
99 위의 기사.

는가. 둘째, 일본군 '위안부' 피해자에 대한 법적 배상을 인정하고 있는가. 셋째, 일본군 '위안부' 피해자의 명예 회복을 위한 필요한 후속 조치를 취하고 있는가 하는 점이다. 내 판단에는 이 세 가지 사항에 대해 일본 정부는 그것을 교묘한 표현으로 완전히 회피 또는 부정하고 있다.

①의 경우, 일본 정부는 일제하 일본군 '위안부' 문제에 있어 "일본 정부가"나 "일본군이" 등의 명확한 책임 소재를 명시하지 않은 채, "군의 관여하에"라는 애매한 표현을 쓰고 있다. ②의 경우 일본 정부가 10억 엔을 거출하는 재원의 성격이 조선인 일본군 '위안부' 개인에 대한 '법적 배상'이 아니라는 점 역시 분명히 하고 있다. 합의문에서 일본 정부는 일본군 '위안부' 피해자들의 "명예", "존엄의 회복" 등을 말하고 있지만, 실제 사업의 명시적 내용은 일본군 '위안부' 피해자들의 "마음의 상처 치유"를 위해 한국 정부가 설립하는 재단에 자금을 지원한다는 내용이다. 가장 큰 문제는 ③이다. 결국 일본 정부는 10억 엔의 예산, 그것도 일본군 '위안부' 피해자들에 대한 법적 배상이 아닌 한국 정부가 설립하는 재단 설립에 대한 자금 지원만으로 일본군 '위안부' 문제가 "불가역적"이며 "최종적"으로 해결되었다고 선언하고 있는 것이다. 이러한 전략적 외교 언술이 일본 정부의 일본군 '위안부' 합의문의 본질이다.

그러나 더 큰 문제는 한국 정부에 있다. 한국 정부의 합의문을 보면, 이것은 일종의 외교적 항복 선언에 해당된다. (1)에서 한국 정부는 일본 정부의 주장을 그대로 인정해 일본군 '위안부' 문제가 "최종적", "불가역적"으로 해결되었음을 강조한다. (2)로 가면 어처구니없게도 일본 대사관의 "안녕"을 위해 "소녀상 철거"를 한국 정부가 해결할 것이라는 점까지 확약하고 있다. 더구나 (3)에서처럼 "국제사회"에서 일본군 '위안부'

문제에 대한 "상호 비판을 자제"한다고 말하면서, 일본군 '위안부' 문제의 향후 논의 가능성 자체를 스스로 봉쇄하고 포기하겠다는 선언은 외교 주권의 상실까지 생각하게 만든다. 실제로 졸속 합의 이후 한국 정부는 어떠한 발언도 삼가고 있다.

나는 '외교 주권의 상실'이라는 표현을 쓰고 있는데, 이는 결코 과장된 주장이 아니다. 한국 근현대사를 시야에 두고, 한일 정부 간 조약이나 합의문에서 "최종적", "불가역적"이라는 동일 표현이나 유사 표현이 등장하는 것은 두 차례다. 첫 번째는 대한제국이 일본에 식민화되어 주권을 상실하는 근거가 된 '한국병합에 관한 조약'(1910. 8. 22 조인)이고, 두 번째는 '대한민국과 일본국 간의 재산 및 청구권에 관한 문제의 해결과 경제협력에 관한 협정'(1965. 6. 22 조인)이다. 앞의 것이 대한제국의 주권 상실과 관련된 문서라면, 뒤의 것은 식민지 지배 책임과 배상 문제와 관련해 한일 간의 모든 문제가 해결되었다고 일본 정부가 일관되게 주장하는 이른바 한일협정 문서이다. 물론 이것은 사실이 아니지만, 이 자리에서는 그 관련 문건만을 일단 인용해보도록 하겠다.

❶ 제1조 한국 황제 폐하는 한국 전부에 관한 일체의 통치권을 **완전히 그리고 영원히** 일본국 황제에게 **양여**함.

제2조 일본국 황제 폐하는 전 조에 게재한 양여를 수락하고 또 전연 한국을 일본 제국에 병합함을 승낙함.

—'한국병합에 관한 조약', 1910. 8. 22. 조인.[100] (강조 : 인용자)

❷ 제2조 1. 양 체약국은 양 체약국 및 그 국민(법인을 포함함)의 재산, 권리 및 이익과 양 체약국 및 그 국민 간의 청구권에 관한 문제가 1951년 9월 8일

에 샌프란시스코 시에서 서명된 일본국과의 평화조약 제4조(a)에 규정된 것을 포함하여 **완전히 그리고 최종적으로 해결**된 것이 된다는 것을 확인한다.
—'대한민국과 일본국 간의 재산 및 청구권에 관한 문제의 해결과 경제협력에 관한 협정', 1965. 6. 22. 조인.[101](강조 : 인용자)

❶의 '조약'을 통해서 대한제국은 "완전히 그리고 영원히" 주권을 상실했고, ❷의 '협정'을 통해서는 한국과 일본의 영토 분리에 따른 재산권과 청구권의 문제가 "완전히 그리고 최종적으로 해결"되었다고 선언되었다. 2015년의 한일 간 '합의'에서는 일본군 '위안부' 문제가 "최종적이고 불가역적으로 해결"되었다고 선언되었다. 참으로 기묘하지 않은가.

그러니까 앞에서 인용했듯, 한일 간에 이루어진 중대한 조약, 협정, 합의를 통해서 공통적으로 강조되고 있는 것은 식민지 지배의 합법성, 식민지 지배 책임 및 배상 문제의 소멸, 일본군 '위안부' 배상 문제의 최종적 해결이라는, 일본 정부와 우파들이 보여주는 국가의 의지라는 것이다. 2015년 12월 28일에 이뤄진 한국과 일본 정부의 일본군 '위안부' 문제 합의라는 것 역시 이러한 역사상의 선례를 상기한다면, 한국의 명백한 '외교 주권의 상실'에 해당한다고 평가할 수 있는 것은 이런 까닭이다.

100 오가와라 히로유키(小川原宏幸) 「한국병합이란 도대체 무엇인가, 또한 유효하며 합법적인가?」,
     이타가키 류타(板垣龍太)·김부자 엮음, 배영미·고영진 역, 『'위안부' 문제와 식민지 지배 책임』
     (삶창, 2016), 113쪽에서 재인용.
101 요시자와 후미토시(吉澤文寿), 「한일청구권·경제협력협정으로 "모두 해결되었다"?」, 위의 책, 176
     쪽에서 재인용.

레토릭도 반복되고 역사도 반복된다. 비극적으로만.

2. 요시미 요시아키와 와다 하루키의 상반된 시각

일본군 '위안부' 문제를 둘러싼 한일 합의를 어떻게 볼 것인가. 한국에서의 논란이야 우리가 잘 알고 있지만, 일단 여기서는 합의가 공표되고 난 이후 일본군 '위안부' 문제에 적극적으로 개입했던 일본의 두 지식인의 사례를 들어 검토해보기로 한다. 일본군 '위안부' 문제의 전문가이자 공문서를 통해 일본 정부와 군의 관여를 처음으로 밝혀냈던 요시미 요시아키(吉見義明)와 아시아여성기금의 이사로 활동했던 와다 하루키(和田春樹)가 그들이다. 두 사람 모두 한국에 잘 알려져 있는 지식인이라는 점도 공통적이다.

흥미롭게도 이 두 사람은 일본의 시사월간지인 『세카이(世界)』에 한일 정부 간 일본군 '위안부' 졸속 합의가 이루어진 직후 자신의 견해를 차례로 밝혔다. 요시미 요시아키는 『세카이』 2016년 3월호에 「참된 해결에 역행하는 일한 '합의'」를[102], 이어서 다음 달에는 와다 하루키가 「아베 수상의 사죄는 끝나지 않았다」를 발표했다.[103] 와다 하루키의 경우는 한국의 『한겨레』 지상에서도 일본군 '위안부' 문제를 둘러싸고 재일조선인인 서경식과 논쟁을 벌인 바도 있는데[104], 해당 논쟁에서 와다의

---

102 吉見義明, 「真の解決に逆行する日韓'合意'」, 『世界』, 2016. 3.
103 和田春樹, 「安倍首相の 謝罪は 終わっていない」, 『世界』, 2016. 4.

논거는 『세카이』에 발표한 것과 동일한 논조였다.

요시미는 2015년 12월 28일 한일 양국 정부의 조선인 일본군 '위안부' 문제 합의가 피해자를 억압한 토대 위에서 일방적으로 선언되었다는 점에 주목해 비판했다. 반면, 와다의 글은 불충분하긴 하지만 일본 정부의 "책임을 통감한다"는 부분을 들어 "도의적 책임"을 넘어서는 성과를 보여주었다고 주장한다. 요시미 쪽이 피해자의 동의가 부재한 합의라는 점에 입각해 비판하고 있다면, 와다의 경우는 일본 정부가 최소한의 합의의 진정성을 인정한 토대 위에서, 아베 수상이 피해자 개개인에게 사죄의 편지를 써서 피해자 전원에게 전달하는 행위가 보충되어야 사죄의 진정성을 보여줄 수 있다고 주장한다. 먼저, 요시미 교수의 주장을 살펴보기로 하자.

1) 12·28 한일 '위안부' 합의(이하 12·28합의)는 일본군 '위안부' 문제에 대한 명확한 사실 인정과 책임 소재를 애매한 표현으로 회피하고 있다. 요시미 교수는 한일 합의문에서 "군의 관여하에"라는 표현을 "군이"라고 바꿔야 한다고 주장한다. 왜냐하면 "군의 관여 하에"라는 표현은 일본군 '위안부'의 징모(徵募), 이송, 위안소의 설치, 운영 등에 있어 일본군이 직간접적으로 "관여"한 것은 사실이지만, 어디까지나 그 "주된 책임"은 "업자"에게 있다는 식으로 책임을 전가하기 위한 레토릭에 불과하기 때문이라는 것이다. 실제로 합의 직후 아베 총리는 2016년 1월 18일 참의원 예산위원회에서 그렇게 답변했다.[105]

---

104 서경식, 「초심은 어디 가고 왜 반동의 물결에 발을 담그십니까」, 『한겨레』, 2016. 3. 14. ; 와다 하루키(和田春樹), 「아베의 사죄 표명이 12·28백지철회 보다 중요」, 『한겨레』, 2016. 3. 25.

2) 일본군 '위안부'가 '성노예'였다는 사실에 대해서도 아베 총리와 기시다 외상은 부정했다고 그는 비판한다. 일본군 '위안부' 합의 직후의 참의원 예산위원회에서 아베는 "성노예는 사실이 아니다"라고 말했고, 기시다 외상 역시 일본군 '위안부'가 성노예라는 표현은 "사실에 반하는 것으로, 사용해서는 안 된다"고 말했다. 이는 12·28합의에서 "위안부로서 많은 고통을 갖고 상처를 입었다"는 표현에 깃든 모호성의 본질이 일본군 '위안부'·위안소 제도의 강제성과 일본의 국가책임을 희석시키기 위한 것이었음을 의미한다고 요시미는 분석한다.[106]

3) 12·28합의에서 가장 심각한 문제는 이것이 "법적 배상을 하지 않는다는 내용의 합의"라는 사실이다. 합의 직후 이루어진 단독 기자회견에서 기시다 일본 외상은 일본 정부가 거출하는 10억 엔은 배상금이 아니라고 명백하게 밝혔고, 청구권 협상은 1965년의 한일청구권협정에서 이미 해결되었다고 강조했다. 요시미 교수는 이러한 발언을 들어 일본 정부가 거출하는 자금은 법적 "배상금"이 아닌 재단 "지원금"이며, 따라서 일본 정부는 일본군 '위안부' 문제에 대한 진정한 책임을 회피했다고 비판한다.[107]

4) 12·28합의는 조선인 일본군 '위안부' 문제에 대한 진상규명과 재발 방지 조치에 대해서 그 어떤 후속 조치도 거론하지 않고 있다는 점에서, 고노 담화에서 명언(明言)한 재발 방지 조치, 즉 역사연구와 역사교육

105 吉見義明, 위의 글, 127쪽.
106 위의 글, 128쪽.
107 위의 글, 129쪽.

을 약속한 내용에 비해서도 한참 후퇴한 것이라고 요시미 교수는 비판한다. 일본군 '위안부' 문제에 대한 진정한 진상규명과 책임을 위해서는 첫째는 일본 보유 일본군 '위안부' 자료의 전면 공개, 둘째는 국내외에서의 새로운 자료 조사, 셋째는 국내외의 피해자와 관계자들로부터 의견 청취, 넷째는 의무교육 과정 교과서에 기술을 포함한 학교교육·사회교육의 실시, 다섯째는 추도사업의 실시, 여섯째는 잘못된 역사 인식에 기초한 공인의 발언 금지와 이에 대한 명확한 반격 등이 필요한데, 이 모든 사항이 합의에는 결락되어 있다는 것이다.[108]

이렇게 허다한 문제를 내포한 합의이기 때문에, 요시미 교수는 이를 "백지화"하는 것이 최선이라고 주장한다. 요시미 교수가 12·28합의를 평가하는 시각에 대해서는 한국의 일본군 '위안부' 피해자 당사자는 물론 정신대문제대책협의회(정대협)를 포함한 한일의 지원·시민단체와 일본군 '위안부' 문제 연구자들 역시 동의하고 있는 실정이다. 무엇보다도 이 합의의 부당성은 피해 당사자의 의사가 전혀 반영되지 않았다는 점, 즉 피해자의 '자기결정권'을 한일 양 정부가 명백하게 침해한 일방적 합의라는 점에서 애초에 그 정당성을 인정하기 어려운 졸속 협상이라는 것이 나의 판단이다.

그런데 요시미 교수의 이러한 비판과는 달리, 일본의 대표적 지한파이자 리버럴(liberal) 진영의 지식인이라 평가받는 와다 교수가 요시미 교수의 주장을 사실상 비판하면서[109], 12·28합의의 성과를 인정하고 후

---

108 위의 글, 130쪽.

속 조치를 모색해야 한다고 주장해서 논란에 휩싸였다. 그는 앞에서 소개한 「아베 수상의 사죄는 끝나지 않았다」는 기고문을 통해 한일 간의 합의를 일단 기정사실화한 후, 만족스럽지 않기는 하지만 이것이 실현 가능한 최선의 안이었다고 평가한다.

사실 『세카이』에서 그가 피력하고 있는 일본군 '위안부' 합의에 대한 생각은 그의 저작인 『위안부 문제의 해결을 위하여』[110]에서 피력한 내용의 연장선상에 있으며, 이것은 그가 이사로 재직했던 재단법인 아시아여성기금에서 체험과 인식이 반영된 것이다.[111] 서경식과 논쟁에서 그가 주장한 내용 역시 사실 새로운 것은 아니고, 『위안부 문제란 무엇인가』에서 주장에 입각해 집필된 「아베 수상의 사죄는 끝나지 않았다」의 진술의 반복이었던 것인데, 이러한 일련의 글과 책을 통해서 그가 강조하고 있는 내용을 요약해보면 다음과 같다.

1) 12·28 기습 합의는 와다에게 일단 충격적으로 받아들여졌던 것 같다. 그는 합의문 제 1항의 "군에 관여하에 다수 여성의 명예와 존엄에 깊은 상처를 입힌 문제"라는 표현은, 아시아여성기금 시행 당시 수상이

---

109 서경식과의 지상 논쟁에서 와다는 다음과 같이 말하고 있다. "요시미 교수든 서 씨든 일한합의를 비판하는 것엔 문제가 없다. 나도 비판하고 있다. 그러나 비판하는 것과 백지 철회를 주장하는 것은 전혀 다른 일이다. 운동가든 전문가든 일한합의의 백지 철회를 주장한다면, 이번 합의를 받아들인 피해자 할머니가 나타날 경우 그 행동을 인정하지 않고 그 사람을 비난하는 것이 된다." 와다 하루키, 「아베의 사죄 표명이 12·28 백지철회보다 중요」, 『한겨레』, 2016. 3. 25.

110 和田春樹, 『慰安婦問題の解決のために』(平凡社, 2015).

111 와다 하루키 외에 '아시아여성기금'에서 활동했던 지식인이 쓴 일본군 '위안부' 문제 관련 저작으로 내표적인 것은, 大沼保昭, 『「慰安婦問題」とは何だったのか』(中央公論新社, 2007)를 들 수 있다. 이 책에서 오누마는 한국의 언론, 시민단체, 정부 모두가 반일 내셔널리즘을 통해 '아시아여성기금'을 부정했다고 비판한다. 반면, 서울대 이영훈, 세종대 박유하 교수만이 이 기금의 참뜻을 이해한 희유한 사례였다는 점도 밝히고 있다.

일본군 '위안부' 피해자 개인에게 보낸 편지와 동일한 내용이라는 점을 언급해 일단 유감을 표한다. 그럼에도 불구하고 진전은 있다는 게 와다의 독특한 시각이다. 가령 합의문에서 "일본 정부는 책임을 통감한다"는 표현을 발견한 그는 이것이 "도의적 책임"으로 법적 책임을 회피했던 과거에 비해서는 "진전된 인식"이라고 주장한다.

그러나 이어지는 문장에서 그는, 아베 총리가 박근혜 전 대통령에게 했다는 발언 즉 "일본국의 내각총리대신으로서 다시 한 번, 일본군 '위안부'로서 수많은 고통을 경험하고, 심신에 씻을 수 없는 상처를 받은 모든 분들에 대해, 마음으로부터 사죄와 반성의 감정을 표명한다"는 진술이 한일 정부 모두에서 "문서화"되지 않았다는 점을 비판한다. 또한 아베가 이 통화 이후 공식 기자회견 등에서 이러한 내용에 대해 발언하거나 인정한 적이 없다는 점에서 비판적인 시각을 드러낸다.[112] 기묘한 것은 한국 정부 역시 아베가 했다는 사죄 통화 내용을 전혀 공개하지 않았다는 점이다. 민주사회를 위한 변호사모임(민변)이 정보공개 청구를 했음에도 불구하고, 정부의 태도에 변화가 없는 것을 보면 참으로 어처구니없는 상황이 아닐 수 없다.

2) 다음으로 와다가 문제 삼는 것은 일본 정부가 거출한다는 10억 엔의 성격이다. 이것은 '법적 배상'인가 아니면 이전의 아시아여성기금에서와 같은 '보상금' 또는 '위로금'에 불과한 것인가. 와다는 일본어 '쓰구나이킨(償い金)'이라는 말이 이전에 한국어로 '보상(補償)'이라는 표현으

---

112 和田春樹, 「安倍首相の謝罪は終わっていない」, 『世界』, 2016. 3. 178~179쪽.

로 번역되어 조선인 일본군 '위안부' 피해자들의 반발을 샀다는 점을 거론한다. 물론 이것은 단지 번역상의 문제만은 아니다. 쓰구나이킨(償い金)은 아시아여성기금 조성 당시 일본 정부와 재단이 일본군 '위안부' 피해자에 대한 지원이 법적 배상(賠償)이 아닌 '도의적 책임'에 따른 사죄임을 강조하기 위해서 썼던 표현이다. 이것이 한국어로 '보상금'으로 번역된 것이다. 배상은 법적 책임을 환기시키는 말이지만, 보상은 법적 책임과 무관한 용어라는 점에서 당연히 아시아여성기금을 거부하는 운동이 한국에서 강력하게 나타났던 것이다. 그러나 이 용어를 와다가 주장하는 식으로 종교적 의미를 갖고 있는 'atonement'로 번역해 속죄금(贖罪金)으로 명명한다고 해서 문제가 해결되는 것은 아니다. 일본군 '위안부' 피해자들이 일관되게 요구하는 것은 '보상금'도 '속죄금'도 아닌 법적 책임을 인정한 '배상금'인 까닭이다. 그렇기 때문에, 일본군 '위안부' 피해자들이 주장하는 법적 배상이 와다식으로 일본 정부가 "국고에서 정부예산으로 지불"하라는 주장에 멈추는 것이 아니다.[113] 역시 중요한 것은 10억 엔의 성격인데, 이것은 아베와 기시다 등의 이후 일본 국회에서의 발언을 참고해 보면, 역시 법적 배상과는 거리가 먼 도의적 위로금에 불과하다는 것이 나의 판단이다.

3) 와다 하루키의 주장에서 가장 강조되는 것은 아베 총리가 직접 일본군 '위안부' 피해자들에게 사죄 편지를 써 전달해야 한다는 주장이다. 와다 하루키가 작성하고 권유하고 있는 수상의 가정법 미래의 사죄 편

---

[113] 和田春樹, 위의 글, 180~181쪽 참조.

지는 다음과 같다.

> 위안부 문제는 당시 군의 관여아래 다수 여성의 명예와 존엄에 깊은 상처를 준 문제이며, 이러한 관점에서 일본 정부는 책임을 통감하고 있다. 나는 일본국의 내각총리대신으로 다시금 위안부로서 다수의 고통을 경험하시고, 심신에 걸쳐 치유되기 힘든 상처를 입은 모든 분에 대해 마음으로부터 사죄와 반성의 마음을 표명한다.
> —2015년 12월 28일 일본국 내각총리대신 아베 신조[114]

그런데 위에서 와다가 작성한 문안이란 고노 담화(1993. 8. 4.), 무라야마 담화(1995. 8. 15.)에서 행한 발언의 반복에 불과한 것으로, 일본군과 일본 정부의 직접적인 법적 책임 문제를 전혀 인정하지 않는 내용이다. 고노 담화나 무라야마 담화에서도 일본 정부의 법적 책임을 회피하고 '도의적 책임'만을 강조했었다. 어쩌면 이것이 전후 일본이라는 국가의 본질, 제국주의·식민주의의 청산 불가능성이라는 한계일지도 모르며, 강경한 일본주의자인 아베 정권의 출현을 가능케 했던 은폐된 조건이었는지도 모른다.

앞에서 언급했던 대로 "군의 관여하에"라는 표현은 결국 "업자의 책임"으로 전가될 가능성이 농후하고, "일본 정부는 책임을 통감(痛感)하고 있다"는 표현 역시 어떤 책임이냐는 문제 앞에 서면 역시 그 성격이 애매

---

114 和田春樹, 위의 글, 183쪽 ; 와다 하루키, 「아베의 사죄 표명이 12·28 백지철회보다 중요」, 『한겨레』, 2016. 3. 25. 여기에도 동일한 표현이 게재되어 있다. 번역은 한겨레를 참조했음.

하다. "마음으로부터의 사죄와 반성"이란 표현 역시 '마음=기분(気持ち)'을 넘어선 '법'과 '국가책임'에 대해서는 언제든 회피할 수 있는 외교적이며 전략적 수사에 불과한 것이다.

그럼에도 불구하고, 지금 와다 하루키는 외교적이고 전략적인 수사를 통해 만들어진 2015년 12월 28일 한일 일본군 '위안부' 졸속 합의를 불가역적인 것으로 정당화시키면서 일본 정부의 태도를 옹호하고 있다. 도대체 왜 그럴 수밖에 없었을까. 여러 배경이 있겠지만, 나는 이를 일본적 리버럴 세력의 지적 쇠퇴라는 문제에서 찾는 게 어쩌면 생산적일지 모른다고 생각한다.

3. 리버럴 지식인의 지적 쇠퇴의 기원

요즘 들어 리버럴(liberal)이란 표현이 일본에서는 자주 선용된다. 한국어로 번역하면 자유평등주의자 정도가 될 것이고, 이것의 대당 용어로는 자유지상주의자(libertarian)가 거론될 수 있을 것이다. 상대적으로 리버럴이 진보적 성격을 갖는 자유주의자라면, 리버테리언은 보수적인 성격의 자유지상주의자에 해당될 것이다.

일본에서의 리버럴 지식인이란 전전(戰前)의 비정상적인 천황제 파시즘을 극복하고 건강한 대의민주주의를 추구하고자 하는 '전후 민주주의자'와 1970년대 이후 고도성장 시대에 등장한 젊은 세대의 '자유주의자'를 모두 의미하는 것으로 판단된다.

전후 일본에서 리버럴을 대표하는 인물은 정치학자 마루야마 마사오

(丸山眞男, 1914~1996)와 다케우치 요시미(竹內好, 1910~1977)이고, 그 후배 세대로 와다 하루키(和田 春樹, 1938~현재)나 오에 겐자부로(大江健三郎, 1935~현재), 그리고 우에노 지즈코(上野千鶴子, 1948~현재)와 같은 지식인일 것이다.

이들은 공히 전전의 천황제 파시즘의 역사적 폐해를 극복하고, 일본이라는 국가가 건강한 자유민주주의 국가로 나아가야 한다고 생각했던 사람들이다. 전전의 천황제 파시즘 체제가 뒤틀리고 왜곡된 근대라는 관점 역시 이들은 공유한다. 우에노 지즈코의 경우는 전전 천황제 파시즘의 극복을 젠더(gender) 문제와 연동해 사고하고 실천했다는 점에서, 리버럴인 동시에 1990년대 이후 탈식민주의를 수용한 지식인이라 볼 수 있다. 하지만 리버럴이 천황의 존재를 근본적으로 상대화할 수는 없다.

사회주의랄지 공산주의랄지 규정이 애매한 일본의 좌익 급진주의는 1970년대를 기점으로 대중과 괴리되면서 완전히 영향력을 상실하였다.[115] 그런 분위기 속에서 오에나 와다, 우에노와 같은 지식인들은 이른바 '시민적 리버럴'의 상징성을 통해, 일본의 전후 민주주의의 위기를 극복하고자 투쟁하고 있다. 하지만 기묘한 것은 이들이 대내적으로는 민주주의를 촉구하고 전전의 천황제 파시즘을 비판하면서도, 일본군 '위안부'와 같이 일본의 제국주의·식민주의가 초래한 반인권적 국가 폭력에 대한 책임 문제 앞에서는, 국가의 '현실주의'를 주장하거나(와다) '탈식민주의'를 내세우면서(우에노), 결과적으로 일본의 배상 책임을 회피하

---

115 松尾匡, 『新しい左翼入門』(講談社, 2012) 참조.

는 데 사실상 동조하고 있다는 역설이다.

이 점이 매우 기묘한 현상이면서도 중요한 문제라고 생각했는데, 나리타 류이치(成田龍一)의 「'회한'이 유발하는 사상」[116]이라는 글을 읽다가 의문의 많은 부분이 해소되는 느낌이 들었다.

이 글에서 나리타는 전후 일본의 사상계를 검토하면서 '회한공동체'라는, 1977년에 마루야마 마사오가 제기한 개념을 중심으로 논의를 전개한다. 그렇다면 회한공동체란 무엇인가. 이것은 패전 직후 일본의 지식인들이 직면했던 양가감정으로 정리될 수 있다. 즉 일본의 지식인들은 패전에 의해 "장래에 대한 희망적인 환희와 과거의 회한, 즉 해방감과 자책감이 뒤섞여 흐르는 듯한 상태"에서 공동성 또는 공통 감각을 획득했다는 것이 마루야마의 가설이다.[117]

마루야마의 개념에서 착상을 얻은 나리타는 전후 일본의 회한공동체를 전전세대(戰前世代, 1910년대생), 전중세대(戰中世代, 1920년대생), 소국민세대(小國民世代, 1930년대생)로 구분하여 논의한다. 그의 주장에 따르면 정치학자인 마루야마 마사오나 불문학자인 가토 슈이치(加藤周一) 같은 인물들이 전전세대의 전형인데, 이 세대는 패전 직후 천황제 파시즘 체제를 비판하면서 일본 사회의 서구적 근대화에 대한 강렬한 의욕을 보여주었다. 하지만 일본·일본인의 자명성에 대해서는 결코 회의하지 않았다는 점이 세대적 특징으로 분석된다. 소국민세대는 "전시에는 전쟁에 동화될 것을 강요받았던 '소국민'이었다가 전후에는 '민주주의 소년'이 된 세

---

116 成田龍一, 「"悔恨"が誘發する思想-前後日本知識人の軌跡」, 『世界』, 2015. 8.
117 成田龍一, 위의 글, 210~211쪽.

대"로 규정한다. '군국소년'과 '민주소년'을 왕복했던 세대라 볼 수 있다. 오에 겐자부로나 와다 하루키가 아마도 이 세대에 해당할 것이다. 이들 세대의 특징은 민주주의를 신뢰한다는 것, '전후'에서 해방감을 느꼈고, 현실 변혁에 대한 희망을 갖고 있었다는 것, 미래에 대한 새로운 출발 의욕을 지녔다는 등의 세대 감각이 분석된다. 나리타는 이들 두 세대의 지식인들이 보이는 유사한 회한공동체의 특징을, 끈질기게 강요되고 체화된 전전의 '국민의식'과 전후의 '민주주의 지향성'의 모순적 병존 경향으로 설명한다.

전전세대와 소국민세대의 회한공동체로서 공통성을 내 식으로 요약한다면, 건강한 민주적 내셔널리즘의 지향이라고 정리할 수 있겠다. 그러나 내면에는 일본의 과거사에 대한 죄의식 또는 부채 의식이 숨어있다는 것이 문제다. 가령 오에 겐자부로가 오키나와에 대한 죄의식을 피력하고, 와다 하루키가 한반도에 대한 부채 의식 속에서 연구를 지속한 것에는 이러한 '회한공동체'의 속성 또한 은밀하게 작용했다고 볼 수 있다. '연대'로 명명되고 있는 식민주의에 대한 '죄의식'의 반동형성이랄까.

한편, 전중세대의 대표 인물로 거론되는 것은 소설가 미시마 유키오 (三島由紀夫)다. 이 세대는 일단 전후 민주주의 체제와 갈등하고, 사상에 대해서는 의혹이 강하지만, 실천·실행의 신념을 보여준다는 것이 특징으로 지적된다. '내셔널리즘의 신체화'를 강조한다는 점에서 보면 이들 이야말로 강렬한 일본주의자들이다. 그런데 이들 역시 '회한'이 있어 보인다. 그것은 '강한 일본'이란 전후 일본에서는 상실되고 없는 과거의 영광에 불과하기 때문이다.

전전세대와 소국민세대가 '서구 지향(모더니티)'의 회한공동체에 해당된다면, 전중세대는 '토착지향(전통)'의 회한공동체에 해당된다. 이 세대는 표면적으로 이질적으로 보이지만, 무의식에 존재하는 전전 일본에 대한 부채 의식과 전후의 희망이 뒤섞인 양가적 정신 구조는 공통적이다.

나리타가 재해석하고 있는 '회한공동체'라는 개념을 통해 내가 문제 삼고자 하는 것은 일본군 '위안부' 문제의 인식과 실천에 있어 일본의 리버럴 지식인들이 보여주는 자기모순이다. 그들은 일본군 '위안부' 문제와 식민 지배 책임을 묻고, 일본 정부에 의한 법적 배상을 요구하는 피해자와 지원 단체들의 주장에 대하여 그것은 한국의 강경한 반일 민족주의의 소산이라고 아무렇지 않게 말하는 것을 자연스럽게 생각한다.

와다 하루키와 함께 아시아여성기금에서 활동한 경험을 『위안부 문제는 무엇이었는가』라는 책을 통해 서술했던 오누마 야스아키(大沼保昭)는 한국 정부, 언론, NGO가 강경한 반일 민족주의로 무장되어 있어 '아시아여성기금 사업'이 실패했다는 식의 왜곡된 주장을 도대체가 아무렇지도 않게 펼치고 있다. 그 발언의 수위는 다르지만 반일 민족주의를 언급하면서 일본군 '위안부' 책임 문제를 제기하는 측을 비판하는 것은, 와다 하루키나 우에노 지즈코 모두에게 때로는 노골적으로 때로는 은밀하게 나타나는 공통점이다. 문제는 이런 식으로 피해자를 비판하는 그들이, 정작 은폐되어 있는 자신의 내면화된 일본 민족주의를 성찰하지 못하고 있는 아이러니다. 이는 식민주의와 제국주의를 분석하고 검토하는 지식인의 책임이라는 관점에서도 상당히 문제적인 상황이라고 볼 수 있다.

4. 정보의 비대칭성과 지식인의 책임

지난 몇 년 간 한국과 일본 양국에서 『제국의 위안부』를 둘러싼 논란이 있었다. 이 책에서 박유하가 주장하고 있는 여러 문제들은 사실 일본군 '위안부' 문제 연구자들 사이에서는 굳이 거론할 필요가 없는 여러 형태의 오류와 단순화, 과대 일반화로 가득하다. 그럼에도 이 저작이 논란이 된 것은, 교묘하게 수정된 일본어 판본 문제와 더불어 양자 모두 종류는 다르지만 '정보 비대칭성'의 문제가 개입하고 있기 때문이다.

한국어 판본에서 논란이 되었던 과감한 주장들은 현재까지 축적된 일본군 '위안부' 관련 연구 문헌을 통해서 얼마든지 반박이 가능한 사항들이다.[118] 가장 손쉽게 반박할 수 있는 것은 이 책의 제목이 갖는 허구성이다. '제국의 위안부'라는 표현을 통해서 박유하는 마치 한국, 일본, 대만, 오키나와 출신의 일본군 '위안부'가 '일본 국민'이라는 공통된 기반 아래 존재했다는 식의 오류를 일반화한다. 그러나 명백하게도 일제 말기에 자행된 일본군 '위안부'·위안소 제도는 식민주의와 결합한 인종 분류에 따라 차별적인 제도와 이데올로기를 작동시켰다. '일본인 위안부'[119], '조선인 위안부'[120], '오키나와 위안부'[121], '중국인 위안부'[122]

---

118 최근에 번역 출간된 이타가키 류타·김부자 엮음, 배영미·고영진 옮김, 『'위안부' 문제와 식민지 지배 책임』(삶창, 2016)에서는 가장 대중적인 언어로 이러한 작업이 수행되었다.

119 西野瑠美子, 小野沢あかね 責任編輯, 『日本人'慰安婦』(現代書館, 2015).

120 윤명숙·최민순 역, 『조선인 군위안부와 일본군 위안소 제도』(이학사, 2015).

121 洪允伸, 『沖縄戰場の記憶と'慰安所'』(イソパクト出版の会, 2016).

122 Peipei Qiu, Su Zhiliang, Chen Lifei, Chinese Ccomfort Women, Newyork : Oxford University Press, 2013.

들의 존재 상황에 깃든 식민주의적 위계 또는 민족차별적 구조는 이미 여러 연구자에 의해 연구된 바 있고, 일본군 '위안부'·위안소 제도가 일본 정부와 군의 조직화된 동원 및 관리에 의해 체계적으로 작동하고 있었다는 사실 역시 이미 밝혀져 있는 사실이다.

문제는 정보의 비대칭성인데 일본군 '위안부' 문제의 실증적·해석적 연구의 경우, 자료와 정보가 집적된 일본에서 일본인 연구자에 의해 진행되는 경우가 많다. 당연히 일본어 서적으로 출간되는 경우가 대부분이어서, 한국의 대중 독자들은 정보 접근에 있어 '언어의 국경'이라는 제약을 겪는다. 때문에 현재까지 축적된 연구 업적들이 한국에서는 대중적으로 유통되지 못했다. 그러다 보니, 오류와 증명되지 않은 가설들로 충만한 『제국의 위안부』 같은 책들이 마치 학문적으로 대단한 성취를 이룬 듯, 한국의 알만한 좌파적·진보적 지식인들조차 현혹시켰던 것이다.

일본의 경우 한국과는 다른 유형의 제약이 있는 것으로 보인다. 일단 1990년대 중반을 기점으로 역사수정주의가 강화되었고, 여기에 일련의 혐한론 및 그것을 부추기고 있는 아베 정권의 강경 보수주의가 일본군 '위안부' 문제의 역사적 책임을 논의하는 연구와 운동 자체에 대한 유무형의 압력으로 작동하고 있다. 이것은 일본군 '위안부' 문제뿐만 아니라, 난징대학살, 오키나와 강제집단사 등이 교과서에서 배제되거나 수정되는 등의 제도적 압력으로도 나타나고 있다. '자학사관'이라는 비난 속에서 과거사 부정이 풀뿌리 우파로부터 정권 담당자에 이르기까지 일관된 멘털리티로 작동하고 있는 것이다.

아베의 극우 강경 노선과 이에 따른 역사 이해의 문제점은 그 자신의 자서전에서도 쉽게 읽어낼 수 있지만[123], 전후 70년 담화를 보면 그것이 더욱 분명해진다. 담화 내용 가운데 도입부만 인용해보기로 하자.

> 종전 70년을 맞아 앞서 대전에의 길과 전후에 우리가 걸어온 길, 20세기라고 하는 시대를 우리들은 마음으로 조용히 되새기며, 그 역사의 교훈 가운데서 미래를 향한 지혜를 배우지 않으면 안 된다고 생각합니다.
>
> 백 년도 더 전 세계에는 서양 제국(諸國)들을 중심으로 한 나라들의 광대한 식민지가 확대되고 있었습니다. 압도적인 기술 우위를 배경으로, 식민지 지배의 물결은 19세기 아시아에도 밀려들었습니다. 그 위기감이 일본에게 있어 근대화의 원동력이 되었다는 것은 틀림없습니다. 아시아에서 최초로 입헌정치를 시작하고 독립을 지켜냈습니다. **①러일전쟁은 식민지 지배하에 있던 많은 아시아, 아프리카 사람들에게 용기를 주었습니다.**
>
> 세계를 휩쓴 제1차 세계대전을 거쳐, **②민족자결의 움직임이 확대되자 그때까지의 식민지화에 제동이 걸렸습니다.** 이 전쟁은 1000만 명의 전사자를 낸 비참한 전쟁이었습니다. 사람들은 '평화'를 강하게 원하여 국제연맹을 창설하고 부전(不戰) 조약을 탄생시켰습니다. 전쟁 자체를 위법화시키는 새로운 국제사회의 조류가 생겼습니다.[124] (강조 : 인용자)

전후 70년을 맞은 일본 정치가의 멘털리티가 위에서처럼 노골적으로

---

123 安部晋三, 『新しい國へ』(文藝春秋, 2013)에는 아베의 역사수정주의와 일본적 애국주의의 신념이 노골적으로 잘 드러나 있어 참조할 만하다.
124 「전후 70년 아베담화」, 2015. 8. 14. 이타가키 류타, 김부자 엮음, 앞의 책, 262쪽에서 재인용.

드러나는 경우를 목도하는 것은 일종의 희비극이다. ①의 진술에서 아베는 대한제국을 사실상 일제의 식민지로 전락시켰던 '러일전쟁'에 대해, "많은 아시아, 아프리카 국가에게 희망을 주었다"는 극언을 하고 있다. 메이지유신 이후 홋카이도, 류큐왕국, 대한제국을 식민지화했던 참혹한 역사와 식민 지배 책임 문제는 가해국의 총리인 그의 뇌리에 전혀 자리 잡고 있지 않으며, 형식적인 차원의 반성적 제스처조차 존재하지 않는다.

②의 진술은 더욱 안타까움을 자아낸다. 그가 전 미국 대통령 우드로 윌슨(Thomas Woodrow Wilson)의 "민족자결주의"를 운위한 것은 한 편의 잊을 수 없는 소극인데, 무단통치에 대항하여 일어난 1919년 조선의 3·1운동을 무력으로 잔인하게 진압했던 식민 폭력의 기억 역시 그의 뇌리에는 전혀 존재하지 않거나 가볍게 무시되고 있다. 이런 역사 인식을 갖고 있는 사람을 향해서 일본군 '위안부' 문제에 대한 "최종적이고", "불가역적인" 해결을 했다고 자신하는 한국 위정자의 정신 상태 역시 어떻게 보아야 할까 하는 점을 동시에 생각하다보면 아연하지 않을 수 없다.

정보 비대칭성의 문제를 일본으로 돌리면, 이른바 『제국의 위안부』 사태'와 관련한 논의도 필요해 보인다. 『제국의 위안부』는 한국어판과 일본어판의 내용에 차이가 있다. 한국어판을 낸 후 일본어판을 낼 때 저자가 수정 및 가필을 했는데, 문제는 이것이 이 책을 전혀 다른 두 권의 책으로 보이게 만들 뿐만 아니라, 한일 양국에서 각기 다른 반응을 낳게 한 근본적인 원인일 확률이 높다는 것이다. 이를 치밀하게 분석·검토한 연구자는 일본 메이지가쿠인 대학(明治学院大学) 정영환 교수인데[125],

아래의 인용문만 보더라도 그 차이를 손쉽게 확인할 수 있다.

a) 말하자면 일본은 1945년에 제국이 붕괴하기 이전에 '식민지화'했던 국가에 대해 실제로는 공식적으로 사죄·보상하지 않았다. 조선 조정의 요청을 받았다고는 하지만 식민지화 과정에서 동학군의 진압에 대해서도, 1919년의 독립운동 당시 수감·살해된 사람들에 대해서도, 간토(關東) 대지진 당시 살해된 수많은 사람들에 대해서도, 그 밖에 '제국 일본'의 정책에 따르지 않는다는 이유로 투옥되거나 가혹한 고문 끝에 목숨을 잃은 사람들에 대해서도, 공식적으로는 단 한 번도 구체적으로 언급한 적이 없는 것이다. 그리고 '조선인 위안부'들은 국민동원의 한 형태였다고 볼 수 있지만, 제국의 유지를 위한 동원의 희생자라는 점에서는 이들과 마찬가지로 식민 지배의 희생자다. (한국판, 262쪽)[126]

b) 그러한 의미로는 일본은 1945년 대일본제국 붕괴 후 식민지화에 대해 실제로는 한국에 공식적으로 사죄한 적이 없다. 양국의 정상이 만날 때마다 사죄를 해왔고 이 사실은 한국에 더 알려야 하겠지만, 그것(지금까지의 사죄 : 번역자 주)은 실로 애매한 표현에 불과했다. 1919년의 독립운동 때 살해된 사람들에 대해서도, 간토대지진 때 '조선인'이라는 이유만으로 살해된

125 鄭榮桓, 『忘却のための「和解」−「帝國の慰安婦」と日本の責任』(世織書房, 2016). 이 책은 한국에서도 곧 번역 출간될 예정이다.
126 정영환, 「'전후 일본'을 긍정하고픈 욕망과 『제국의 위안부』」, 이타가키 류타, 김부자 엮음, 앞의 책, 94쪽에서 재인용. 한국판은, 박유하, 『제국의 위안부』(뿌리와이파리, 2013) ; 일본판은 朴裕河, 『帝國の慰安婦 植民地支配と記憶の闘い』(朝日新聞出版, 2014).

사람들에 대해서도, 그리고 '제국 일본'의 방침에 따르지 않는다는 이유만으로 가혹한 목숨을 잃은 사람들에 대해서도, 공식적으로는 한 번도 구체적으로 언급할 기회가 없는 채로 오늘날까지 온 것이다.

단, 위와 같은 경우에 처한 일본인 또한 그러한 사죄나 보상의 대상이 되지는 않았다. 물론 이것은 치안유지법 등 당시의 체제 비판을 단속하는 법률에 근거하여 행해졌기 때문에 적어도 '법적'으로는 책임이 없는 일이 된다. (일본어판, 251쪽)[127]

위의 각기 다른 판본을 보면, 삽입된 문장들 때문에 매우 상이한 의미를 띠게 된다. 한국 독자들에게 쓴 글에서는 식민지 지배 책임에 대해 일본 정부가 "공식적으로 사죄·보상하지 않았다"고 주장하다가, 일본판에서는 "양국의 정상이 만날 때마다 사죄를 해왔고"라고 표현하고 있다. 이렇게 판본이 다른 두 책은 사실상 동일한 서적이라 보기 어렵다. 한국의 독자와 일본의 독자가 읽은 『제국의 위안부』는 그 지혜로운(?) 저자의 서술 전략 탓에 각기 다른 의미와 뉘앙스로 해석된다. 한국어를 모르는 일본의 지식인과 독자들이 한국에서 『제국의 위안부』 사태를 놀라워하고, 일본어를 모르는 한국의 지식인과 독자들이 격렬한 박유하의 팬덤으로 전락하는 마술은 이런 수사학적 책략 탓도 클 것이다.

그러나 대중 독자의 경우는 그럴 수 있다고 치더라도, 지식인을 자처하는 사람들이 한국과 일본에서 역사에 대한 아전인수 격의 해석을 지

---

127 정영환, 위의 글, 95쪽에서 재인용.

지하거나 열광하는 모습을 보여주고 있는 것은 지적 쇠퇴의 명백한 결과라고 생각한다. 일본의 경우는 역사수정주의와 일본적 국가주의의 반영이라 판단되지만, 한국의 경우는 민족주의에 대한 피상적 반발이 식민주의와 제국주의의 실상을 간과하는 포스트주의로 널뛰기 한 데서 나타난 결과로 해석된다.

결론을 요약하면, 2015년 12월 28일 한일 간에 이루어진 일본군 '위안부' 문제에 관한 졸속 협상은 물론 픽션에 가까운 서술을 하고 있는 한 권의 책을 사이에 두고 한일 지식인 사회에 나타난 일련의 소극(笑劇)은, 양국 모두 정치적 반동기를 관통하면서 리버럴 또는 좌파를 자처하는 지식인들의 지적 쇠퇴의 명백한 경향을 보여준 것으로 판단된다. 그러나 역시 분명한 것은 소극이 끝난 뒤에도 유장한 역사의 드라마는 계속 상연될 수밖에 없는 필연이기에, 우리의 공부와 실천은 끝날 수 없다는 사실이다. 지식인 됨의 괴로움에 대해 숙고해야 할 계절이다.

연대의 아포리아
: '일본 문제'와 식민주의

1. 서경식과 와다 하루키

한국과 일본 간의 지식인·민중 운동의 연대를 사고하기 위해서는, 최근 도쿄경제대 서경식 교수와 도쿄대 명예교수 와다 하루키(和田春樹) 사이에서 진행된 일본군 '위안부' 문제를 둘러싼 '왕복 서한'을 음미해보는 것이 필요하다고 생각한다. 2015년 12월 28일 한국과 일본 양 정부의 외교장관은 식민지기의 일본군 '위안부' 문제에 대해 전격적으로 합의했음을 기자회견을 통해서 밝혔다. 이 합의의 성격에 대한 자세한 논의는 다른 글에서 이미 밝힌 바 있거니와[128], 내가 침통하게 바라본 것은 이

---

[128] 이명원, 「일본군 위안부 문제와 지식인의 지적 쇠퇴」, 『녹색평론』, 2016. 5·6월호에서 이 합의의 맥락과 의미, 문제점에 대해 검토한 바 있다.

후 이 12·28합의를 둘러싼 서경식과 와다 하루키 사이에 이루어진 지상 논쟁이었다.[129] 이 짧은 지상 논쟁을 보면서, '한일 연대의 아포리아'에 대해 숙고하는 계기를 얻을 수 있었다.

서경식이 와다 하루키에게 보낸 서한에는 한일 연대운동에 매진했던 선배 지식인에 대한 경의와 회한이 얽힌 복합심리가 잘 드러난다. 재일조선인으로서 서경식의 고통스런 실존적 배경도 여기에 개입되었을 것이다. 와다 하루키는 일본 패전 이후 아시아주의에 주목했던 중국학자인 다케우치 요시미(竹内好)의 지적 영향 속에서 한반도 문제를 탐구하고 한국인들과 연대해왔다. 서경식은 와다 하루키로부터 받은 청년기의 지적 충격과 영향에 대해 일단 고백한다. 청년기의 서경식에게 한국 민중에 대한 와다의 연대와 실천이야말로 자신 같은 재일조선인에게는 고통스런 한일관계사의 자각과 일본 지식인과의 연대운동에 희망을 품게 한 결정적 계기였다는 것이다.

서경식은 일본의 식민지 지배 책임을 청산하기 위한 한국과 일본의 연대운동에는 네 번의 호기(好期)가 있었지만, 현재에 와서는 결과적으로 실패한 것이 아니겠느냐고 말한다. 그가 말하는 네 번의 호기란 해방기인 1945년(제1의 호기), 한일협정기인 1965년(제2의 호기), 김대중 납치 사건이 일어난 1973년(제3의 호기), 마지막으로 일본의 쇼와 천황이 사망한 1989년(제4의 호기)이다. 만일 일본의 정치 세력과 시민들이 식민주의 문제에 대해서 예리하게 자각했다면, 한국과 일본 민중들은 진정한 연대

129 서경식, 「초심은 어디 가고 왜 반동의 물결에 발을 담그십니까」, 『한겨레』, 2016. 3. 13. 와다 하루키, 「아베의 사죄 표명이 12·28합의 백지철회보다 중요」, 『한겨레』, 2016. 3. 26.

관계로 나아갔을 것이라는 게 그의 주장이다. 하지만 일본 사회는 이러한 연대의 호기에 적절하게 대응하지 못했고, 그 결과 한일 연대의 희망은 쇠퇴국면으로 접어든 게 아닌가라는 침통한 자문이 그의 글에 담겨 있다.

그렇게 본다면, 1991년 일본군 '위안부' 피해자인 김학순 할머니의 등장 이후 전개된 일본군 '위안부' 문제의 진실규명 과정은 일본의 식민 지배 책임을 다시 한 번 환기하고 한일 간의 연대를 가능케 할 수 있는 또 다른 호기였다는 것이 서경식의 인식이다. 일종의 '제5의 호기'인 셈이다. 그런데 서경식이 보기에 오히려 이 시기 와다의 행보는, 일본군 '위안부' 피해자의 목소리보다는 일본 정부 편에 서서 '아시아여성기금'(1995)의 조직 및 실행의 주체가 되어 충격을 안겨주었다. 급기야 2015년 12월 28일에 전격적으로 이루어진 일본군 '위안부' 문제에 대한 졸속 합의에 대한 와다의 태도 역시 실망스러웠다고 서경식은 말한다. 그는 와다 하루키조차 아베 정권의 대두 이후 더욱 극악해진 반동적 상황에 말려든 게 아닌가 하고 날카롭게 와다를 추궁한다.

그러나 내 판단에 서경식이 와다에게 던진 질문은 만족할 만한 답변을 얻지 못했다. 서경식이 와다의 행동에서 충격을 받았듯, 와다 역시 서경식의 날카로운 편지에 충격을 받은 것으로 보인다. 그 각기 다른 충격은 서경식이 주장했던 한일 연대의 호기에 대한 서로 다른 견해차에서 나타난다고 볼 수 있다.

와다 하루키는 서경식이 실패했다고 주장하는 호기의 대응이 실패가 아니라 오히려 성공이었다고 반박한다. 식민지 지배 책임과 아시아태평양전쟁에 대한 책임을 지닌 쇼와 천황의 침묵 속의 죽음이 과거사에 대한 사죄의 호기를 휘발시킨 것은 명백한 사실이나, 중요한 것은 1980년대 한국의 민주화 성취 과정에서 발생한 일본 사회의 성찰적 자각이 고노 담화와 무라야마 담화의 경우와 같이, 일본군 '위안부' 문제에 대한 일본 정부의 입장을 일정하게 변화시킨 것은 역시 중대한 진전으로 인정되어야 하며, 한일 연대의 성공을 보여준 명백한 사례라는 것이 그의 시각이다.

서 씨는 한국 민주혁명의 승리가 일본에 영향을 끼쳐 가네마루 신 자민당 부총재, 다나베 마코토 사회당 위원장이 북한을 방문해 일조교섭이 개시되거나 1993년엔 고노 담화가 나오고, 마침내는 1995년의 무라야마 담화가 되는 것은 보지 않고 있다.

그런 비관적인 자세가 생겨난 이유가 문제의 논문 '제4의 호기' 안에 드러나 있다. 서 씨가 '제4의 호기'라고 부르는 것은 천황의 죽음이다. 식민지 지배는 천황의 이름에 의해 이뤄진 것인데도 천황이 숨진 일본은 "천황의 전쟁 책임을 면책하는 것에 의한 일본인 전체의 '일억총면책'을 시도하려고" 하고 있다고 말하고 있다. 서 씨는 이를 통해 일본에 절망한 듯 보인다. '제4의 호기'도 아마 살리지 못할 것이라고 본다. 한국의 전진에 맞춰 일본인도 전진하고 있다고 보는 것은 "너무 나이브한 일일 것이다". 그 지점에서 서경식 씨는 경고한다. "침략과 수탈의 역사를 자기부정하"지 못한다면, "일본인은 장래에 걸쳐 '항일투쟁'에 계속해 직면하게 될 것에 다름 아니다"라고. 그 말이 이번 글에도 되풀이되고 있다.

일본인과 조선 민중은 여전히 적의 관계에 머물 것인가. 나는 일한 양국민의 관계는 '제3의 찬스'를 살려내는 데 성공해 변했다고 생각한다. 한국 국민의 협력을 신뢰하고 일본 국민의 의식을 바꾸기 위한 노력을 이어가는 것. 이것이 우리들이 걸어가야 할 길이다.[130]

서경식과 와다 하루키의 왕복 서신을 검토하다보면, 오늘날 일본군 '위안부' 문제에 대한 서로 다른 견해차가 결국 한일 연대의 핵심적인 쟁점 중 하나라는 사실을 확인하게 된다. 동시에 한일 연대의 양상에 대한 한일 각 운동 세력의 시각차 역시 이 문제를 중심으로 구성되고 해석되었음을 확인할 수 있다. 하지만 이 문제로만 한일 연대의 문제가 사유될 수 있는 것은 물론 아니다.

서경식의 와다에 대한 공개서한에서 강조되는 것은 식민지 지배 책임에 대한 일본 정부의 인식이 부재할 뿐만 아니라, 오히려 현재는 과거사를 공세적으로 왜곡하는 방향으로 문제를 호도하고 있다는 강한 비판의식이다. 이것이 그로 하여금 쇼와 천황의 전쟁 책임에 대한 문제 제기를 낳은 근본적인 동인이며, 일본의 리버럴·좌파 지식인조차 이러한 상황에 사실상 편승함으로써 한일 연대의 가능성을 봉쇄하였다는 것이 그의 인식이다.

반면 와다 하루키는 식민지 지배 책임에 대한 전후 일본 정부의 인식이 우려스러운 것은 물론 사실이지만 현재 일본의 국내 여론이나 정치 상황을 고려해보면, 식민지 지배 책임을 명시적으로 인정하는 한 가지 방식으로 가령 일본군 '위안부' 문제에 대한 법적 보상을 하는 식으로 나아갈 가능성은 거의 없다고 인식한다. 그가 보이는 일본 사회에 대한

---

130 와다 하루키, 위의 글.

비관적 인식은, 일본의 식민지 지배 책임 문제는 1965년 한일협약으로 해결되었다는 일본 정부의 공식적 역사 인식이란 결코 흔들린 적이 없다는 판단을 근거로 하고 있다. 따라서 현재 시점에서 가능한 현실주의적 대응이란 12·28합의의 진정성을 '도의적'인 형태로나마 일본의 아베 총리가 서신을 통해 보여주는 것이지, 서경식이나 요시미 요시아키 교수의 주장처럼 12·28합의를 백지화할 수는 없다는 주장이다. 정리하자면, 자신 역시 원칙적으로는 일본의 식민 지배 책임을 '국회의결'을 통해서 결의해야 한다고 일본 정부에 역설한 바 있지만, 현재의 우경화된 일본의 정치 상황이나 국민적 여론이 그것을 수용할 수 있는 상황은 결코 아니라는 비관적 현실 인식이 이러한 발언 속에 내포되어 있다.

나는 서경식의 주장을 실현이 어려운 '이상주의'로, 와다 하루키의 주장을 실현 가능한 '현실주의'로 이분화시켜 이해하고 싶지는 않다. 서경식의 주장은 식민주의와 제국주의의 고통에 대한 '한국 민중의 현실주의'적 요구라면, 와다의 주장은 '일본 정부의 현실주의'라는 관점에서 이해하는 것이 보다 타당한 시각일 것이다. 그러니까 두 개의 현실주의가 충돌하고 있는 것이다. 문제는 이 각기 다른 맥락의 현실주의에서 역사적 정당성을 어느 쪽이 갖고 있는가 하는 점이다.

물론 내 생각에는 서경식의 주장이 이에 해당한다. 2015년 12월 28일 조선인 일본군 '위안부' 합의는 일본 정부의 현실주의에 한국 정부가 졸속적으로 야합한 것 그 이상도 이하도 아니다. 명백하게도 이것은 생존해 있는 일본군 '위안부' 피해자들의 현실주의적 요구를 배반한 것이다. 나는 '국가의 현실주의'보다는 '민중의 현실주의'에 주목해서 연대하는 것이 한일 연대운동의 핵심이라 생각한다. 그런 점에서 보면, 1991

년 김학순 할머니의 일본군 '위안부' 고백과 증언 이후로 한국과 일본의 시민사회에서 동시에 전개된 일본군 '위안부' 문제의 진상규명 및 해결을 위한 국제적 연대운동은 역사적으로 큰 의미를 띠고 있다. 게다가 이러한 운동은 오늘날 한일 간의 국지적 연대의 문제가 아닌 세계적 연대운동으로 확산되어 나가고 있다는 점에서 역사적 의의는 명백한 것으로 보인다.

2. 아베의 전후 담화와 '일본 문제'

2015년은 한국의 해방, 일본의 패전, 중국의 승전 70주년을 맞는 해였다. 이 시기에 일본의 아베 총리는 〈전후 70년 아베 담화〉(2015. 8. 14)를 발표했는데, 아마도 이것이 현재 일본의 집권 정치세력의 여과 없는 현실 인식의 표명일 것이며, 향후 한일 연대운동의 문제를 생각할 때 직면하게 될 장애의 중요한 상징일 것이다.

> 백 년도 더 전에 세계에는 서양 제국(諸國)들을 중심으로 한 나라들의 광대한 식민지가 확대되고 있었습니다. 압도적인 기술 우위를 배경으로, 식민지 지배의 물결은 19세기 아시아에도 밀려들었습니다. 그 위기감이 일본에게 있어 근대화의 원동력이 되었다는 것은 틀림없습니다. 아시아에서 최초의 입헌정치를 시작하고 독립을 지켜냈습니다. 러일전쟁은 식민지 지배하에 있던 많은 아시아, 아프리카 사람들에게 용기를 주었습니다.[131]

위 인용문은 아베의 전후 70년 담화의 도입부이다. 현재 일본 정부가 전전(戰前)의 '일본 문제'를 어떻게 인식하고 있는지가 잘 드러난다. "러일 전쟁은 식민지 지배하에 있던 많은 아시아, 아프리카 사람들에게 용기를 주었습니다"라는 주장은 홋카이도·타이완·류큐왕국·대한제국 이후의 만주와 중국 등을 침략하고 식민화했던 일본의 제국주의·식민주의 역사에 대해 현재의 일본 정부가 어떠한 성찰적 자각도 없음을 드러낸다. 일본적 나르시시즘이라 명명하는 게 타당할 듯한 역사 인식이다.

아베의 논설은 이어지는 문단에서 일본이 촉발한 아시아태평양전쟁의 불가피성을 장황하게 진술한 후, 침략 전쟁의 과정에서 희생당한 이들에 대한 "통석의 염(念)"과 "영겁의 애도"를 표한다. 그런데 여기서 아베가 취하는 수사학적 전략은 마치 가토 노리히로(加藤典洋)가 『패전후론』[132]에서 주장한 것과 유사하다. 즉 전쟁에서 희생당한 자국의 300만여 명의 희생자를 일단 애도한 후에, '모호한 어조로' 침략당한 아시아 민중들의 죽음을 언급하고 있는 것이다.

전후 70년을 맞아 국내외에서 숨진 모든 사람들의 목숨 앞에 깊이 고개를

---

131 아베 신조, 「전후 70년 아베 담화」, 이타가키 류타·김부자 엮음, 배영미·고영진 역, 『'위안부' 문제와 식민지 지배 책임』(삶창, 2016), 262쪽에서 재인용.

132 加藤典洋, 『敗戰後論』(講談社, 1997). 가토 노리히로의 이 책은 천황의 전쟁 책임, 전후 일본 헌법의 정당성, 전사자의 애도 문제에 대한 역사수정주의적 견해를 미묘하게 표출해 일본 사회 안에서 대단히 심각한 논란을 낳았다. 아시아태평양전쟁에서 희생당한 사람들의 '애도' 문제의 경우, 죽은 자국의 병사에게 우선 애도와 감사를 드려야 아시아의 희생자에게 진심으로 사죄할 수 있다고 그는 주장했다. 가토 노리히로의 전후 인식은 일본에서도 큰 논란을 빚었는데, 이에 대해서는 다카하시 데쓰야, 이규수 역, 『일본의 전후책임을 묻는다』(역사비평사, 1999). 고모리 요이치 외, 이규수 역, 『국가주의를 넘어서』(삼인, 1999) 참조.

숙이고 통석의 염(念)을 표함과 동시에 영겁의 애도를 표합니다.

앞선 대전에서는 300만여 명의 동포가 목숨을 잃었습니다. 조국의 장래를 걱정하고 가족의 행복을 바라며 전장에서 산화한 분들. 종전 후, 혹한의 또는 작렬하는 더위의 먼 타향에서 굶거나 굶주림이나 병에 시달리다 돌아가신 분들, 히로시마와 나가사키의 원폭 투하, 도쿄를 비롯한 각 도시에서의 폭격, 오키나와에서의 지상전 등으로 인해 많은 시민들이 무참히 희생되었습니다.[133]

아베의 전후 70년 담화의 핵심적인 논지는 일본 역시 제국주의와 전쟁의 피해자이며, 전후에는 일관되게 평화 국가의 길을 걸어왔으니, 이제 전전에 대해 "사죄해야 되는 숙명"으로부터 일본인들이 벗어나야 한다는 과감한 주장이다. 이러한 피해자 의식의 극적인 강조와 합리화는 일본의 식민 지배와 전쟁 책임 문제를 소거하기 위한 아베의 효과적인 수사학적 전략의 일환이었을 것이다.

그의 담화에서 일본이 자행한 침략의 기억은 소거된 대신 아시아태평양전쟁 말기 히로시마·나가사키의 피폭 기억과 참상은 적극적으로 환기된다. 오키나와전쟁에서 미군에 의한 일본군의 희생은 강조되지만, 정작 현재도 그 진상에 대한 국가 사죄를 하지 않고 있는, 일본군에 의한 오키나와인들의 '강제집단사'라는 비극적 사태는 철저하게 은폐된다. 한마디로 말하면, 전전의 일본의 식민주의·제국주의는 철저하게 은폐되고, 전후 일본의 '국민주의'에 입각한 국가적 자부심은 유례없이 강조되

---

133 아베 신조, 위의 글, 263쪽.

면서, 전전과 전후 일본은 다르다, 더 이상 전후 일본이 전전 일본의 부채를 상속할 필요는 없다, 역시 일본에게 중요한 것은 미래 아닌가라는 식의 기괴한 주장을 펼치고 있는 것이다.

1990년대 중반, 그러니까 일본이 전후 50년을 맞고 한국이 형식적 민주화를 성취한 직후 식민지 지배 책임 문제에 대해 비로소 주체적으로 입장을 개진하던 무렵까지는, 일본의 이른바 리버럴 세력 역시 한일 연대를 통해 부상하는 일본의 역사수정주의와 극단적인 정치적 우경화를 제어하고자 하는 연대의 의지가 드높았던 시점이라 할 수 있다. 이 시기의 일본에서는 일본군 '위안부' 문제뿐만 아니라, 전후의 민주적 역사 인식을 '자학사관'으로 격하시키면서 역사수정주의를 조직화했던 세력과의 싸움이 한창이던 시점이었다. 동시에 일본인들에게는 사실상 기억의 회로에서 이탈되어 있었던 오키나와의 반(反)기지운동이 충격적으로 상기됨으로써[134], 일본의 민주주의가 전진과 후퇴의 기로에 서게 되는 분기점이 1990년대 중반이었다.

그런 점에서 1995년 8월 15일에 발표된 「전후 50년 무라야마 담화」는 패전 이후 일본이라는 국가가 식민주의·제국주의를 최초이자 사실상 최후로 성찰하고자 했던 기념비적인 문건인 것만은 틀림없는 것 같다.

---

134 1995년 9월 오키나와에서 주일 미군 해병대원들에 의한 소녀 성폭행 사건이 벌어졌다. 이 사건의 진상규명 과정에서 일미지위협정의 수정을 요구하는 '섬 전체 투쟁'이 발생했고, 이에 따른 후텐마 미군기지의 반환과 현 바깥으로 이설을 둘러싼 오키나와현민들의 요구가 폭발했다. 그 결과 12월에는 SACO(오키나와에서 미군 시설과 구역에 관한 일미특별행동위원회)의 최종 권고를 통해 후텐마 기지 반환에 대한 합의가 발표되었다. 新城俊昭, 『琉球.沖縄の歷史と文化』(編輯工房東洋企劃, 2010), 154쪽.

우리나라는 멀지 않은 과거의 한 시기, 국책을 그르치고 전쟁에의 길로 나아가 국민을 존망의 위기에 빠뜨렸으며 식민지 지배와 침략으로 많은 나라들 특히 아시아 제국의 사람들에게 다대한 손해와 고통을 주었습니다. 저는 미래에 잘못이 없도록 하기 위하여 의심할 여지도 없는 이와 같은 역사의 사실을 겸허하게 받아들이고 여기서 다시 한 번 통절한 반성의 뜻을 표하며 진심으로 사죄의 마음을 표명합니다. 또 이 역사가 초래한 모든 희생자에게 깊은 애도의 뜻을 밝힙니다.[135]

위에서 무라야마 총리가 "식민지 지배와 침략"이 "아시아 제국의 사람들에게 다대한 손해와 고통을 주었다"라고 말한 것은 의미 있는 대목이다. 담화 중 "우리나라"로 명명한 일본이 식민지 지배 책임 문제를 최초로 자각하기 시작한 것이기 때문이다. 그러나 일본인 특유의 섬세함으로 "통절한 반성의 뜻"의 주어가 "저(무라야마)" 개인으로 한정되고, 사죄와 애도에 있어서도 "마음"과 "뜻"의 문제로 언표가 되는 것은 역시 흥미롭다.

무라야마 시기의 아시아여성기금 사업이라는 것 역시 이러한 '마음주의'의 산물인 것으로, 일본 정부는 일본군 '위안부' 피해자들에 대한 '법적 배상'을 회피하는 대신 '도의적 책임'을 강조하면서 식민지 지배 책임의 문제를 청산하고자 시도했다. 와다 하루키는 아시아여성기금에 대한 서경식의 주장, 즉 일본의 진보적 시민과 한국의 반식민주의 세력이

---

135 무라야마 도미이치, 「전후 50년 무라야마 담화」, 이타가키 류타·김부자 엮음, 배영미·고영진 옮김, 앞의 책, 261쪽에서 재인용.

연대해 일본 정부에 대항해야 한다는 것에 대하여 "이런 인식은 현실과 상당히 괴리돼 있다"고 말하면서, 일본군 '위안부' 문제에 대한 일본 정부의 법적 배상은 불가능한 것이 명백한 현실이기 때문에, 아시아여성기금과 같은 '도의적 보상'을 일본 정부가 할 수 있는 '최선의 사죄'로 수용해야 한다고 주장한다.[136]

그러면서, 그가 서경식에게 보낸 답신의 끝에서 "일본인과 조선 민중은 여전히 적의 관계에 머물 것인가"라고 말한 것에 사실 나는 매우 씁쓸한 인상을 받았다. 백번 양보해서 와다식으로 일본 정부가 비공식적 사죄의 방식으로 아시아여성기금을 설립했다는 것을 인정한다고 해도, 사실 일본인과 조선 민중이 "적"의 관계에 머문다는 식의 비판은 감정적인 것에 불과하다. 일본군 '위안부' 문제는 '일본 문제'다. 그것은 '한국 문제'도 '중국 문제'도 '대만 문제'도 아닌 식민지기 일본 문제라는 점에서, 책임의 주체는 역시 일본 정부인 것이다.

따라서 이 문제의 해결 주체는 와다가 속해 있는 '일본'이라는 국가 그 자신이다. 그런데 일본 정부는 논외로 하더라도. 일본군 '위안부' 문제 해결에 임하는 와다를 포함한 일본 지식인들의 태도는 마치 이것이 '조선 문제' 혹은 '한국 문제'인 것처럼 발언하는 것을 당연시하는 전도된 태도를 보여준다. 일본군 '위안부' 문제에 대한 책임을 요구하면, 우익은 말할 것도 없이 엉뚱하게도 일본의 일부 이른바 리버럴 지식인들은 한국의 '반일 내셔널리즘'이 해결을 어렵게 하고 있다고 말하면서도, 이러한 식민주의 문제를 초래한 '야마토 내셔널리즘'에 대해서는 어떠한

---

136 와다 하루키, 앞의 글.

언급도 생략하는 것은 참으로 기묘한 일이다.[137]

일본군 '위안부' 문제를 포함한 일본의 식민 지배 책임을 해결하지 못한다면, 그것의 파행적인 결과는 일차적으로 일본의 민주주의를 위태롭게 할 것이다. 왜냐하면 그것은 본질적으로 '일본 문제'인 까닭이다. 일본 문제를 일본의 정부나 리버럴 세력들이 해결하지 못함으로써 위기에 빠지는 것은 주변국이 아니라 일본과 일본인 그 자신이다.

비슷한 사례를 환기할 수도 있다. 가령, 오키나와의 구조적 차별과 반(反)기지운동에 대하여 일본 본도(本島)의 정치세력들은 이를 '오키나와 문제'라고 호도한다. 그러나 류큐 병합 이후 현재의 주일 미군기지 문제까지 모든 오키나와 문제는 실제로는 일본 식민주의의 문제, 즉 '일본 문제'다. 메이지유신 이후 일본의 국민국가화와 야마토 민족주의에 입각한 천황제 파시즘, 패전과 전후 미일 안보조약의 결과로 오늘날 오키나와의 비극이 심화되었다는 점에서, 이는 오키나와인들의 주체적 의지와 전혀 관련이 없는 일본 문제로 일본의 책임을 물어야 하는 것이다.

그런데 이처럼 명백한 사안임에도 불구하고, 일본군 '위안부' 문제는 '한국 문제'로, 오키나와의 주일 미군기지 문제는 '오키나와 문제'로 치환시켜 안심하고 또 그것을 정당화하는 것이 전후 일본이라는 국가의 오래된 관성이며, 아베 정권에 와서 그것이 반성 의식 자체를 상실하는 방향으로 더욱 악화되었다는 점은 매우 심각한 역사적 일탈인 것이다. 물론 여기에는 당연히 와다 하루키나 오에 겐자부로 같은 한국과 오키

---

137 大沼保昭, 『'慰安婦問題とわ何だたのか』(中央公論新社, 2007). 和田春樹, 『慰安婦問題の解決のために』(平凡社, 2015). 能谷奈緒子, 『慰安婦問題』(筑摩書房, 2014) 참조. 이 저작들에서는 공히 박유하의 『화해를 위하여』, 『제국의 위안부』 등이 언급되고 있다는 점도 흥미롭다.

나와의 연대를 중시했던 일본 내 리버럴 지식인들의 책임도 없지 않다. 일본적 국민주의를 넘어서야 하는 것이다.

3. '일본 예외주의'의 극복

해방 70년, 전후 70년이 경과했음에도 불구하고 일본이 민주주의 차원에서 퇴행적 면모를 보일 뿐만 아니라 아베 정권의 노골적인 '전전 체제로의 회귀'를 봉쇄하는 데 무력한 이유는 무엇일까. 나는 '일본적 예외주의'라는 근현대 일본 지식인들의 한계를 자각하는 것 역시 음미해볼 필요가 있다고 생각한다.

여기에는, 일본만이 아시아를 대표하여 서구 식민주의에 대항했고, 일본만이 아시아에서 독립을 유지했으며, 1945년 이후 오직 일본만이 '평화헌법'에 기초한 평화 국가를 수호해 왔으며, 오늘의 일본만이 아시아에서 부상하는 중국 패권을 견제할 수 있다는 자기기만이 명백히 존재한다. 이른바 '아시아 연대'를 숙고하는 자리에서도 이러한 국가 성향은 반복적으로 나타난다. 가령 후쿠자와 유키치(福澤諭吉)가 주장하는 탈아론(脫亞論)의 노골성뿐만 아니라, 전후 다케우치 요시미(竹內好)의 중국과 연대론에도 이러한 편향은 실제로 내밀하게 숨어 있다.

가라타니 고진(柄谷行人)은 『제국의 구조』에서 중세와 근대 아시아를 검토하면서 일본의 특이성을 '아주변(亞周邊)'이라는 개념을 통해 설명한 적이 있다. 일본이 근대에 이르기까지 동아시아의 중세적 정치경제 시스템인 조공·책봉 체제에 속하지 않고 독자적 자율성을 누린 것은, 가령 동시기의 '주변'인 조선과 달리 중국으로부터 멀리 떨어져 있는 '아주변'이라는 지정학적 특징 때문이었다는 것이다. 가라타니는 '주변'은 중심의 직접적인 영향을 받기 때문에, 중심의 질서를 체계적으로 내면화할 수밖에 없다고 분석한다.

반면, 일본과 같은 '아주변'은 중심의 영향을 거의 받지 않은 채 독자적인 체계와 질서를 유지할 수 있었는데, 이는 일본열도가 탁월한 주체성을 유지했기 때문이 아니라, 실상은 중심으로부터의 압력을 주변인 한반도 국가들이 '방파제'처럼 차단한 데서 나타난 부가적 현상이라는 것이다. 그럼에도 불구하고 일본의 사상가와 지식인들에게는 이러한 시점이 결여되어 있다는 것이다.[138] 즉, 일본의 아주변성은 명백하게도 주변적인 한국에 의해 보증되었다는 사실을 대다수의 일본 지식인은 잊거나 간과하고 있다는 것이다.[139]

실제로 근대 전환기 이후 일본의 사상가와 정치가들의 일관된 태도는 아시아에 대한 멸시와 서구 선망이었다. 반면, 패전 이후 일본의 지식인들이 취한 태도는 과거에 비하자면 양가적인 것이었다. 마루야마 마사오(丸山眞男)와 같은 서구지향적 지식인들은 패전 이후의 일본에서 새로운 현대적 주체성을 구성한다면 일본이 새롭게 태어날 수 있다고 믿었다. 반면, 다케우치 요시미와 같은 사상가들은 패전 이후의 강요된 서구화에 반발하면서 대항적 주체화로서 아시아주의를 제창했다.

흥미로운 것은 마루야마 마사오건 다케우치 요시미건 1945년 이후

138 柄谷行人, 『帝國の構造』(靑土社, 2014), 214쪽.
139 柄谷行人, 위의 책, 221쪽.

의 전후 체제를 구축해가는 사상적 과정에서, 전전 식민주의의 책임 문제를 자각적·근본적으로 성찰하지 못했다. 특히 전후 아시아연대를 주장했던 다케우치 요시미조차 전전의 '일본 예외주의'를 극복할 수 있는 시야가 부재했다는 점이다.

언젠가 일본의 좌파 몰락을 역사적으로 검토한 마쓰오 다다스(松尾匡)의 『새로운 좌익입문』을 읽다가 눈길이 머물렀던 적이 있는데, 다케우치 요시미에 대한 다음과 같은 평가 때문이었다.

> 여기서 서양은, 무엇보다 동양에 대한 침략자로 위치하게 되었다. 다케우치는 중일전쟁에 대해서는 혐오했지만 태평양전쟁에 대해서는 희망을 견지했었다. 서양의 침략에 대한 동양의 대결전(大決戰)으로 위치시켰던 것이다. 이러한 태도는 말년에도 부정되지 않았다.[140]

아시아주의자로 전후 중국의 문화대혁명을 기대에 찬 눈으로 바라보았던 다케우치 요시미조차 일본의 침략 전쟁인 아시아태평양전쟁을 서양에 대한 동양의 "대결전"으로 인식했다. 그것의 침략성을 자각하지 못했던 것은 그만의 한계는 아닐 것이다. 이는 '일본 예외주의'라는 시각을 견지하고 있는 일본의 전전과 전후의 지식인·사상가 모두에게 반복적으로 나타나는 매우 끈질기면서도 고유한 사고 형태다. 이런 관점에서 보자면 오히려 가라타니 고진식의 중심, 주변, 아주변이라는 메커니즘에 대한 구조주의적 사유가 한결 정확한 것이라 볼 수 있다.

---

[140] 松尾匡, 『新しい左翼入門』(講談社, 2012), 200쪽.

다케우치 요시미로부터 지적·학문적 영향을 받아 한일 연대운동에 뛰어든 와다 하루키와 같은 지식인들에게서 내가 발견하는 것은 피압박 민족에 대한 일종의 부채 의식이다. 그들은 중국의 혁명을 지원하고, 한국의 민주화를 지원하여 부채를 갚겠다는 마음으로 연구와 운동을 지속했을 것이다. 그러나 참다운 의미에서의 연대는 '부채 의식'이나 '지원한다'는 감각(感覺)의 비대칭성 너머의 '공감적 협력=연대'의 대칭성에 의해 가능해지는 것이 아닐까.

이것이 가능해지기 위해서는 각자가 속해 있는 정치공동체 안에서 역사적 책임의 문제를 예각화하는 일이 필요하다. 일본도 마찬가지이겠지만 한국이나 중국 역시 근대 전환기를 거치면서 '일본 예외주의'라는 프리즘으로 채색될 수 없는 독자적인 역사와 운동, 그리고 경험을 축적해 왔다. 다시 한 번 강조하지만 식민주의나 제국주의의 문제는 '일본 문제'다. 이는 반식민주의와 반제국주의가 한국의 문제인 것과 마찬가지다.

이러한 재인식은 개별 국민국가에서 식민주의를 극복하고 민주주의를 수호하기 위해서는 국가와의 항쟁과 대립을 불가피하게 하는 측면이 있다는 점을 상기시킨다. 한국의 민주화 과정이 권위주의적 군사독재 국가에 대한 지속적인 항쟁을 통해서 지식인·민중·시민이 주체화해온 역정이라는 것을 상기해보면, 지금 일본에 필요한 사유와 행동이 무엇인지를 우리는 알게 된다.

한일 연대라는 용어를 통해, 우리가 상기해야 하는 것은 한 국가와 또 다른 국가의 동맹 또는 타협의 문제가 아니다. 진정한 한일 연대는 '아래로부터의 연대'를 의미하며, 그것은 각각의 국민국가 내부에서 민주주의를 수호하기 위한 투쟁 및 항쟁을 요구하고, 이것이 국민주의 또는 국가주의라는 범주를 뛰어넘어, 공통의 의제를 중심으로 연합하는 것을 의미하는 것이다.

최근 한일 간 날카로운 쟁점이 되고 있는 일본군 '위안부' 문제라든가, 일본 사회에서 혐한 감정을 기반으로 한 재일조선인 차별 문제, 구조적 차별로서 그 모순이 심화되고 있는 오키나와의 미군기지 문제는 '한국' 문제도 '재일조선인' 문제도, 그리고 '오키나와 문제'도 아닌, 바른 의미에서 근본적으로는 '일본 문제'라는 점을 상기해야 한다.

해방 70년, 전후 70년을 거치면서 동아시아에서 나타나고 있는 긴장의 원인은 많은 경우 '일본 예외주의'가 초래한 억압되고 미해결된 문제가 역사의 시간대를 넘어 재귀 또는 귀환하는 데서 나타나는 문제이다. 이 문제의 일차적 해결 주체는 일본이라는 국가와 일본의 지식인 자신이다. 그런데 오늘날 일본의 퇴행적 정치 상황이나 동아시아 역내에서 나타나는 미국과 중국 간의 패권 경쟁에 따른 정국의 경색화를 생각해보면, '일본 문제'가 여전히 우심한 데서 그치지 않고, 아베 정권의 '전전 체제로의 회귀'라는 위험한 욕망과 만나 상승작용을 일으키고 있다는 점에서 매우 우려스럽다.

한일 간의 연대가 '아래로부터' 지속적이면서도 강력한 힘으로 작동하기 위해서는 무엇보다 각각의 국민국가 내부에서 민주주의의 구축과 강화가 필요조건이다. 생각해보면 한국에서 민주화 이후 2기에 걸친 보수 정권의 대두와 이에 따른 민주주의의 후퇴는 아베 2기 정권의 우경화와 맞물리면서, 한일 민중 모두에게 국민국가를 경계로 하는 동아시아의 '분단'과 '분열'의 감각을 초래했다고 할 수 있다. 반면, 두 국가는 표면적인 대립적 제스처에도 불구하고 이면에서 미국 패권과 신자유주의 체제의 유지·보존을 위한 국가 간 동맹을 더욱 강화하고 있다. '위로부터의 동맹'은 강화되는 반면 '아래로부터의 연대'는 약화되고 있는 것이다.

그렇다면, 어떻게 우리는 한일 간 연대의 아포리아를 극복할 수 있을까. '일본 문제'와 '식민주의 문제'를 근본적으로 재성찰하는 것으로서 이 장구한 연대와 협동의 의욕은 다시 시작될 수 있다고 나는 생각한다.

오키나와와
동아시아 평화 체제

2012년 7월 초 일주일 동안 오키나와를 방문할 기회가 있었다. 방문의 공식적인 목표는 오키나와의 시민교육(일본에서는 이를 사회교육이라 부른다)의 현황과 실태를 조사·연구하기 위한 것이었지만, 이와 더불어 근대 동아시아 문학과 역사에 대한 필자의 관심을 실증적으로 확산시켜보고자 하는 의욕도 있었다.

왜 오키나와인가

공식적인 오키나와 방문 목적은 내가 재직하고 있는 경희대학교 후마니타스 칼리지의 시민교육 교과 목표와 이념 등을 체계적으로 조사하기 위한 공동 연구의 일환이었다. 한국에서는 민주화기념사업회를 중심으로 일찍부터 민주시민교육에 대한 연구와 교육 프로그램이 실시되어 왔지만, 대학에서의 시민교육을 진행하는 것은 경희대학교 후마니타스가 유일하다. 이는 시민교육이란 무엇인가라는 질문부터 그것의 가치를 어떻게 구성할 것인가 하는 문제 제기까지 이어진다. 이러한 질문에 응답하기 위해서 시민교육 관련 연구자들은 일찍부터 시민교육을 실시하고 있는 미국, 영국, 독일 등 구미의 교육 사례 등을 검토했는데, 필자는 오늘의 동아시아 민주주의의 특수한 상황을 검토하기 위해서는 모델케이스로 일본의 상황을 검토하는 것이 필요하다는 생각이 있었고, 이것이 오키나와 방문의 한 근거가 되었던 것이다.

물론 오키나와는 일본 본도 주권과의 관계를 생각해보면, 그것이 일본의 시민교육과 민주주의를 대변한다고 보기에는 어려운 점이 있다. 일단 오키나와는 본도의 야마토문화와는 이질적인 오키나와 고유의 언어, 문화, 정치 질서를 19세기까지 유지해왔던 독립국가 류큐왕국이었다. 그 뒤 메이지유신 이후 일본에 의해 처분 또는 복속되었고, 1945년 6월 이후에는 미군정이 1972년까지 점령했던 특수한 역사적 상황에 있었다. 그렇다고 일본으로 복귀한 지난 40여 년 동안 오키나와의 시민주권이 근본적으로 회복되었는가 하면, 오히려 일본 본도 주권의 지배에 따른 차별과 배제의 모순은 모순대로 지속되었다. 또한 오키나와 본도 면적의 20%가 넘는 지역에 산재한 미군기지 문제 때문에 일본과 미국의 이중 종속에 따른 민주주의와 시민주권의 제한을 여전히 받고 있는 지역이다. 동시에 2차대전 이후 미국의 대아시아 정책에 있어서 동아시아 냉전 체제를 지탱하는 군사적 거점으로 기능해 왔고, 최근에는 부상하는 중국 패권을 견제하기 위한 '기지의 섬'으로 기능하고 있다.

그러나 거꾸로 이런 역사적·지정학적 모순 속에서도 오키나와의 시민들은 일본 본도에서는 쇠락해버린 민주주의에 대한 강렬한 열망을 지속적으로 표출해왔으며, 메이지유신 이후 일본의 전전 체제와 2차대전후 전후 체제 양자의 역사적·당대적 모순을 강렬하게 환기하는 민주주의의 표상적 장소가 되어왔다. 따라서 오키나와의 민주주의와 시민교육 현황을 검토는, 전후 일본의 민주주의와 시민교육의 생성과 쇠락 과정을 비추어볼 수 있는 거울 역할이라고 생각했던 것이다.

그러나 이러한 표면적인 목표 외에도 오키나와 방문의 이유는 더 있었다. 그것은 현재까지 강력하게 영향을 끼치고 있는 동아시아의 외발적·주체적 근대화의 혼합적인 경로가 이 권역에 미친 세계사적 의미를 한 문학인의 눈으로 음미하고 사유하기 위한 욕구였다. 나의 주 전공이 한국 근대문학이었던지라, 동아시아의 근대화와 근대문학의 형성 및 히스테릭한 전개와 관련한 문제의식을 총체적인 관점에서 보아야 할 필요성이 자주 마음속으로 육박해왔었다.

틈틈이 조선과 중국, 일본 등의 근대사와 관련된 문헌 자료를 읽어보고, 동아시아 연구자들의 견해도 들어보고, 관련된 지역을 직접 답사할 기회를 여러 번 얻었다. 그 과정에서 중국, 일본, 대만, 북한, 조선족 학자들이 근대사와 근대문학을 인식하는 방법의 상이함과 유사성을 생각해볼 기회가 있었던 것은 개인적으로 행운이라고 생각한다.

이런 학습과 경험의 도정에서 대략적으로 확인할 수 있었던 단서는 동아시아의 중세적 체제가 급진적으로 변혁되었던 계기에는 결국 영국이나 미국과 같은 19세기 서양 제국주의의 팽창이 있었다는 것이다. 따라서 조선·중국·일본은 이 팽창에 대항하는 중세적 정치 질서의 변혁과

개항 또는 개화 이후의 새로운 정치 이념 및 세계관의 구성 문제가 중요
했다. 이 과정에서 각축했던 지배계급과 민중의 상이한 미래 전망과 실
천은 오늘의 현실을 구조화하는 가까운 기원이 되었다는 사실이었다.
한반도 분단은 물론 신냉전 체제의 구축과 유사한 현재의 가파른 긴장
상황도 그 기원은 이렇게 거슬러 올라가는 것이다.

오키나와 근대사의 비극

그 경위야 어떻든 오키나와를 방문하면서 확인하고자 한 것은 '민주
주의의 현재성'이었다. 실로 일본의 민주주의를 생각해보면 2011년 후
쿠시마 대지진의 영향 때문이겠지만, 2012년 일본은 70년대 '안보투쟁'
의 종결 이후 거의 최초라고 해도 과언이 아닌 시민참여의 가두데모가
본격화되고 있던 시점이었다. 사실 그 이전까지 일본의 정치 시스템이란
1955년 이래 굳어진 자민당 일당 지배구조와 다수파에 의거한 의회정
치, 도쿄라는 일극(一極) 지배구조로 특징된다. 물론 2003년부터 서서히
발휘된 민주당의 의회권력이 2012년 12월 16일 집행된 중의원 의원 총
선거 전까지 일본 의회를 장악했었지만, 정치엘리트에 의한 국가지배와
시민참여의 괴리라는 구조화된 일본적 정치 문화가 근본적으로 극복된
것은 아니다.

하지만 후쿠시마 사태 이후 일본에서는 역시 민주주의에 대한 새로운
사유 방식과 참여의 열기가 확산되고 있던 것이 사실이다. 오에 겐자부
로(大江健三郎)나 가라타니 고진(柄谷行人)과 같은 일본의 지식인들이 "민주

주의란 국가에 대항하여 시민들이 데모를 하는 것"이라는 주장을 펼치고, 시민들이 이런 주장에 호응하여 총리 공관 앞에서 10만여 명 이상 운집해 탈핵 집회를 계속하는 장면은 지난 수십 년간 오키나와를 제외하고는 찾아볼 수 없는 정치적 풍경이었다. 이것은 일본의 전후 민주주의가 오랫동안 구조화시켜오던 기묘한 특성인 '의회주의', '다수결주의', '법치국가주의'의 시민 배제적·비민주적 정치 질서의 균열을 의미하는 것과 동시에, 일본에서 긴 세월 동안 억제되었던 시민참여 민주주의의 사상과 행동이 되살아났음을 의미한다.

1969년 일본의 정치학자 미야타 미쓰오(宮田光雄)는 『현대일본의 민주주의』라는 저작을 통해, 전후 일본의 민주주의란 상징천황제를 중심으로 한 정치신화(政治神話)적 성격을 띠고 있다고 주장했다. 야스쿠니신사(靖國神社) 문제에서 알 수 있듯 정교분리라는 근대민주주의 정신에 완전히 미달하고, 문부성 등의 교육 기본 방침이 '시민'이 아닌 '공민(公民)'을 주체로 규정해 애국주의로 귀결되고 있음을 지적한 후, 이는 결국 전전의 일본적 파시즘으로 회귀에 다름 아니라고 일갈한 바 있다. 그가 이 책에서 일본 민주주의의 정상화를 위해 제안하고 있는 가치는 직접민주주의의 정치, 원외 야당의 운동, 시민 불복종, 비폭력 직접행동 등이다. 그런데 사실 이러한 사상과 행동은 과거의 안보투쟁이나 몇몇 주민투쟁을 제외하면 일본의 정치사에서 강력하게 억제되어 왔던 것으로, 2011년에 이르러 이 억제되었던 시민적 행동이 다시 나타나기 시작했던 것이다.

물론, 이러한 긍정적인 변화에도 불구하고 일본 사회는 그와는 완전히 대립적인 우경화·국민화의 양상도 나타난 것이 사실이다. 가령 이시하라 신타로(石原慎太郎)와 같은 전통적인 극우 세력은 그렇다 쳐도, 전후에 태어난 젊은 극우 정치인의 등장과 이에 대한 대중들의 열광이 그러하다. 그 대표적인 인사가 현재의 오사카 시장인 하시모토 도루(橋下徹)인데, 이 젊은 우익 정치인은 일본의 '잃어버린 10년' 동안 '격차 사회'에서 '하류 인생'으로 전락해 체념에 빠진 일본 대중의 '애국심'에 호소하며 전전의 일본적 질서를 재건할 야망을 노골적으로 드러냈다. 단순화해서 말하면, 일본의 민주주의는 그간 억제되었던 시민참여의 열기와 이를 억제해왔던 국가주의·애국주의의 이데올로기가 경합하고 충돌하는 과정에 있는 것으로 보인다.

그런데 시선을 일본 본도에서 오키나와로 돌리면, 실로 지속적인 민주주의 투쟁이 건재했던 역사를 발견하게 된다. 사실 오키나와의 역사를 회고해보면, 그것은 비극으로 점철된 과거가 아닐 수 없다. 그러나 이것에 대항하여 시민 또는 민중의 민주주의적 투쟁이 일본의 그 어떤 지역보다도 지속적으로 또 활발하게 전개되었을 뿐만 아니라, 더 나아가서는 동아시아 평화 체제에 대한 국제 연대 역시 매우 활발한 지역이라는 점에서 놀라움을 갖게 된다.

앞에서 언급한 대로 오키나와의 근대사는 일본에 의한 '류큐처분'(실제로는 류큐침략이다)과 이후 1945년까지의 심각한 민족 차별 속에서 고통을 받아왔다. 처분 이후 1945년까지 오키나와인의 법적 지위는 일본인이었지만, 조선인과 타이완인이 그렇듯 '제3국인' 비슷한 민족 차별에 시달려왔다. 본래 오키나와는 류큐왕국(琉球王國)으로 불렸는데 19세기까지 독립국가를 이루던 류큐왕국은 조선과 마찬가지로 중국과 조공·책봉 관계를 맺은 체제의 일원이었으며, 서기(書記) 체제는 한어(漢語)를 차용하되 일상어는 일본어와 완전히 상이한 류큐어를 상용했다.

호쿠잔(北山), 주잔(中山), 난잔(南山)으로 분립되었던 류큐의 정치 세력이 쇼하시(尙巴志)에 의해 통일된 류큐왕조로 출범한 것은 1429년이었다. 통일 류큐왕조는 상당 기간 동안 동북아시아와 동남아시아의 중계무역을 통해 번영과 안정을 누렸다. 류큐에서 모든 철은 무기가 아닌 쟁기로 사용되었다. 이런 사정 때문인지는 몰라도 류큐는 17세기 일본 본도 사쓰마 번의 침략과 19세기 메이지유신 이후 류큐처분 당시의 일본군에 의해 무력하게 점령당해 결국 주권을 상실했다. 이후 류큐의 역사는 일본군의 타이완 출병 등을 시발점으로 일본 본도 주권에 의한 군사적 동원의 희생양이 된다.

류큐를 식민지화한 일본은 류큐인들의 고유 언어와 복식을 금지시켰고 류큐왕을 일본 도쿄에 유폐시킨 후, 류큐인들에게 일본식 성명 강요(창씨개명)를 강행했다. 오키나와현으로의 패류치현(廃琉置県) 이후 류큐인들은 일류동조설(日琉同祖說) 등에 의해 본래의 정체성을 부정당하고 일본인으로의 정체성을 강요받았으며, 청일전쟁 직후인 1898년부터는 징병령이 시행되어 이후 일본의 아시아 침략에 동원되었다. 그러나 기묘하게도 일본은 류큐인들을 오키나와에 배치하지는 않았는데, 이는 류큐 출신 병사들이 군사적 반란을 일으킬 가능성이 있다는 우려 때문이었다.

만주사변(1931) 이후 일본의 아시아 침략의 전면화는 징병령을 통한 류큐인들의 동원뿐만 아니라, '왕도낙토(王道樂土)'를 개척한다는 미명 아래 한 손에는 총, 한 손에는 쟁기를 들고 침략한 중국에 오키나와인을 대거 이주시켰다. 일본에서 중국으로 농업 개척의 명목으로 이주한 농민들은 일본 본도의 농민을 포함 대략 30만 명을 상회한다. 이들은 일본

식민지 체제의 공고화를 위해 동원되었으며, 만주의 토착민이었던 중국인과 조선인을 제압하면서 아래로부터 일본의 식민지 체제를 지탱하는 원치 않는 역할을 하게 된다.

한편, 만주사변 이후 일본은 본도뿐만 아니라 식민지 전역에 '황민화 교육'을 강요한다. 오키나와 역시 진충보국(盡忠報國)의 이데올로기가 강제되었고, 태평양전쟁 말기인 1944년에는 미군의 일본 본도 상륙을 저지한다는 목표 아래, 난세이제도의 방위를 위해 제32군이 오키나와에 창설된다. 여기에는 일본 본도의 군인들뿐만 아니라 타이완과 조선에서 강제연행되고 징병당한 병사와 민중이 다수 있었으며, 오키나와의 각급 남녀 학생들과 주민들 역시 일본군 방어진지를 구축하거나 군수품을 운송하는 등의 작업에 동원되었다. 미군의 상륙이 임박하자 오키나와의 남학생들은 '뎃케쓰긴노타이(鉄血勤皇隊, 철혈근황대)'와 통신대로, 여학생들은 종군간호대로 편성되어 전쟁에 투입되었다.

오키나와에 미군이 상륙한 것은 1945년 3월 26일이었다. 미군은 오키나와 본도 중서부에 상륙한 이후 각각 섬의 남부와 북부를 점령해나간다. 오키나와에 주둔해 있던 일본군들은 미군 상륙에 대비해 천연 석회암 동굴을 특공정 등의 방어진지로 구축해 놓았으며, 오키나와현민들이 미군에 협력할 것을 우려해 현지에서는 '가마'라고 불리는 동굴에 격리시킨 후 감시했다. 섬의 젊은 남성들은 이미 징병되어 아시아 각 지역의 전쟁터에 있었기 때문에, 오키나와에 남아 있던 현민은 여성과 노인, 그리고 어린 학생들이 대부분이었다. 이에 일본군은 미군의 일본 본도 진출을 필사적으로 저지하는 '옥쇄투쟁'을 전개하는 데 오키나와인을 활용했다.

전투에 투입되었던 어린 남녀 학생들은 대부분이 사망하였으며, 패전이 거의 확실시되자 제32군의 우지마(牛島) 사령관은 군인들과 민간인들에게 미군에 항복하지 말고 사실상 집단자결할 것을 강요했다. 이에 부상을 당한 병사들은 청산가리를 스스로 주사하거나 마시는 형태로, '가마(동굴)'에 소개되어 있던 현민들은 수류탄을 터뜨리거나 가족이 서로 목을 조르는 방식의 집단자결을 강요당한 후 죽음을 맞았다. 각 진지마다 일본군은 오키나와현민을 볼모로 잡고 있었고, '군관민 총력전'이라는 이름하에 종전일인 6월 23일까지 거의 20만 명의 사람이 오키나와에서 희생당했다.

전쟁기의 '강제집단사'는 현재 오키나와인들에게 여전히 쟁점이 되고 있다. 이는 일본 문부과학성과 우익단체 '새로운 역사교과서를 만드는 모임'이 제시하고 기술한 오키나와전쟁에 대한 교과 지도 방침에 따라 '일본군에 의한 집단자결' 문제가 삭제되었기 때문이다. 2007년 일본의 문부과학성 산하 교과서 검정위원회는 태평양전쟁 말기 오키나와전쟁에서 일본군이 오키나와인들을 '강제학살' 또는 '집단자결'하도록 명령했다는 부분을 삭제하라고 권고했다. 명백한 사실을 확인할 수 없다는 것이 주된 이유였다. 오키나와전쟁에서 사망한 오키나와현민들은 대략 15만 명을 상회하는 것으로 추정되는데, 이 가운데 다수의 비전투 주민이 '집단자결' 또는 일본군들에 의해 처형당했다는 사실은 여러 증언을 통해 명백하게 드러난 바 있다.

그런데 이러한 사실을 교과서 기술에서 삭제하라는 문부과학성의 주장은 결국 천황제 파시즘 국가였던 일본의 과거사를 왜곡하려는 아베 정권 이후 일련의 우경화와 맥이 닿아 있는 문제이다. 이러한 방침이 언론을 통해 보도되자 오키나와현민들은 분노했다. 무려 7만 명에 이르는 현민들이 기노완 시에서 '현민대회'를 열어 교과서 검정 문제를 규탄했고, 오키나와현 의회와 41개의 시정촌 의회가 검정서 의견을 철회하라는 의견서를 제출했다.

오키나와에서 자행된 일본군 명령에 의한 '집단자결' 및 주민들의 '강제집단사' 문제는 오키나와현민들에게는 현재 진행형의 문제이다. 나는 오키나와에서 오키나와 현대사를 증언한 조각가 긴조 미노루(金城実)를 직접 만날 수 있었다. 그는 대대로 오키나와에서 살았던 오키나와인으로, 오키나와전쟁 당시 그의 부모와 일가친척 역시 다수가 '집단자결'로 비극적인 죽음을 맞았다. 수류탄을 터뜨려도 목숨이 끊어지지 않자 가족들이 서로 목을 조르고 깨진 병으로 찌르는 등 그것은 아비규환의 고통이었다. 이 비극적인 참상에서 살아남은 사람들은 당시에는 철저한 황민화 교육 탓에 그 야만적인 참상의 실태를 당연시했다고 한다. 동시에 일본군은 미군이 오키나와를 점령하게 되면 과거 침략했던 국가에서 일본군이 그러했듯 주민들을 도륙하고 여성들을 강간하고 죽일 것이라는 공포를 유포했다.

긴조 미노루가 더욱 참을 수 없는 것은 그렇게 죽은 가족의 위패가 야스쿠니신사에 합사되어 있다는 사실이다. 알려진 대로 야스쿠니신사는 메이지유신 이후 전장에서 죽어간 혼령들을 국가가 기리는 충혼 시설로, 군국주의 시기는 물론 현재에도 실질적으로는 국가 신도(神道) 또는 국가 종교 시설의 기능을 하고 있다. 정교분리의 입헌주의적 원칙에도 부합하지 않는 과거의 유물인 것이다. 긴조 미노루는 어떻게 가해자인 일본 군인과 피해자인 오키나와인이 죽어서도 일본에 충성을 다한다는 것을 상징하는 시설에 합사될 수 있느냐고 반문한다. 이것은 희생당한 오키나와인을 두 번 죽이는 일이며, 일본의 군국주의를 전후에도 여전히 포기하지 않고 있다는 명백한 증거라는 것이다. 때문에 긴조 미노루는 야스쿠니신사 합사 문제의 위헌성을 법원에 제기해 오랫동안 법정 투쟁을 계속하고 있다. 물론 야스쿠니신사에는 전쟁에 동원당한 다수의 조선인과 타이완인, 그리고 중국인 등도 합사되어 있다. 따라서 야스쿠니신사 합사 문제의 해결은 긴조 미노루 개인의 문제이기도 하지만, 일본 군국주의의 진정한 청산을 위한 시금석 역할을 할 것이라고 해도 과언이 아니다.

일본과 미국에 의한 이중식민화

그렇다면 일본의 패전 이후 오키나와는 어떤 역사의 길을 걸었는가. 안타깝게도 오히려 비극이 가중되어 미국에 의한 직접 지배를 1972년까지 받았고, 그 과정에서 미국의 동아시아 패권 체제를 지탱하는 군사전략상 요충지가 되었다. 오키나와를 점령한 미군은 전쟁이 끝나자마자 현재의 기노완 시(宜野湾市)에 후텐마(普天間) 해병대 비행장을 건설했다. 이후 기지의 수를 늘려가다가, 1972년부터는 일본 본도에 있던 주일 미군 시설을 오키나와로 대거 이전시켰다. 일본은 표면적으로 평화 국가로서 전후 민주주의 체제를 건설하는 것처럼 보였지만, 실제로 그것이 허구라는 것은 오키나와 문제에서 잘 나타난다.

미군은 '총칼과 불도저'를 동원하여 오키나와 농민들의 사유지를 강제로 접수했다. 미국이 오키나와를 어떻게 간주하고 있는가는 1955년 6월 미 하원 군사위원회 위원장 프라이스(Melvin Price)가 발표한 이른바 '프라이스 권고'에 잘 나타나 있다. 이 권고에 따르면 오키나와는 제약이 없는 핵기지로서, 아시아 각 지역 분쟁에 대처하는 미 전략의 거점으로서, 일본이나 필리핀의 친미정권이 무너질 경우 보루로서 매우 중요하다는 점이 강조되고 있으며, 군용지의 미국 지배 방식이 기본적으로 정당하다는 내용을 담고 있다(아라사키 모리테루, 『오키나와 현대사』 참조).

이러한 권고안이 알려지자 오키나와현민들은 '섬 전체 투쟁'을 조직화한다. 오늘날 현민대회의 원형을 이루는 당시 주민들의 봉기와 집단데모에는 최소 16만 명에서 최대 40여만 명이 참여했다고 기록되어 있다. 이에 당황한 미군정과 일본 정부는 오키나와인들의 단결을 무력화하기 위한 분열 정책을 추진해 나간다. 이들은 표면적으로 민중의 요구를 받아들이는 제스처를 취하면서, 뒤로는 토지소유주들에게 임차료의 현실화를 약속하는 등의 정략을 통해 '섬 전체 투쟁'을 분열시킨다. 실제로 이 시기를 기점으로 일부 토지소유주들은 미국과 일본 본도 정부의 의향을 대변하는 정치세력으로 변모하기도 한다. 반면, 미군의 토지 수용에 적극적으로 저항하는 주민들에 대해서는 군대를 동원해 무력으로 제압했다.

오키나와에 배치된 미군기지는 한국전쟁과 베트남전쟁, 이라크전쟁의 전진기지로 활용되었고, 현재에도 하와이·괌과 함께 아시아·태평양의 군사적 거점으로 기능하고 있다. 이것이 가능한 이유는 적어도 오키나와에서는 미군이 자유롭게 군사력을 배치하고 활용하는 일이 합법적이었기 때문이다. 1950년대 후반에서 1960년대 초반까지 미국과 일본은 이른바 '미·일 안보조약'을 체결하기 위한 협상에 나선다. 미·일 안보조약은 일본 본도에서 이른바 안보투쟁을 격발시키는 계기가 되기도 했는데, 이 조약의 표면적인 목표는 일본과 미국이 서로의 행정권을 존중하면서 군사 활동을 전개한다는 데 있었다. 때문에 이 조약에는 "일본의 행정권이 미치는 범위에서"라는 표현이 있었는데, 교묘하게도 미국의 직접 지배 아래 있는 오키나와는 일본의 행정권이 미치는 범위가 아니었기 때문에, 미국의 군사 활동의 자유가 완전히 보장된 것이다.

안보투쟁이 진행되면서 일본 본도의 반미 감정은 매우 악화되었는데, 일본과 미국 정부는 일본 본도의 미군 전투 병력을 오키나와에 재배치함으로써 이 문제를 교묘하게 봉합했다. 일본 국토의 0.6%에 불과한 오키나와에 99.4%에 가까운 주일 미군기지가 배치될 수 있었던 것은 이처럼 일본 본도 권력과 미군의 교묘한 타협에 있었다.

오키나와에 설치된 미군기지는 오키나와인들의 삶을 심각하게 왜곡했다. 오키나와인들은 미군 점령 당시 일체의 시민적 권리를 제한당했다. 가령 학업을 위해 일본 본도로 유학을 가기 위해서는 비자와 같은 출국 및 입국허가서를 받아야 했으며, 시국 문제를 일으킬 법한 인사들은 입국 및 출국을 거부당했다. 일본에 의한 '패류치현' 이후의 오키나와인들이 징병과 징용의 국가 폭력에 고스란히 노출되었으면서도 일종의 식민지 주민과 같은 차별에 직면했던 역사는 미 점령기에도 반복되었다. 1960년대 오키나와인들이 일본 본도로의 복귀를 촉구한 것은, 아마도 미군 지배에서 벗어나 일본으로 복귀하게 된다면, 적어도 이런 식민지적 차별을 해소할 수 있다는 희망 때문이었는지도 모른다. 그런 민중투쟁과 항쟁의 결실인지 아니면 미국과 일본의 대아시아 정책의 변모 때문인지는 몰라도, 1972년 오키나와는 일본으로 복귀하게 된다.

그러나 일본으로 복귀가 오키나와인들이 희망한 미래를 열어준 것은 아니다. 일본으로 복귀 직후 오키나와현민들은 '핵도 미군기지도 없는 평화로운 오키나와'를 희망했다. 그러나 일본 정부와 미군 당국은 이러한 요구를 들어줄 의향이 없었고, 오키나와 개발계획 등의 재정지원책 등을 통해 오키나와인들의 반발을 누그러뜨리고자 했다. 그러나 현재 오키나와가 일본 내에서 가장 소득수준이 낮은 데서도 알 수 있듯, 결국 이러한 개발계획은 오키나와의 토착 기업이 아닌 일본 본도의 토건 기업만을 배불리는 결과를 초래했다.

반면, 미군기지를 둘러싼 토지문제는 현재까지도 전혀 해결되지 않았다. 오키나와현의 기노완 시에 가보면 알겠지만, 후텐마 기지는 기노완 시의 중심에 기괴한 자태로 '알박기'를 한 형국이다. 기지 주변에는 주택가와 여러 학교들이 인접해 있는데, 주야로 실시하는 비행 훈련으로 발생하는 폭음과 전투기나 헬기 등의 추락 사건들은 주민들의 정신적·신체적 건강에 매우 심각한 악영향을 끼치고 있다. 게다가 미군에 의해 벌어지는 각종 범죄는 오키나와인들의 평온한 일상을 위협하고 있다.

실로 오키나와는 일본 본도 권력으로부터 배제되었고 미·일 안보조약의 희생양이라고 말할 수 있다. 이런 까닭에 오키나와인들은 일본 복귀 이후부터 현재에 이르기까지, 일본 정부와 미군 당국에 대한 저항을 멈추지 않고 있다. 그러나 오키나와의 기성세대와 젊은 세대들 사이의 일본 본도 권력에 대한 생각에는 얼마간 차이가 있는 듯 보인다.

현재 대략 70대 이상에 이른 오키나와의 기성세대들은 오키나와전쟁 당시 육친과 친족의 죽음을 목격했으며, 미군 점령 당시의 비극을 생생하게 기억하고 있다. 상대적으로 오키나와의 역사를 잘 알고 있으며 일상생활에서도 일본어가 아닌 오키나와어를 얼마간 활용할 수 있다. 자연히 이 세대 가운데 많은 사람이 일본 본도 주권의 오키나와에 대한 차별과 미군의 행태에 대한 끈질긴 투쟁의 주체가 되고 있다. 가령 1987년 오키나와의 일본 복귀 15주년을 맞이하여 벌어졌던 일본 국민체육대회에서 일장기인 히노마루를 끌어내려 불태우고 기미가요 제창을 거부했던 요미탄 촌(讀谷村)의 지바나 쇼이치(知花昌一)와 같은 기성세대는 천황의 전쟁 책임과 일본 군국주의의 문제, 미군의 점령 정책 모두에 비판적이며, 따라서 미군기지와 관련된 오늘의 오키나와현민들의 투쟁에 적극적으로 참여하고 있다.

반면 오늘의 오키나와 신세대들은 일본화된 국민교육을 받으며 스스로를 일본인으로 내면화한 세대로, 오키나와의 고중세사는 물론이고 근현대사에 대해서도 상대적으로 무지한 상황에 있다. 오키나와 대학의 아라시로 도시아키(新城俊昭) 교수는 오키나와 역사교육연구회를 조직하여 오키나와의 교원 및 학생들과 오키나와 정체성에 관한 강의와 설문조사를 지속해왔는데, 일본 복귀 40주년에 이른 현재까지도 오키나와의 역사에 대해 아는 젊은이들이 소수에 불과하다는 사실을 매우 안타까워했다.

동아시아 민주주의의 시금석

하지만 역설적인 것은 일본 본도와 오키나와 미군의 거듭된 반민주적 행태 때문에, 오키나와인들의 자주적이고 주체적인 시민항쟁은 최근 들어 오히려 강화되고 있다는 사실이다. 오키나와의 미군 범죄 문제는 매우 심각한 상황이라고 말했는데, 2012년 8월 20일에도 미군 병사가 40대 오키나와 여성을 야간에 강제 추행하는 일이 벌어져 여론이 급속하게 악화되고 있는 상황이다. 사실 오키나와의 미군기지와 미군 범죄 문제가 현(縣) 전체의 분노를 자아낸 비근한 사례로는 1995년 미군에 의한 소녀 폭행 사건을 들 수 있다. 1990년대는 오키나와의 일본 복귀 20주년과 전후 50주년에 해당하는 시기로, 당시는 혁신 계열에 속하는 오타 마사히데(大田昌秀) 현정하에 있었다.

이 시기 오타 현정은 오키나와 미군기지의 축소와 오키나와를 평화의 섬으로 전환하려는 일련의 조처와 계획을 시행중이었는데, 1995년에 발생한 미군에 의한 소녀 폭행 사건은 오키나와인들에게 다시금 미·일 안보협정과 지위협정에 대한 강력한 저항을 낳게 한 것이다. 특히 소녀 폭행 사건이 발생한 직후 오키나와 부인협회 등을 포함한 여성들은 '기지·군대 등을 허용하지 않는 행동하는 여성들의 모임'을 중심으로 미군기지 철수 및 축소 문제를 본격적으로 쟁점화한다.

이에 촉발된 오키나와의 시민·사회단체들은 미군기지 반대에 대한 현민들의 여론을 조직화하고 현민투표와 현민대회를 통해 후텐마 기지의 축소를 결의하였다. 이에 대해 일본 본도 정부와 미군 당국은 오키나와인들의 여론을 형식적으로 수용하는 척하면서, 오히려 북부 헤노코(辺野古) 해병대 기지 인근의 바다를 메워 대규모의 비행장을 건설하겠다는 계획을 발표한다. 아마도 이러한 발표는 미군기지의 이전과 건설을 통해, 오키나와현민들을 지역적으로 대립시키겠다는 꼼수에서 나온 정책이겠지만, 반대로 오키나와현민들이 대동단결하여 반(反)기지투쟁을 연대하게 만드는 결과를 초래했다.

당시 오키나와의 가장 큰 쟁점은 미국이 오키나와 미군기지에 설치하겠다고 통보한 수직이착륙 수송기 MV22 오스프리(Osprey) 저지투쟁이다. 이것은 후텐마 기지 인근 시민들에 의해 거의 10년 이상 지속되고 있는 폭음 소송, 헤노코 대체 기지 건설 예정지 농어민들에 의해 역시 10여 년 이상 지속되고 있는 기지 저지투쟁, 카데나 공군기지 인근 농민들에 의해 역시 10여년 이상 지속되고 있는 여러 반기지투쟁을 연대하게 만드는 핵심 쟁점으로 부상했었다.

현지에서 만날 수 있었던 민중들과 시민들은 미군기지 문제를 결코 오키나와현만의 문제로 인식하고 있지 않았다. 이들은 지난 투쟁에서 일본의 전후 민주주의의 허구성과 미국의 아시아에 대한 패권적 지배의 본질을 정확하게 인식하고 있었다. 때문에 오키나와의 기지 문제를 둘러싼 투쟁이 한국 대추리나 강정의 투쟁과 연결되어 있는 사안이며, 이 문제의 근본적 해결은 한·미·일 군사동맹 체제를 해소하고, 결국 동북아에서 평화 체제 구축이 긴요하다는 것으로 이해하고 있었다.

언뜻 생각하면 오키나와의 반기지투쟁은 단순한 '반미운동'으로 한국 언론에 종종 보도되는 경우가 있지만, 실상은 그 의미를 넘어선다. 오키나와현민들은 미군기지 문제가 평화주의와 민주주의의 문제일 뿐만 아니라, 환경문제라는 사실을 자각하고 있었다. 가령 미군기지 인근의 주민들이 전투기의 폭음이 끼치는 반인간적 영향을 문제 삼고 '폭음 소송단'을 조직한 것이나, 헤노코의 기지 이전 반대운동이 연안에 살고 있는 바다소 '듀공'이나 '바다거북', 그리고 산호초의 괴멸적 타격을 쟁점화하고 항의하는 것 등이 그런 경우에 속한다.

　동시에 오키나와의 이러한 반기지투쟁은 시민행동과 시민참여의 민주주의를 체화하는 성격을 띠고 있다. 오키나와현의 민주주의는 지방정부나 의회와 같은 관이 주도하는 민주주의가 아니라, 시민 주도의 민주주의이다. 이들은 일본에서 흔한 주민운동이기 보다는 오키나와의 역사와 미래를 전망하는 강인한 풀뿌리 민주주의의 성격을 띠고 있다.

　이들 시민들은 현청이나 의회에 의한 대의를 거부하고, 자발적으로 생활의 장소에서 미군기지에 대한 반대 의견을 조직화하여 정치적 학습과 투쟁의 공동체를 구축한다. 이러한 과정을 통해서 현민들은 그들의 공동 의제와 관련된 사안이 있을 때, 오키나와 전체 현민들의 의견을 수렴하고 경의하는 '현민대회'를 개최하는데, 그 의제와 조직화의 방식은 철저하게 아래로부터의 상향적인 움직임을 보여주고 있다. 현민대회를 통해서 오키나와인들은 현청과 일본 본도 정부에 시민적 의사를 분명히 하는데, 이러한 민주주의적 투쟁의 확산은 일본 본도의 시민은 물론 한국 및 아시아의 기지운동가들과 횡적으로 연결된다는 데에 그 특징이 있다.

　이 부분에서 우리들이 생각해야 하는 것은 한국의 평화운동이다. 오키나와의 미군기지 투쟁은 그것이 단순히 '반미'로 축소되는 것이 아니라, 반전·평화·탈핵의 가치로 확산되어 있다는 것이다. 그런데 한국의 평화운동을 상기해보면, 이러한 거시적인 전망의 설정 및 각 부문 운동 간의 연계가 매우 느슨하다는 것을 알 수 있다. 아마도 이것은 '분단 상황'의 아킬레스건이라 말할 수 있을지도 모른다. 미·일 안보협정이 그런 것처럼 한미주둔군 지위협정 등이 발휘하는 최악의 효과는 그것이 시민들의 자치와 민주주의에 대한 억압으로서 군사국가화를 강화시키고 있다는 점이다.

오키나와 미군기지는 태평양전쟁 이후, 한국전, 베트남전, 걸프전의 거점으로 기능해왔다. 이 과정에는 물론 일본 자위대 역시 공조해왔다는 것은 부정할 수 없는 사실이다. 여기서 생각해야 할 점은 오키나와의 미군기지가 미국과 일본의 군사주의만을 의미하는가 하는 것이다. 한국군 역시 베트남전을 기점으로 이른바 '평화유지군'이라는 미명 아래 전투·비전투 병력을 여전히 해외에 파병하고 있다. 이런 관점에서 보자면, 한·미·일 군사동맹의 본질이란 결국 미국의 패권적 세계 지배의 시나리오 아래서 전개되는 전 지구적인 군사 협력 체제를 의미한다.

그렇다면 이에 대항하는 가치와 이념, 그리고 전망은 분명 평화주의로 귀결된다는 것을 알 수 있다. 동시에 이것은 내셔널리즘의 경계를 넘어서, 풀뿌리 민중과 시민이 자유를 실현하며, 호혜적으로 연대하는 대안적 미래에 대한 상상을 우리에게 요구한다. 이런 관점에서 보자면, 독도와 센카쿠제도의 영유권을 둘러싼 한·중·일의 영토분쟁은 시대착오적인 것이다. 이것은 아시아 역내에서 각각 민주주의의 위기에 빠진 국가주의자들이 결국 여론을 호도해, 민주화와 집권의 위기를 내셔널리즘의 고양을 통해 외부로 회피하고자 하는 전략에서 오는 것이라 할 수 있다. 후쿠시마원전사고 이후 일본의 민주화 요구, 공산당 지도부 교체를 둘러싸고 벌어지는 중국의 권력투쟁과 숙청 그리고 끝없는 농민 봉기, 이명박·박근혜의 집권 동안 민주주의를 후퇴시키고 공동체를 기업국가화한 한국 정부에 대한 한국인들의 정당한 민주주의 요구 등은 갑작스럽게 도래한 영토분쟁 속에서 내셔널리즘이라는 시대착오적 용광로로 빠져들고 있다.

그렇다면 결론적으로 오키나와를 통해서 우리가 상기해야 될 가치는 무엇인가. 그것은 민주주의와 평화라는 동아시아 역내에서 가장 중요한 의제가 아닐 수 없다. 뜻있는 시민들의 국지적이고 지구적인 고민과 행동이 긴박한 시점이다.

안보 이데올로기와
동아시아 희생의 시스템

현재 동아시아에서 진행되고 있는 군비 경쟁과 미국을 중심으로 한 동맹 관계의 재편, 그리고 이에 따른 민중의 희생 문제는 큰 범주에서 보면 세계 체제의 변혁 과정에서 나타나는 사태로 이해하는 것이 필요하다.

한국과 일본 등에서 전개되고 있는 군사적 안전보장(이하 안보로 약칭)을 둘러싼 일련의 흐름들, 가령 조선인 일본군 '위안부' 문제 한일 합의, 한일 양국의 사드 포대 배치, 일본의 안보법제의 성립 및 자위대의 국방군화 추세 등은 개별 국가의 안보 문제에 기인하기보다는 미국 패권 또는 헤게모니 이행기의 세계 체제 변혁과 긴밀한 관련을 맺고 있다.

미국 패권과 관련하여 안보라는 말의 확대·강화는 동아시아에서 중국의 부상과 이를 견제하려는 오바마 정권의 '아시아로의 회귀' 또는 '아시아 재균형 전략'과 밀접한 관련을 맺고 있다. 아시아라고 하지만, 냉정하게 말하면 아시아·태평양에서 미국의 이익을 수호하기 위한 패권 전략의 일환으로 하와이, 괌, 호주, 베트남, 필리핀, 인도, 일본, 한국 등과 전통적 군사동맹 및 군사 협력 관계를 재편해 결국 중국의 해양 진출을 군사적으로 봉쇄하기 위한 전략에서 출현한 것이다.

안보의 또 다른 측면으로, 이 지역이 지구적 차원에서 볼 때 경제적 번영과 신자유주의 체제를 유지·보존할 수 있는 핵심 경제권이라는 점도 거론할 수 있다. 2008년 미국의 투자은행 '리먼 브러더스(Lehman Brothers Holdings Inc.)'의 파산 이후 도미노식으로 전개된 경기침체 또는 경제 공황은 이른바 전통적 선진 경제권이라 할 수 있는 미국과 유럽의 경제를 파국 직전까지 몰고 갔다. 금융자본주의의 세계화 속에서 미국과 유럽은 리먼 쇼크의 직접적인 영향으로 국가 파산 직전까지 가는 다수 국가의 경제적 몰락을 목격했는 데 반해, 상대적으로 고도성장을 지속해 온 중국과 동아시아 경제권은 위기 이후 금융자본의 투자처로 상대적 안전성을 유지하고 있었다.

그런 가운데 미국과 중국은 군사적 안보 차원에서는 가파르게 대립하면서도, 시장의 안정과 조정이라는 측면에서는 협력해야 하는 역설적인 관계에 직면하게 되었다. 중국의 경우도 투자된 자본을 통해 국내 산업생산 기반을 확대하고, 아울러 이 과정에서 과잉생산된 상품을 보호무역 체제 아래서 교환할 수밖에 없는 불가피성 때문에, 금융과 상품교환상의 패권 또는 우호적 시장 동맹을 형성하기 위한 미국과의 경제 전쟁을 불가피하게 만들었다. 때문에 미국이 아시아·태평양의 주요 국가를 중심으로 '환태평양경제동반자협정(TPP)'을 밀어붙인 데 대해, 중국은 '아시아인프라투자은행(AIIB)'을 설립해 대항하였다. 이는 장기적 침체 국면으로 이행하고 있는 신자유주의 체제에서 금융 부문을 장악해 '경제안보'를 수호하려는 체제 이행기 패권 경쟁의 또 하나의 핵심적 사안이라 볼 수 있다.

'안보'는 무엇일까. 내 판단에 그것은 이데올로기적 허구로, 민중들 편에서 보자면 희생을 구조화하는 일에 해당한다. 이것을 가령 일본의 지식인 다카하시 데쓰야(高橋哲哉)식으로 '희생의 시스템'이라 부를 수 있는지는 명확하지 않다.

'희생의 시스템'이라는 말은 후쿠시마로 상징되는 일본의 원자력발전 체제와 오키나와로 대변되는 미·일 안보 체제가 실상은, 인구과소 지역의 후쿠시마 사람들과 일본 안의 이족(異族)인 오키나와현민에게 희생을 구조적으로 강제한 체제라는 것을 의미하기 위해 그가 제안한 개념이다. 요컨대 국가 발전 또는 국가 안전를 위해 주변부 민중들을 폭력적·억압적으로 배제하여, 그들의 자기결정권을 무력화시키는 구조화된 시스템 정도로 이해할 수 있겠다.

그런데 범주를 넓혀 이른바 근대화 과정의 메커니즘을 검토해보면, '근대화'를 지탱하는 이데올로기로서 발전 논리나 국민국가 자체가 민중들의 희생을 지속적으로 강요하는 구조화된 동력 속에서 전개되어 온 바 있다는 것을 확인할 수 있다. 이러한 경향은 자본주의의 장기 지속 구조 자체가 쇠락하는 시점에서는 '양극화' 과정을 통해서 그나마 존속했던 국민국가 내부 중간계급의 안정성조차 내부 수탈·착취를 통해 파괴하는 과정으로 나타난다는 점은 주목할 만하다.

특히 현재와 같은 미국 패권 체제의 변혁 혹은 쇠퇴와 이에 반비례하여 부상하는 중국 패권의 가능성은 그 힘이 지리적·경제적·군사적으로 포개지고 접촉하는 동아시아 지역, 특히 한반도에서의 갈등과 긴장을 폭발적으로 증대시킨다.

　미국 패권의 쇠락과 중국의 부상이라는 관점에서 볼 때, 한반도는 상황이 좋을 때는 미·중 패권이 직접적으로 부딪치는 것을 방지하는 '완충지대'의 성격을 갖는다. 그러나 군사적·경제적 이해관계가 직접적으로 분출될 때 한반도는, 피아(彼我)의 선택을 강요당하는 '인질 상태'와 유사한 상황에 노출된다. 내 판단엔 현재가 그런 시점이다.

　여기에 '일본 변수'라는 것도 개입한다. 전후 일본의 경제적 번영은 미·일 안보조약을 기반으로 하는 미국의 군사적 우산 속에서 발 빠르게 진행되었다. 패전국인 일본은 전후 '평화헌법'을 통해 전쟁의 영구적인 포기와 군대를 보유하지 않는다고 명목적으로 선언한 대신, 경제적 번영을 추구한다는 식으로 이른바 'G2' 대열에 올라섰다. 그런데 패전 70주년을 맞으면서 아베 정권은 '전후 체제로부터 탈피'를 내세우면서 군사적 주권을 회복하는 방편으로 미국의 동맹 강화 요구를 타고 넘어 사실상 자위대의 국방군으로 재편을 추진하고 있다.

　여기에는 중국의 부상에 따른 상징적·현실적 위협감 및 아베 정권의 초국가주의적 통치 철학 또한 강력한 추동력이 되고 있다. 아베의 자서전 격인 저작 『새로운 나라로』(2013)를 보면, 전전 일본의 식민주의·군국주의 체제는 서구 열강의 아시아 침략 과정에서 일본의 주권을 수호하기 위해 불가피한 필연적 선택이었다고 밝혔다. 나아가 오키나와·대만·조선·중국을 포함한 아시아 국가에 대한 침략은 아시아 근대화의 초석을 가능케 한 일본의 기여이고 또 아시아 해방전쟁이었다는 식의 오도된 관점을 노골화한다. 동시에 전후 일본의 이른바 '평화헌법'은 일본에 의한 주체적인 헌법이 아니고 점령국 미국에 의해 강요된 헌법이므로, 진정한 주권국가로서 헌법 개정이 필요하며 이를 통해 '정상국가'화한 일본이 아시아를 도의적으로 주도해야 한다는 내셔널리즘이 강력하게 주장된다.

이러한 여러 국면의 변화 속에서 한국의 박근혜 정권은 어떤 선택을 해왔는가. 광복 70주년인 2015년 12월 28일 박근혜 정권하의 외교부는 일본과 한일 일본군 '위안부' 합의를 강행 체결했다. 이것은 일제 말기 조선에서 강제연행된 일본군 '위안부' 문제를 그 역사적 사실 및 책임 추궁과 무관하게 10억 엔의 '위로금'으로 봉합하는 한편, 이후 한국과 일본 사이에 일본군 '위안부' 문제에 대한 이견은 존재하지 않는다는 식의 어처구니없는 종결을 선언한, 외교적으로도 완전히 실패한 합의였다.

한일 간에 전개된 일본군 '위안부' 진상규명에 대한 논의는 단순히 양국 간의 문제가 아니다. 아시아·태평양에서 전개된 전쟁범죄 및 반인도적 범죄 행위에 대한 역사적 단죄 및 평가에 있어서 매우 중요한 사안으로, 그간 유엔(UN)을 포함한 국제기구는 물론 일본군 '위안부' 피해 당사자 및 지원 단체들에 의해 '정의로운 해결'이 강조되었던 사안이다.

그런데 이 문제가 이토록 졸속적으로 처리된 것은 매우 충격적인 일이었다. 그렇다면 어떤 요인이 이러한 결과를 초래하게 만들었는가. 아시아 재균형 전략을 추구하는 미국의 입장에서는 한·미·일 삼각동맹을 높은 수준에서 강화하기 위한 전제 조건으로 한국과 일본의 식민지 역사에 대한 '강요된 화해'가 빠르게 전개되기를 원했을 것이다. 아시아·태평양 지역으로 확산되고 있는 중국의 패권 부상을 견제하기 위해서는 일본과 한국이 군사동맹 수준에 준하는 안보 협력 관계를 구축해야 하고, 이를 위해서는 '역사 전쟁'의 형태를 띠고 있는 다양한 의제들 가운데, 특히 '일본군 위안부 문제'에 대한 타협이 필요하다고 생각했을 것이다. 실제로 미국의 정치세력들은 한일 간의 일본군 '위안부' 협상 과정의 조속한 해결을 강조했고, 미래지향적 관계의 모색을 위해서는 걸림돌이 제거되어야 한다는 식의 발언을 자주 흘렸다.

그런 미국의 압력과 함께, 박근혜 정권의 설명할 수 없는 조급증('박근혜-최순실 게이트'를 통해 그 진상이 밝혀지고 있다) 탓인지는 몰라도, 전혀 예측하지 못한 방식으로 한일 간 일본군 '위안부' 합의가 이루어졌던 것이다.

여기서 끝이 아닌 것이 더욱 큰 문제다. 박근혜 정권은 졸속적인 한일 간의 일본군 '위안부' 합의가 이루어진 것과 동시에 돌연 한국 경상북도 성주군에 미국의 고고도 미사일 체제인 '사드(THAAD)' 포대를 배치할 것이라는 계획을 발표했다. 속전속결로 이루어진 미국과의 합의 과정에서 강조된 것은 북한의 핵무장과 남한에 대한 타격을 방어하기 위한 안보 전략으로 사드 배치야말로 필수불가결한 조치이며, 이는 국익을 위해 재론할 여지가 없다는 고압적 태도였다. 최소한의 국내적 여론 동향도 반영하지 않고 대통령의 주관적 의지로 강행한 이 사태는 성주군민은 물론 한국의 대다수 민중에게 압도적인 저항을 초래하게 되었지만, 정권의 강권적 태도는 변화가 없었다. 고고도 미사일인 사드가 북한의 미사일 공격에 대항하는 수단으로써 어떠한 효율성도 없음은 여러 합리적 근거를 통해서 밝혀졌다. 오히려 사드는 광역적 감시 운용 능력을 갖고 있는 '엑스밴드 레이더'와 결합해 동북 지역에서 중국군에 대한 감시 및 잠재적 타격 수단이 목적이라는 것 역시 분명해졌다. 물론 당시 중국과 러시아는 이러한 한미 간의 군사적 조치에 대해 강력한 제재 조치를 예고했고, 이 때문에 북·중·러의 군사적 협력 수준이 동맹에 준하는 강고한 결합을 가능케 한 것도 사실로 나타났다.

이해할 수 없는 것은 이 뿐만이 아니다. 한국과 일본의 군사 당국은 '한일 군사비밀정보협정(GSOMIA)'을 밀어붙였다. 이 정보 협정을 통해서 한일 간의 핵심적 군사기밀은 공유될 뿐만 아니라, 이후 한일 간의 군수협정까지도 맺어질 가능성이 점쳐지고 있다. 이는 한반도 안에서의 핵심 군사정보 및 유사시 한·미·일 군사력의 한반도 전개가 일체화되는 현상을 초래하게 되는 대단히 중대한 문제가 아닐 수 없는데, 이 역시 미 군사 당국의 강력한 압박에 의해 추동되고 정권의 자의적·강권적 판단에 의해 이루어졌다. 외교·군사 부문의 책임자인 장관들조차 이러한 조처에 대해 신중한 검토가 필요하다는 것을 요청한 바 있는데, 이에 대해 박근혜 전 대통령은 밀어붙이기로 일관해 외교·안보상의 파행이 지속되었다는 주장도 제기되었다. 이 부분에 대해서는 향후 그 진실이 밝혀지고 책임에 대한 추궁이 이루어져야 한다고 생각된다.

다시 미국의 패권 문제로 되돌아가보자. 동북아에서 21세기 초입 전개된 일련의 급격한 정세 변화는 앞에서 말한 대로 미국 패권의 쇠락 속에서 단속적으로 나타난 필연적 사태의 결과이다.

이탈리아 출신 사회학자 조반니 아리기(Giovanni Arrighi)가 설명한 대로 모든 패권의 부상과 몰락에는 금융 부문의 쇠퇴와 군사 패권의 정점이라는 문제가 개입하고 있다. 조반니 아리기에 따르면 패권이 몰락할 때, 금융적 과잉 팽창이 정점에 도달한 후 수축되는 반면 군사적 패권은 오히려 정점에 이르는 아이러니를 보여준다는 것이다. 1995년을 기점으로 미국과 영국은 규제 없는 시장이라는 관점에서 금융 부문을 중심으로 산업자본주의 이후의 금융자본주의를 기반으로 한 성장 전략을 지속해왔다. 이 과정에서 실물적·지리적 공간을 중심으로 한 화폐·상품 교환의 거의 10여 배에 이르는 전자·금융적 공간을 지배하였고, 회전율이 극단화된 금융자본이 세계경제 지표상의 성장을 유지했다. 이것이 2008년을 기점으로 금융 부문의 과잉팽창을 불러왔고 정점 이후 파괴라는 현상으로 나타난 것이 이른바 리먼 브라더스 사태다.

리먼 브라더스 사태 이후 미국의 부동산 시장이 침체기로 들어서면서 투자은행 및 상업은행의 파산은 줄을 이었고, 부채 경제를 통해 자산을 축적하고자 했던 시민의 삶은 파괴되었다. 지구적 전자경제를 통해 세계 각 지역에서 교환되고 투자되었던 자본의 연쇄적 파산 역시 이어졌고, 중동 및 북아프리카 지역에서의 민중 봉기 및 혼란과 유럽에서의 금융 위기 역시 도미노식으로 전개되었다.

미국 경제의 타격도 심각한 수준이었지만, 달러의 발권국이라는 지위를 활용하여 이른바 '헬리콥터 머니'라는 은유에 걸맞게 시장 유동성은 오히려 더 증가했으며, 이런 과정에서 미국 정부의 재정 적자는 천문학적인 액수로 증가했다. 공황적인 경제의 후퇴 및 재정 적자의 누적은 미국의 지구적 패권 체제의 핵심적 근거인 군사력의 유지·보존에도 영향을 미쳤다. 오바마 정권에 이르러 미국의 군사적 패권 전략은 경제 호황기 시 보여준 분쟁에 대한 직접 개입 경향에서 동맹국을 통한 간접 지원 방식으로 변화했다. 간단하게 말하면 동맹국의 군사 안전보장 문제는 동맹국 자체의 비용으로 확보하는 대신, 미국의 안보 이익을 침해하는 사태에 대해서는 동맹국이 실질적인 경제적·군사적 지원 및 협력의 태도를 취한다는 식의 변화가 그것이다.

이런 관점에서 볼 때, 아시아·태평양 지역에서 미국이 핵심 이익을 추구하기 위해서는 중국의 경제적·군사적 팽창에 대항하여, 직접 나서기보다는 한국과 일본과 같은 핵심 동맹국이 자체의 비용과 군사력을 활용해서 미국을 지원하는 식의 변화가 요청된 것이다. 일본의 경우는 '평화헌법'을 내각에서 '해석 개헌'해 자위대의 활동 범위 및 역할을 지구적으로 확대하고, 교전권이나 선제공격 등을 용인해 동중국 혹은 남중국해에서 가상적국 중국을 저지해주기를 원했을 것이다. 뿐만 아니라, 정세가 불안한 중동 지역에서 미국 패권의 군사적 보조수단으로 활용할 것을 계획했는데, 이를 위해 미국은 일본의 안보법제 수정을 적극적으로 용인하는 방향으로 나아갔다.

한국에 대해서는 전통적인 꽃놀이패인 '북한위협론'을 활용해서, 실질적으로는 사드 배치 등을 통해 군사적으로 중국을 압박하고 일본과의 군사적 일체화를 가능케 하는 정보 협정 및 군수지원 협정을 통해, 미·일 동맹의 하위파트너로 전환하려는 계획이었을 것이다. 일본과 마찬가지로 아시아·태평양 및 중동 지역에서 분쟁 발생 시 군사적 일체화가 가능한 방식으로 패권 전략을 관철시키고자 한 것으로 보인다. 요컨대 군사적 비용 분담의 현실주의적 원칙이 국제 평화의 수호라는 이상주의적 개입 정책에 대한 수정으로 경제위기하의 미국의 세계 안보 전략으로 나타났던 것이다.

냉정하게 말하면, '안보'는 민중들의 희생 위에 관철되는 패권 전략하의 은폐된 압제적 이데올로기다. 안보 이데올로기가 강화되면 될수록, 민주공화정을 지탱시키는 시민적 자유와 평등, 기본권의 보장 등은 분쇄되어야 할 허구로 전락한다. 특히 한국과 같이 분단 상황을 이유로

항시적 전쟁 상태를 강조하는 권위주의 정권하에서는 군사주의에 대한 반대를 지속적으로 '종북'으로 간주하여 폭력적으로 배제하는 일이 일상적이다. 그런데 상대적으로 여권 지지층이 많은 경상북도 성주군에 사드 배치가 기습적으로 결정된 후 이 지역에서 전개된 강력한 반대와 저항운동은 정권의 입장에서 '종북'이라 지칭할 수 없는 아이러니에 직면하게 만들었다. 그간의 대항적 대중운동을 분쇄해왔던 정권의 전술을 보면 운동이 급진화되는 것을 방어하기 위해 '종북'과 불순한 '외부 세력'의 개입을 반복적으로 설파해 주술성에 가까운 배제의 이데올로기를 작동시켰는데, 이것이 성주에서는 통하지 않았던 것이다. 동시에 성주의 주민들은 외부 세력의 선동에 의한 사드 반대운동이라는 정권의 이데올로기적 전술에 대해서, 거꾸로 사드 배치는 단순히 성주만의 문제가 아니라 한반도의 평화와 안정을 근본적으로 위협하는 사태라는 점을 강력하게 환기하면서 동요하지 않았다.

한국에 '종북'이라는 주술적 카드가 있다면, 오키나와에는 '종중'이라는 또 하나의 이데올로기적 안보 담론이 존재한다. 익히 알려진 것처럼 1945년 2차대전 말기의 오키나와전쟁 이후 1972년까지 오키나와의 각 섬들은 아시아·태평양 지역을 군사적으로 지배하기 위한 미국의 식민지적 상태에서 '기지의 섬'으로 전락했다. 1972년 오키나와는 일본에 반환되었지만, 오히려 일본 본도에 있었던 미군기지들이 오키나와에 이전·집중됨으로써 '기지의 섬'으로서 성격은 더욱 강화되었다.

1990년대 중반을 거치면서 오키나와에서는 반기지운동이 강화되고 오키나와인의 자기결정권을 강조하는 기류 역시 보편화되기 시작한다. 미국의 군사기지가 초래하는 다양한 모순은 오키나와의 자체적 발전을 저해하는 요인으로 작용했다. 일본을 방어한다는 명분으로 미국과 체결된 군사동맹은 일본 본도에 대해서는 '평화헌법'이라는 의장을 통해 비무장 평화국가라는 이미지를 줄곧 강조했다. 하지만 오키나와에 주둔하고 있는 미군기지는 베트남전쟁, 이라크전쟁, 중동에서 테러와의 전쟁 등이 진행되는 과정에서 미군의 자유로운 군사적 전개를 가능케 하는 전진기지 역할을 해왔다. 기지의 섬이면서도 전쟁의 섬으로 오키나와가 기능해왔던 것이다.

오키나와의 반기지운동 활동가와 주민들은 이러한 식민지적 현실을 탈피하기 위해 표면적으로 기지 부담의 불평등성을 일본 본도를 향해 항의하고, 미군이 점거하고 있는 기지 내 토지에 대한 반환 운동, 기지 내 전폭기 비행에 따른 폭음 문제를 해결하기 위한 소송을 진행하는 등 여러 활동을 이어왔다. 기노완 시(宜野湾市)에 있는 후텐마(普天間) 기지의 폐쇄와 토지 반환을 주장하기도 했는데, 미국과 일본 당국은 후텐마 기지를 빠른 시간 안에 폐쇄한다고 말하면서도, 그것의 대체 기지 시설로 오키나와 북부 나고 시(名護市) 헤노코(辺野古)의 오우라만(大浦灣)에 신기지를 건설하겠다는 주장을 펼쳤고, 실제로 이 기지 건설을 위한 조처들이 진행되고 있다.

오키나와현 내로 후텐마 기지의 이설이 가시화되자 현민들은 오키나와 특유의 '섬 전체 투쟁'을 통한 저항운동을 지속시켰다. 현지사 선거를 포함한 지자체장 선거, 중의원·참의원 선거 등에서 기지반대를 제창하는 정치인들이 대거 당선된 것은 이러한 오키나와 정세를 반영한 것이었다.

그러나 일본의 본도 정치세력, 정확하게는 아베 정권은 동북아의 정세 변화를 들어 오히려 오키나와의 군사적 강화 및 기지를 통한 무장화를 역설하고 나섰다. 아베 정권이 이야기하는 정세 변화는 '북한위협론'과 '중국위협론' 두 가지다. 북한위협론은 오키나와뿐만 아니라, 일본 본도 안에 사드 배치의 필요성을 역설하는 근거이며, 중국위협론은 특히 오키나와현에 속해 있는 센카쿠제도의 영토분쟁을 활용하여, 중국을 군사적으로 견제하기 위한 각종 기지 시설들을 타이완 인근의 요나구니지마부터, 야에야마, 미야코, 오키나와 본도 등 난세이제도 전 지역에 배치하는 것을 목적으로 하여 이루어지고 있다.

그간 아베 정권과 일본의 우파는 오키나와 안에서 중국과 일본의 무력충돌이 발생할 경우, 평화헌법상의 전수방위 원칙에 따라 일본의 자위대는 안보상의 위협에도 불구하고 적극적으로 대항할 수 없음을 강조해왔다. 동시에 센카쿠제도(尖閣列島, 중국명 댜오위다오)에서 중·일 간의 무력분쟁이 발생했을 때, 미국이 이를 군사적으로 타격할 수 있을지에 대해서도 회의적인 시선을 과장적으로 선전해왔다. 미국과 일본이 안보협정을 통하여 동맹관계에 있는 것은 사실이지만, 설사 일본의 행정권이 미치고 있다고 해도 분쟁 지역인 센카쿠제도에서 군사적 충돌에 미국은 개입을 회피할 가능성이 높다는 것이 아베의 생각이다. 실제로 그간 미국의 대외정책을 보면, 영토분쟁 지역에 대해 실효 지배하고 있는 국가의 행정권은 인정하지만, 주권의 소재지에 대해서는 명백하게 밝히지 않는 정책을 써왔다. 이것은 독도를 둘러싼 한일 간의 영토분쟁에 대해서도 동일하다.

따라서 파국적 상황이 되면 중국에 의한 오키나와 점령이라는 사태로 비화될 수 있다는 식의 허황된 공포 감정을 아베 정권은 여론 조작을 통해 부추겼다. 가상의 오키나와 정세를 근거로 한 이러한 중국위협론을 방어한다는 차원에서, 일본은 자위대의 전수방위 원칙을 수정·폐기하는 일련의 안보법안 통과를 강행했다. 미국은 이면에서 이러한 일본측의 변화를 지지하면서, 자위대의 성격을 일본 내부의 안전보장을 넘어 아시아·태평양에서 미군의 재편에 따른 공조 역할을 수행할 수 있는 국방군으로서 성격 전환까지 용인하기에 이른다.

동아시아 권역에서 일어나고 있는 안보 환경의 변화는 미국의 군사적 패권유지를 위한 전략상의 문제에서 비롯되었다고 보아야 한다. 동시에 중국의 부상이 초래하는 일본의 열패감 및 불안감에도 그 원인이 크다. 실제로 'G2'의 위상은 중국에 넘어갔다.

그렇다면 한국의 경우는 어떠한가. 박근혜 정권의 외교 전략은 어떤 일관성을 확인하기 어려운 즉흥적인 대미·대일 종속의 성격을 띠고 있는 것으로 보인다. 완충지대로서 한반도의 성격이 열전지대화하는 징후를 보이는 것은 미·중 관계 속에서 균형자 역할까지는 몰라도, 갈등을 회피하는 전략을 써야 할 한국의 외교 당국이 오히려 갈등의 촉진자로 과감하게 나서는 무모함은 갈수록 커지고 있다. 필연적으로 민주주의는 압살되는 경향을 보이며, 민중의 희생의 진폭은 더욱 깊고 넓어지는 것으로 나타난다.

안보 문제는 안전 문제와 연결되는데, 많은 경우 그것은 국가안보나 국가안전 담론으로 환원되는 경향을 갖고 있다. 모든 근대 국민국가는 안전에 대한 권리를 입헌주의의 핵심 가치로 승인하고 있지만, 애초 이 정치철학적 기초가 인민의 생명권과 결부된 안전권이었음에도 불구하고, 실제적으로 국가의 안전 문제로 치환되는 것이 일반적인 현상이다.

안전권이 국가안보라는 개념을 통한 의제 전환이 일어날 때, 그것은 필연적으로 민중의 희생을 강제해 기본권을 박탈시키는 경향이 뚜렷하다.

2011년의 동일본대지진 당시 일본의 피해 주민들이 겪었던 생명권 및 안전권의 박탈 상황은 현재까지도 지속되고 있다. 2000년 미국의 9·11 참사 이후 벌어진 애국자법을 포함한 일련의 국가안전법안의 성립은 미국인들을 상시적인 감시와 통제의 상황으로 이끌었는데, 전 미국 중앙정보국(CIA) 정보기술 보안 직원이었던 에드워드 스노든(Edward Joseph Snowden)의 폭로를 통해 그 실상은 명료하게 밝혀졌다.

일본의 안보법제는 총리 관저 앞의 10만여 명의 시위에도 불구하고 전광석화로 강행되었는데, 이는 미국의 무력 개입에 일본이 무력적 차원에서의 동반자 역할을 하게 된다는 점에서, 평화주의라는 환상에 그나마 의존하고 있었던 일본 민주주의의 쇠락은 물론, 분쟁지역의 일본인들을 여러 형태의 테러나 인질 사태의 희생양으로 전락시키는 현실 또한 낳고 있다.

이러한 상황에서 중국의 부상은 중국인들의 애국적 내셔널리즘을 고양시키는 것으로 나타나고 있는 것처럼 보이지만, 실제로 각종 사상 통제 및 탄압, 인터넷 공간에 대한 검열 등으로 마오주의(Maoism)를 재현한 듯한 방식의 강권 정치로 퇴행하고 있는 것이 분명하다. 중국으로 통합된 홍콩의 시민들이 국민교육 반대, 행정장관 자유선거를 둘러싸고 이른바 '우산혁명'으로 거세게 저항했음에도 불구하고, 중국 중앙정부의 홍콩에 대한 압박은 더욱 강화되고 있다.

오늘날 동아시아에서 전개되는 일련의 안보상 의제와 민중적 희생의 문제는 거시경제학의 시각에서 보면, 21세기 자본주의가 그 끝을 향해 쇠락하는 과정에서 나타나는 문제이다. 자본주의의 성장 동력의 최후 수단은 금융화를 통한 초속도적인 거래와 투자였지만, 이는 실패로 귀결되고 있다. 종래의 산업자본주의건 현재의 금융자본주의건 간에 인류의 존속과 번영을 가능케 하는 에너지자원이 한계에 도달하고 있다는 점에서, 미국 패권은 물론이거니와 그것의 대항적 체제인 중국의 부상 역시 지속 불가능한 상황으로 이행하고 있음은 명백해 보인다. 자본주의의 종언을 우리는 실제로 목격하고 있는 것이다.

그럼에도 불구하고 하나의 체제는 일종의 장기 지속 구조이기 때문에 몰락 직전까지 체제의 관성을 유지하는 경향이 있다. 미국 패권 역시 마찬가지 현상을 보일 것으로 판단되는데, 동아시아에서 중국 견제 및 한·미·일 동맹관계의 일체화 드라이브는 그 마지막 관성을 보여주는 것으로 판단된다. 결국 양극 분해되는 것은 국민국가 안의 민중적 삶이고, 동시에 저항의 반발력 역시 그 어느 때보다 강력하게 분출될 가능성 또한 크다고 생각된다.

이런 생각을 진행시키고 있는 와중에 미국의 대선에서 도널드 트럼프(Donald John Trump)가 당선된 사건은 동아시아의 안보와 이에 따른 민중적 상황을 고려할 때 불확실성을 높이는 변수다. 트럼프는 선거 과정에서 미국 주도의 환태평양경제동반자협정(TPP) 등의 원천 무효와 한국과 일본 등의 방위비 상향 부담을 강력하게 요구했고, 미국의 신자유주의 체제를 비판하면서 이후로는 보호무역 체제를 강화할 것이라는 주장을 내세웠다. 중국 등으로 이전한 미국의 제조업체를 다시 미국으로 불러들이고, 이전의 미국 패권 강화의 구호적 수단인 세계 평화와 자유민주주의의 수호라는 이상주의적인 개입 전략도 수정하겠다는 의지를 밝혔다.

물론 당장에 미국의 패권적 지위가 흔들린다거나 동아시아의 군사·외교적 개입 전략이 수정되지는 않을 것이다. 어쩌면 트럼프의 저 공언들은 그의 핵심 지지층인 백인 중산층 및 노동계급의 박탈감에 대한 환상적 약속에 불과한 것일 터이다. 그럼에도 분명해 보이는 것은 자본주의 체제의 작동 원리가 현저하게 쇠퇴하고 있는 시점이 지금이며, 그것의 표준적인 게임 규칙을 설정했던 미국의 패권적 지위 역시 유사한 쇠퇴 경향을 보이고 있다는 것이다. 자본주의의 '끝'이자 새로운 변혁 이행기의 '시작'에 있는 것이 오늘의 상황인데, 민중의 삶은 어떤 존재 양태에 처하게 될 것인가.

아마 과거에도 그러했듯이 민중들은 수탈·착취당하면서도, 체제 변혁이나 이행에 대해서는 명료한 전망이 없는 상황에서, 여러 형태의 가시적·비가시적 형태의 저항을 지속할 가능성이 크다. 다소 놀랍게 보이는 것은 그 세계적 체제변혁의 중심이 동아시아에서 비롯될 가능성이 크고, 특히 전통적인 중심과 부상하는 새로운 중심이 맞물리는 한반도 안에서 전개될 확률이 높다는 것이 나의 판단이다.

한국 민중은 끝없는 체제의 억압과 희생 요구에 한편으로는 속수무책으로 포위된 것처럼 보일 때도 많았지만, 역사의 국면에서 이것을 마술적으로 극복하는 단결된 저항의 태도를 명백하게 보여주곤 했다. 오늘의 동아시아적 상황만 고려해본대도 민중적 저항의 동력을 가장 강력하게 유지·보존하고 있는 것은 한국과 대만의 민중이다. 작금의 박근혜-최순실 게이트를 기화로 분출되고 있는 민중적 요구와 행동들은 그런 변화의 명백한 징후로 받아들여도 과언이 아니라고 생각한다. 희생

의 시스템을 저항의 시스템으로 전환시켜 나가야 한다. 그 역사의 현장
에 우리들은 서 있는데, 지도도 나침반도 없는 세계에서 새로운 길을 찾
아 나서야 할 것 같다.

제
3
부

오키나와로부터 온 편지

마주 보는 거울처럼
한반도와 닮았네

오키나와현의 나하(那覇) 공항에 내리면 뜨거운 열기가 온몸을 휘감는다. 아열대의 바람을 따라 하늘거리는 야자수의 풍경은 얼핏 제주도와 유사하다. 제주의 고기국수가 그렇듯, 오키나와 소바 역시 돼지 뼈로 국물을 내고 족발과 수육을 고명으로 얹어 먹는다. 오키나와인은 낙천적이다. 오키나와는 고난의 역사를 통과했던 한국인의 입장에서 볼 때도 숱한 비극을 거느리고 있지만, 그런 비극 속에서도 오키나와인들이 산신(三線·현악기의 일종으로 오키나와의 전통악기)을 연주하면서 오키나와 민요를 부르는 것을 어디에서나 볼 수 있다. 아열대의 뜨거운 열기 속에서 전통주인 아와모리를 마시면서, 나는 오키나와의 지인들이 한국에서 배웠다는 한(恨)의 개념에 대해 음미할 때가 종종 있다.

일본 속의 '이국'으로 자립 열망

한국과 오키나와 사이의 지리적 거리에도 불구하고, 이 두 문화 속에는 한(恨)과 흥(興)이 교접된 어떤 문화적 공통성이 잘 나타난다. 일본적 감수성의 원형이라 할 수 있는 무상감과 이는 전혀 다르다. 오키나와문화의 심층을 '한'과 '흥'으로 규정하는 것은 오인일 수도 있다. 그러나 가령 오키나와의 대표적인 조각가인 긴조 미노루(金城実)가 오키나와전쟁 당시 강제연행된 조선인 군부와 일본군 '위안부'의 희생을 추모하기 위해 '한의 비'를 세우고, 지금 이 순간에도 반야스쿠니 투쟁에 앞장서고 있는 데서도 알 수 있듯, 오키나와는 일본 속의 '이국(異國)'이면서 일본으로부터의 '자립'을 열망하는 특이한 생활권이다.

방문자의 눈으로 오키나와의 역사를 일별하면 거기에는 이민족에 의한 침략과 멸망, 식민화와 '구조적 차별'의 오키나와 문제만 보인다. 그러나 이민족 침략 이전의 오키나와 역사는 그에 못지않은 영광과 자부심을 보여주고 있다. 오키나와에 최초의 통일왕국이 성립된 것은 1429년이다. 호쿠잔(北山), 주잔(中山), 난잔(南山)으로 분립되었던 세력 체제가 중산왕 쇼하시(尚巴志)에 의해 통일 류큐왕국으로 정립된다.

산잔(三山)의 통일 이전부터 류큐왕국은 명나라를 중심으로 하는 조공·책봉 체제의 일원이었다. 중세 동아시아의 독특한 국제무역 시스템인 조공 체제를 활용해 류큐왕국은 동북아와 동남아의 교량이라는 지정학적 위치를 활용했고, 그들 자신이 '대교역 시대'로 명명하는 왕국의 번영을 이루어냈다.

현재 오키나와 현립박물관에 소장되어 있는 '만국진량(万國津梁)'의

종'(1458)에서 우리는 다음과 같은 명문(銘文)을 발견할 수 있다.

> 류큐국은 남해의 은혜로운 땅에 있는데, 조선(三韓)의 빼어난 문화를 모두
> 모으고, 중국(大明)과는 위아래로 중요한 관계를 이루며, 일본(日域)과는 혀
> 와 입술처럼 밀접하다. 이 두 나라 사이에 있는 류큐국이야말로 이상향(蓬
> 萊島)이다.

　류큐왕궁의 정전에 걸려 있던 이 종의 명문에서 우리가 확인하게 되는
것은 다음과 같은 두 가지다.
　첫째, 중세 류큐왕국은 한·중·일을 포함한 동아시아 역내 주요 국가
들과 매우 긴밀하게 교류했고, 이를 통해 왕국의 번영과 자립을 지속해
왔다. 둘째, 류큐왕국의 번영과 쇠락의 계기 역시, 한·중·일 삼국 간 국
제역학 관계의 변화가 지대한 영향을 미쳤다.

류큐왕국의 번영과 쇠락

　류큐왕국은 중국과는 사대(事大) 관계를, 조선 및 일본과는 교린(交隣)
관계를 유지하고 있었다. 중국 및 동남아와 조공 무역을 통해 획득된
상품들은 조선과 일본, 동남아 여러 국가와 중계무역을 통해 교환되었
으며, 이를 통해 상당한 부를 축적할 수 있었다. 그러나 동아시아의 국
제질서인 조공·책봉 시스템이 교란에 빠지게 되면서, 류큐왕국은 외세
에 의한 지배와 종속의 길을 걷게 된다.

첫째, 1592년 조선 침략을 획책했던 일본의 도요토미 히데요시(豊臣秀吉)가 병력의 징발과 군량미 제공을 요청한 것에 대해, 류큐왕국은 조선의 교린국임을 들어 사실상 미온적으로 대응한 것이 첫 계기다. 이에 임진왜란의 결과로 국내정세가 혼란해지고 중국과의 조공 무역이 완전히 단절된 에도막부와 사쓰마 번은 류큐왕국을 침략해 영토의 일부를 식민화하고, 납공을 강요함으로써 류큐왕국의 정치·경제적 자립을 붕괴시킨다.

둘째, 이후 가까스로 중국과 일본 사이에서 왕국을 유지해 오던 류큐왕국은 메이지유신 이후 일본이 천황제 국민국가 체제로 이행하는 과정에서 멸망한다. 일본의 군사적 침략을 받은 류큐왕국은 오키나와현으로 편입되어 주권을 완전히 상실했다. 주권이 상실된 이후에도 류큐의 지배세력은 청일전쟁의 추이를 지켜보며 독립을 모색했지만, 이 전쟁에서 청나라가 패배하면서 일본에 의한 식민지배는 거스를 수 없게 된다.

셋째, 2차대전 말기 일본과 미국 간의 태평양전쟁 속에서 오키나와현은 미국에는 일본 진격의 입구로, 일본에는 본토 방어의 '방파제' 또는 '버린 돌'로 간주되었다. 1945년 6월 오키나와전쟁에서 승리한 미국은 오키나와를 무력 점령했다. 이후 오키나와는 1951년 샌프란시스코강화조약을 통해 일본의 주권이 미치지 않는 미국령 '식민지'가 되었다가 1972년 일본에 반환된다. 그러나 일본으로 복귀 이후에도 아시아·태평양을 패권적으로 관리하려는 미국과 일본의 안보조약에 의해 '기지의 섬'이 된 오키나와의 운명은 변하지 않았다.

짧은 영광과 긴 비극 속에서, 오키나와인들은 '한'과 '흥'의 복합 감정을 체화시켜 왔다. 오늘의 오키나와인들의 희망이 일·미 양속 체제로부터의 '독립'인지, '자립'인지, 혹은 '구조적 차별 해소'인지에 대해서는 현지에서도 입장이 팽팽하게 갈린다. 이에 더해 중국 패권의 부상이라는 새로운 역내 질서의 변화가 오키나와를 더욱 옥죄고 있다. 오키나와와 한반도는 마주 보고 있는 거울처럼 많은 부분에서 닮아 있다.

일본과 미국은 왜 기지에 집착하는가

대다수의 일본인은 오키나와 경제가 미군기지 때문에 유지되고 있다고 오인한다. 일본의 지자체 가운데 소득수준이 가장 낮은 오키나와에서 주일 미군까지 철수하게 된다면 '기지 경제'에 의존하고 있는 오키나와는 파산하지 않겠느냐는 것이 '야마토인(일본 본도인)'의 편견이다. 물론 이런 주장은 전혀 근거가 없다.

오키나와에서 '기지 경제'가 차지하는 비중은 2013년 현재 현민 총소득의 4.6~5.4%에 불과하다(오타 마사히데(大田昌秀), 전 오키나와현지사). 반대로, 오키나와의 미군기지가 오키나와인에게 반환된다면, 토지이용 소득이 100배에서 200배로 늘어날 것이라는 현지 경제학자들의 주장도 있다. 내 판단엔 이 주장도 얼마간 과장이다. 한국에서도 나타난 현상이지만, 미군이 활용하고 있는 기지의 토양과 식생은 이미 심각하게 오염되어 있어, 설사 기지가 환된다고 하더라도 환경 재생에 따르는 막대한 비용과 상당한 복원 시간이 필요하다.

기지 자체가 오키나와인의 자립과 민주주의를 저해한다는 것은 말할 것도 없지만, 기지가 초래하는 환경오염은 재앙에 가깝다. 현재 폐쇄 및 이전 문제로 뜨거운 논란이 되고 있는 기노완 시(宜野湾市) 소재 후텐마(普天間) 해병대 비행장의 경우 심각한 토양오염뿐만 아니라 전투기 이착륙 시, 특히 야간 비행에서 발생하는 저주파 폭음이 주민들의 심신 건강과 일상을 심각하게 제약하고 있는 실정이다.

2002년 기노완 시 시민들은 하늘도 찢어버릴 듯한 폭음 문제에 대항하기 위해 '후텐마 미군기지에서 폭음을 없애기 위한 소송단'(대표 시마다 젠지(島田善次), 이하 폭음소송단)이라는 시민단체를 조직했다.

'폭음소송단'은 2002년 10월 나하 지방재판소 오키나와 지부에 400인의 주민을 원고로 항공기의 폭음 문제에 대해 비행 금지 및 손해배상 소송을 제기했다.

이 재판의 1심 판결은 2008년에 내려졌다. 비행 금지 요구에 대해서는 각하하고, 폭음 피해에 대해서는 하루에 100엔씩의 보상을 하라고 재판부는 판시했다. 이 재판의 2심은 2010년 7월 29일, 후쿠오카 고등 재판소 나하 지부에서 열렸다. 비행 금지 요구에 대해서는 종전처럼 기각하고, 폭음 정도에 따라 월정액으로 6000엔에서 1만2000엔을 피해 주민에게 각각 보상하라고 판시했다.

후텐마 기지의 이전 예정지인 오키나와 북부 나고 시(名護市)의 헤노코(邊野古) 앞바다 역시 해상기지가 건설될 경우 엄청난 환경 피해가 예상된다. 1996년 2월 일본과 미국 양 정부는 '오키나와에 있는 미군 시설 및 구역에 관한 특별행동위원회(SACO)' 최종 보고에서 헤노코에 대체 기지를 건설하겠다고 밝혔다. 계획대로라면 탄약창과 해병대가 있는 캠프 슈와브(Camp Schwab) 기지 옆의 해안에 길이 약 2500m, 폭 730m의 광대한 바다가 매립될 예정이다.

미군 군항 건설 매립에 주민들 반발

오키나와의 모든 바다가 그렇듯 헤노코의 바다 역시 아름다운 산호초와 풍요로운 해초가 밀집되어 있는 곳이며, 특히 이곳에는 세계적인 멸종보호종인 듀공과 바다거북 등이 서식하고 있다. 동시에 이곳에 미군기지가 건설되면 기지 폭음은 말할 것도 없고, 어업으로 생계를 유지하는 주민들의 일상이 파괴되는 것은 불문가지의 일이다. 때문에 헤노코 주민들은 1997년 1월 27일의 연좌농성을 시작으로 '생명을 지키는 모임'을 구성했고, 1997년부터는 '나고시민투표추진위원회', '헬리콥터 기지건설반대협의회'와 함께 반기지투쟁을 계속하고 있다.

그러나 일본과 미국 정부는 2005년 '연해안'을 발표해 오히려 미군의 군항 건설을 위한 법적 요건을 마련했고, 2013년 12월 27일에는 나카이마 히로카즈(仲井真弘多) 전 오키나와현지사가 헤노코 해안 매립 작업을 여론의 반발을 거스르고 기습적으로 승인했다. 이에 오키나와인들은 격렬하게 반발했다. 나카이마 지사가 후텐마 기지의 현 바깥으로 이전을 공약으로 재선되었음을 상기해보면, 이것은 현민들에 대한 명백한 배신행위다.

이 부분에서 우리는 미국과 일본이 왜 이토록 오키나와 기지 문제에 집착하는가를 물어볼 필요가 있다. 주일 미군기지의 70% 이상이 집중되어 있는 오키나와는 미국에게 어떤 의미를 띠는가? 미국이 오키나와를 점령했을 당시에는 한국과 일본, 대만과 남베트남 같은 '자유진영'을 소련과 중국, 북한과 같은 공산진영으로부터 방어하기 위한 기지라는 점이 강조됐다. 냉전이 종식되자 오키나와 미군기지의 성격도 달라졌다. 『오키나와 밀약』(2013)의 저자인 니시야마 다이키치(西山太吉)의 주장에 따르면, 2006년 이후 이른바 미국의 신보수주의자들, 특히 부시 정권 당시 국방장관이었던 럼즈펠드(Donald Rumsfeld)가 주도한 패권 전략의 변화가 오키나와 문제를 더욱 심각하게 만들었다.

니시야마는 2006년 5월 1일 미국 워싱턴에서 미국과 일본이 합의한 '일·미 군사재편에 관한 로드맵'이 이러한 변화를 압축한다고 밝혔다. 이 로드맵에서 강조되는 것은 첫째, 미·일 군사행동의 일체화다. 특히 자위대의 활동 반경을 '주변사태 개입'으로 확대시키는 것이 핵심이다. 당시 럼즈펠드는 '불안한 활' 지역인 중동의 개입과 관리를 염두에 둔 것으로 보인다.

둘째, 이를 위해 자위대의 전쟁 개입을 제약하는 각종 법령을 수정했다. 주변사태법이나 집단적 자위권 개념의 법제화는 이를 위한 당연한 수순이다. 셋째, 일본의 유엔안전보장이사회 상임이사국 진입을 지원함으로써 안보리에 대한 미국 통제의 실효성을 높일 것이라는 전망이다. 일본 정치의 우경화에 미국의 이해관계가 직접적으로 개입되고 있다는 것이다.

이런 미·일 동맹의 재편과 관련한 로드맵에서 흥미로운 지점은 '중국'에 대한 언급이 전혀 존재하지 않는다는 점에 있다고 니시야마는 말한다. 그렇다면 일본은? 현재의 아베 정권은 이러한 미국의 의도를 타고 넘으면서, '일본의 완전 독립'을 꾀하고 있는 것으로 보인다. 미국과는 '동상이몽'인 셈인데, 자위대의 국방군화와 주변사태에 대한 적극적인 군사적 개입, 평화헌법의 수정, 비밀정보보호법의 강행을 통해 궁극적으로는 1951년 연합국에 의해 설계된 샌프란시스코강화조약 체제를 폐기해 '패전 후 체제'에서 탈각하겠다는 것이다.

센카쿠제도(尖角列島, 중국명 댜오위다오(釣魚島))에서 중·일 간 갈등이 고조되는 와중에 일본은 대규모 자위대 병력을 패전 후 최초로 오키나와의 야에야마제도(八重山諸島)와 미야코지마(宮古島) 지역에 배치하기로 결정했다. 표면적으로는 중국과 '영토분쟁'을 이유로 들고 있으나, 내 판단에는 미국의 힘을 빌리지 않고 '일본군' 독자의 힘으로 주변사태에 개입하겠다는 호전적 포석의 시작이다. 오키나와가 분쟁지역화되면 될수록 아베의 군국주의는 더욱 노골화될 전망이다.

차별받는 오키나와인의
두 얼굴

한국에서 역사교과서를 둘러싼 논쟁의 핵심은 일본 제국주의 시기 조선의 현실을 어떻게 인식할 것인가의 문제에서 출발한다. 이른바 자유주의 사관을 견지하는 뉴라이트 사학자들은 일본에 의한 식민 지배를 '근대화'라는 관점에서 '살 만한 지옥'이었다고 주장한다. 주권 상실이 조선인을 노예적 상황으로 내몬 건 명백하지만, 식민지기가 '어둠'만 있었던 것은 아니고 '문명화'로 상징되는 '빛'도 있었음을 강조한다. 이런 시각은 일본 우익 사학자들의 오키나와 인식과 정확히 일치한다.

오키나와에 역사시대가 열린 것은 12세기 후반이다. 그런데 17세기 사쓰마 번(薩摩藩)의 침략 이후 무려 400여 년간 오키나와는 사실상 일본의 반식민지와 내부식민지로서의 역사를 경험하고 있다. 적어도 19세기 류큐처분 이전까지의 오키나와인들은 류큐왕국의 백성으로 스스로를 규정하면서, 독자적인 민족적 아이덴티티를 보존했다.

물론 이 시기의 지배계층들 가운데 일부는 아이덴티티의 뿌리를 중국에서 찾거나, 반대로 일본에 친화력을 느꼈던 사람들도 있었겠지만, 대다수의 오키나와인은 류큐인으로서 자신의 정체성을 회의하지는 않았을 것이다. 그러나 류큐처분으로 주권을 상실하고 오키나와현으로 무력 병합·편입된 이후에 그들은 일본에 의한 제국주의적 동화정책 속에서 오키나와 아이덴티티의 균열을 경험한다.

주권이 일본에 회수되었으므로 그들은 '일본인'으로 규정되었고, 일찍부터 국민교육과 징병제를 통해 일본 신민(臣民)으로 개조될 것을 강요받았지만, 1등 신민인 일본 본도인에 의한 오키나와 차별은 식민지 조선에 대한 차별과 유사한 방식으로 작동했기에, 오키나와인인 동시에 일본인이라는 민족적 아이덴티티의 균열과 상흔은 매우 심각한 것이었다.

주권 상실 이후 '일본인'으로 강요받아

형식논리학적으로 보자면, 차별하는 일본에 대항하여 피차별 상태에 있는 오키나와가 '저항'하는 것이 순리이겠지만, 류큐처분 이후의 오키나와인의 차별 철폐를 향한 집단적인 동력은 기묘하게도 일본에 대한 과잉된 정념의 자발적인 동화사상(同化思想)으로 귀결된 예가 많다. 가령 '오키나와학(學)의 아버지'라 불리는 이하 후유가 『고류큐(古琉球)』에서 류큐처분을 미국의 노예해방과 같은 역사적인 사건으로 규정하는 것에서도 단적으로 나타난다.

그렇다면, 일본의 제국주의 시기에 유사한 상황에 처했던 피차별 민족에 대한 오키나와인들의 인식은 어떠했을까? 이를 확인하기 위해서는 이른바 '인류관 사건'(1903)으로 명명된 역사의 무대로 시선을 옮겨보는 게 필요할 듯하다.

1903년 일본 본도 오사카에서는 '권업박람회'가 열렸다. 오늘날로 치면 '무역 엑스포'와 같은 행사였다. 박람회 건물 가운데 특이하게도 '인류관'이라 불리는 한 시설이 있었다. 그런데 이 시설에는 '상품'이 아니라 남녀 한 쌍의 '인간'이 민족별로 전시되어 있었다. 이들은 아이누, 대만의 생번, 조선인, 중국인, 오키나와인, 인도인, 하와이인 등으로 일본인이 이들 민족을 '야만인'으로 간주해 전시한 것이었다. 이런 사실을 알게 된 조선인과 중국인 유학생들은 행정 당국을 향해 전시 행태에 대해 격렬하게 항의했다. 당시 『류큐신보』의 주필이었던 오타 초우(太田朝敷) 역시 이러한 전시 행태는 주변국의 체면을 손상시키는 것이므로 즉각 중단할 것을 지면을 통해 촉구했다. 이러한 사실이 오키나와에 알려지자 대다수의 오키나와인 역시 격렬한 항의 행동에 들어갔다.

그렇다면 오키나와인의 분노는 어떤 성격인가? 오타 초우는 『류큐신보』에 기고한 같은 글에서, 명백히 일본 국민인 오키나와현민을 미개한 홋카이도의 아이누나 대만의 생번 취급한다는 것은 참을 수 없는 모욕이자 굴욕이라고 통탄했다. 오키나와현민이야말로 완전한 일본 민족의 빼어난 일원인데, 어찌 아이누나 생번과 같은 미개인들과 함께 진열할 수 있느냐는 것이 그의 논리였다.

또 다른 차별을 낳는 '굴절된 동화사상'

오키나와인의 입장에서 이것은 당연한 분노일 수 있지만, 우리가 이 부분에서 놓쳐서 안 되는 것은 같은 '피차별 민족'인 홋카이도 원주민 아이누와 대만 원주민 생번을 경멸적으로 배제하는 뒤틀린 논리이다. 요컨대 이런 항의 행동을 전개하는 오키나와인들이 보여주는 태도는 일본으로의 강력한 동화주의적 지향을 통해, 같은 처지의 피차별 민족을 '차별하는 편'에서 바라보는 시선이다. 이렇게 피차별 주체(오키나와인)가 차별하는 민족(일본인) 편으로 스스로의 아이덴티티를 투사·굴절시키는 태도에 대해, 『오키나와 독본』의 저자인 나카무라 기요시(仲村清司)는 오키나와인의 '굴절된 동화사상'이라고 강력하게 비판한다.

생존을 위해 일본 본도로 이주한 오키나와인들은 조선인들이 거주하는 도시 슬럼가 인근에서 함께 거주했다. 일본인들이 '오키나와인과 조선인 출입 금지'라는 문구를 식당에까지 내걸 정도로 오키나와인들에 대한 차별은 심각했다. 공히 차별받는 민족 편에 속해 있다면 응당 '동병상련'의 심정으로 연대해야 옳다고 우리는 말하고 싶지만, 당시 많은 수의 오키나와인은 스스로를 근면한 일본인으로 규정하면서, 이웃하고 있는 조선인에 대해서는 민족차별적 발언을 서슴지 않았다.

차별당하는 주체가 도리어 차별하는 측의 입장에 동화되어 또 다른 차별의 주체가 되는 일은 단순한 아이러니가 아니다. 이것은 동화주의적 생존 논리의 비극이라고 말해야 한다. 그러나 이 동화주의적 생존 논리의 결과는 무엇이었는가?

1923년 일본 본도에서 관동대지진이 발생하자 몇몇 오키나와인은 조선인·중국인과 함께 자경단에 의해 학살당했다. "조선인이 우물에 독을 풀었다"는 유언비어 탓에 학살당한 조선인은 적어도 3000명에서 6000명에 이르는 것으로 추정된다. 그렇다면 오키나와인들은 왜 학살당했을까? 언어 때문이다. 오키나와어와 일본어는 다르다. 설사 오키나와인들이 일본어를 학습해 구사했다고 하더라도, 근본적으로 발음과 성조가 달랐다. 이 때문에 그들은 일본인에게 조선인 또는 비(非)국민으로 오인되고 간주되어 학살당한 것이다.

이런 비극은 1945년 오키나와전쟁 당시에도 동일하게 반복되었다. 이 전쟁에서 1만 명 이상의 조선인 군부(軍夫)와 '위안부'가 일본군의 학살과 미국의 공격으로 사망했다. 그런데 오키나와인들 역시 조선인과 똑같은 '스파이 혐의'로 일본군에 의해 학살당하거나 '강제집단사'에 내몰렸다. 완전한 일본 신민이 되기 위해 이름도, 언어도, 문화도 철저히 부정했던 오키나와인들은 그것을 강제한 일본에 동화된 결과 전쟁이라는 한계 상황에서 결국 비극적인 죽음으로 내몰리게 된 것이다.

'구로시오해류' 타고 온
한반도계 문화

오키나와에 대해 글을 쓰고 있다고 말하면, 홍길동의 율도국이 혹 오키나와가 아니냐고 묻는 이가 종종 있다. 한반도로부터 1000㎞ 이상 떨어져 있는 오키나와에 허균의 소설 속 인물인 홍길동이 조선을 탈출해 '율도국'을 건설했다는 세간의 속설은 한국의 방송에서도 한두 번 다루어진 적이 있다. 물론 이런 대중들의 속설을 여과 없이 받아들이는 것도 문제이지만, 그렇다고 해서 이 논의가 허무맹랑한 상상력의 소산이라고만 부정할 수도 없다.

실제로 『홍길동전』 연구의 권위자인 연세대학교 국문과 설성경 교수가 『홍길동전의 비밀』(2004)에서 이런 주장을 자못 치밀하게 펼친 바 있으며, 오키나와의 고중세사를 검토해보면 한반도계 유물과 영향의 흔적이 적지 않기 때문이다. 따라서 개연성 있는 추론이 불가능한 것은 아니다.

오키나와의 역사학자인 아라시로 토시아키(新城俊昭) 교수가 쓴 『오키나와에서 본 역사풍경』(2010)을 읽으면서, 나 역시 오키나와에 산재되어 있는 한반도계 문화유적에 대한 기술을 보고 기묘한 느낌에 빠져든 적이 있다. 가령 오키나와에서 이른바 역사시대가 형성되기 시작된 11세기 후반의 유물과 유적을 보면, 한반도문화의 흔적이 잘 나타난다. 그중 하나는 이른바 '가무이 야키(龜燒)'로 불리는 항아리형 토기다. 이 토기는 아마미제도(奄美諸島)의 도쿠노지마(德之島)에서 만들어져 류큐제도 전역에 유통되어 쌀과 곡식 등의 저장용 토기로 사용되었는데, 가야토기를 변형한 일본의 스에키(須惠器)보다는 고려토기에 가까운 것으로 추정되고 있다.

다수의 고려 도기와 기와 발굴

중세 오키나와의 토착 호족들이 건설한 것으로 추정되는 구스쿠(城)에서도 한반도계 문화의 흔적이 잘 나타난다. 가령 1200년 전후에 축성되어 일종의 왕성 구실을 했던 것으로 추정되는 가쓰렌(勝連)과 우라소에(浦添) 구스쿠 유적에서는 제작 연대가 적혀 있는 다수의 고려기와가 발굴되었으며, 통일 류큐왕국의 왕성인 슈리성(首里城)에서도 다수의 고려기와와 고려도기 등이 출토된 바 있다.

또 한 가지, 도래인 문화와 기술의 흔적을 알 수 있는 성곽의 축조 방식이다. 오키나와는 융기 석회암 지대로 성곽을 구축하는 데 있어서도 이 석회암을 활용했다. 오키나와에 산재한 성곽은 대체로 다음과 같은 세 가지 양식으로 구축되어 있다.

먼저 자연 그대로의 바위를 쌓아서 구축하는 방식인데, 이는 오키나와 본도에 비해 문화 발전 수준이 낮았던 야에야마제도의 성곽에서 잘 나타난다. 다음으로 석회암을 정사각형으로 절단하여 축조하는 방식이 있고, 마치 거북이 등짝 모양으로 사각형과 오각형으로 잘라 구릉의 형세에 맞춰 축조하는 방식이 있다. 그런데 두 번째와 세 번째의 성곽 축조 방식은 대체로 일본보다는 조선과 중국의 선진기술에 의해 만들어진 것으로 추정되고 있다.

그렇다면 이 멀고 먼 이역에 한반도계 문화의 흔적이 나타나는 이유는 무엇일까? 어떻게 고중세의 한반도인과 오키나와인이 문화적 상호작용을 하게 된 것일까? 물론 그것은 한반도와 중국, 일본열도 내부에서 발생한 왕조의 교체와 전란을 포함한 정치적 혼란이 사람과 기술, 문화를 이동하고 혼합하게 만들었기 때문으로 유추된다. 그러나 가장 근본적인 자연의 규정력은 구로시오해류(黑潮海流)가 가져다 준 우연과 필연의 산물이 아니었을까?

대륙에 '실크로드'가 있듯 바다에도 문명 간 교역로인 '해상의 길'이 있다고 생각했던 사람은 일본의 민속학자인 야나기타 구니오(柳田国男)였다. 그는 동중국해에서 한반도의 동해에 이르는 구로시오해류와 계절풍을 이용하여, 중국 남부인들이 오키나와를 거쳐 일본에 정착한 것이 고대 일본 민족의 기원이 되었다고 상상했다. 그가 '해상의 길'의 근거로 찾은 것은 '벼농사문화'이다. 그 가운데서도 '수전(水田) 농법'이었는데 이러한 주장은 일본문화의 기원을 도래인(한반도인)들에 의해 구축된 것으로 간주하는 '일본인 기원론'을 부정하기 위해 제시된 것이다. 지금은 일본 학계에서조차 내셔널리즘의 소산으로 비판, 부정되고 있는 '해상의 길'에서의 문화 전파 가설은, 그럼에도 불구하고 고대 동아시아인들의 문화 교류와 혼합의 단서를 우리에게 제시한다.

『조선왕조실록』, 『승정원일기』, 『고려사절요』 등을 검토해보면, 고려시대 이래 중세 조선과 오키나와와의 교류 흔적을 찾아볼 수 있는 수백 건의 기록을 발견하게 된다. 그런데 흥미로운 것은 유독 조선과 오키나와 민중의 표류나 난파에 대한 기록이 자주 등장한다는 점이다. 심지어는 무려 2년여에 걸쳐 야에야마, 미야코, 오키나와 본도, 규슈, 대마도를 거쳐 조선으로 귀환한 제주인 김비의(金非衣)의 기록조차 존재한다.

조선 어민들의 표류 기록 자주 등장

주로 조선 남서해안의 어민들이 항해 중에 태풍과 풍랑을 만나 오키나와까지 표류했다는 이야기인데, 이들의 오키나와 행을 가능케 한 것은 무엇보다도 구로시오해류의 존재 때문이었다. 오키나와인들이 이른바 동남아시아와 동아시아를 항해했던 '대교역 시대'로 간주하고 있는 15세기 해상 중계무역 역시 구로시오해류가 있었기에 가능했다.

그런 점을 고려하면, 설성경 교수가 『홍길동전의 비밀』에서 제기한 가설은 일단 '개연성'이 있는 추측이다. 이 책에서 설 교수는 홍길동 세력이 조선을 탈출해 오키나와 야에야마제도의 수장이 되어, 중앙집권적 전제왕권이 확립되어 있던 오키나와 본도의 류큐왕국에 대항해 싸우다 패배했다고 추정한다. 학계 일각에서 제기한 대로, 고려시대의 삼별초

세력이나 조선시대의 홍길동 세력은 이 '해상의 길'을 이미 알고 있었을 것이고, 류큐인 역시 조선인을 잘 알고 있었을 것이다. 세종 대 관료인 신숙주에 의해 편찬된 『해동제국기』에 류큐왕국의 지도가 상세하게 수록되어 있음은 이를 증거한다.

우리 역사에 자주 출몰하는 '왜구' 역시 이 구로시오해류를 이용해 동아시아의 각지로 이동한 것으로 보인다. 물론 이때의 왜구는 단지 일본의 해적이라기보다는 동아시아의 빈궁 민중들이 무장 상업 세력으로 전화한 한·중·일 연합 세력이었을 확률이 높고, 그들의 근거지는 현재의 야에야마제도와 타이완 인근이었다는 주장도 타당성이 있다.

이러한 동아시아 교류사의 흔적을 사심 없이 탐구하기 위해서는 근대 이후에 성립된 내셔널리즘적 역사 인식을 지양해야 한다. 아마도 고중세의 평범한 민중은 오늘과 같은 강력한 민족의식이나 국가의식을 갖고 있지 않았을 것이다. 그것들 대신 그들에게 오히려 절실했던 아이덴티티의 근거는 '생활권'이 아니었을까.

지배층이야 근대 이전에도 '국경' 개념을 인식했겠지만, '변경'에서 이문화(異文化)와 접촉해 살아가던 민중은 구로시오해류와 계절풍을 따라 이동하거나 표류하다 정착한 장소에서 새로운 생활을 구축하고자 했을 것이다. 설사 설성경 교수의 추론대로 홍길동이 오키나와로 이동한 것이 사실일 수 있다 가정하더라도, 그것은 또 다른 '생활권'의 발견이 아니었을까.

고중세에 존재했던 공존의 생활사

오키나와에 역사시대가 열린 것은 12세기 후반이다. 긴 구석기시대와 패총 시대라는 완만한 시간의 미풍 속에서 진행되던 삶의 리듬이 12세기를 통과하면서 철기와 벼농사, 구스쿠(城)와 우타키(御嶽·종교적 성소)의 구축, 지역 아지(유력자)의 등장과 무력항쟁을 동반한 왕조국가로 이행하는 역사적 흐름은 숨 가쁘다.

오키나와가 역사시대로 들어가던 시점의 한반도는 무신의 난에 뒤이은 항몽전쟁이 전개되던 시점이었고, 일본은 헤이안(平安) 시대에서 가마쿠라막부(鎌倉幕府)로 이행하던 시점이었다. 중국 남송의 힘이 쇠락하는 반면 몽골족인 원나라의 무력이 동아시아 전반으로 확장되던 시점이었다. 한마디로 동아시아의 격동기였다.

바로 이 역사적 격동기에 류큐제도에 속하는 오키나와 본도에 오키나와 말로 '구스쿠(城)' 시대가 열렸고, 각 지역의 유력자들이 무장항쟁을 통해 힘을 결집한 오키나와 판 3국시대가 열렸으며, 이것이 이후 류큐왕국의 성립을 보게 되었던 것이다.

그렇다면 12세기에 이르러 철기 문명과 농업혁명을 가능케 하고 국가의 형성을 촉진한 이 갑작스런 문명의 파도는 어디서 온 것인가. 일본의 사학자나 오키나와 학자 모두 이것이 '외부'로부터 온 것이라고 판단하고 있다. 이에 대한 논거로 제기되는 것은 고고학 발굴을 통해 확보된 각종 유물들과 현재도 남아 있는 각 지역의 구스쿠들이다.

그렇다면 그 '외부'는 어디인가? 북쪽의 아마미제도와 오키나와 본도는 한국·중국·일본의 문화적 영향이 강력하게 나타나지만, 오키나와인들이 사키시마(先島)라고 부르는 미야코지마와 야에야마제도에는 필리핀과 말레이제도 등의 남방 문화 흔적이 나타난다. 고고학자들이 유물을 통해 선사시대의 역사를 재구성하고 기원을 더듬어보는 반면, 넓은 범주의 인문학자들(문화인류학·민속학·언어학 등)은 오키나와인의 생활양식, 언어, 문헌 기록과 설화(신화·전설·민담)에 대한 해석과 비교를 통해서 오키나와문화의 총체성을 확인해보고자 한다.

그러나 이 인문학적 탐색에도 명백한 '정치성'이 개입하기 마련이며, 특히 그것이 민족적 '기원서사'와 결합하게 되면 여러 형태의 의도된 오인을 낳을 수 있음도 분명하다. 가령 2차대전의 패전국인 일본이 연합군 당국과 샌프란시스코강화조약(1952)을 선포한 직후 출간된 야나기타 구니오(柳田国男)의 『해상의 길』은 류큐제도를 일본 민족의 기원 또는 시원이라는 관점에서 조망한다.

평범한 사람들과 민속문화에 대한 강렬한 정열을 보여주었던 이 노학자가 왜 이 시점에서 이 책을 발간한 것일까. 샌프란시스코강화조약 발효를 기점으로 오키나와가 더 이상 일본의 행정권이 미치지 않는 미국의 '점령지'로 전락한 것에 대한 위기의식 때문이었을 것이다. 거꾸로 이런 위기의식이 야나기타로 하여금 오키나와와 일본의 일체성, 동조동근성(同祖同根性), 일본 민족 기원설 등의 과감한 주장으로 나아가게 한 것이 아니었을까. 이것은 오키나와 편에서도 마찬가지였다.

가령 오늘날 일본과 오키나와 모두에서 '오키나와학'의 아버지로 간주되는 이하 후유(伊波普猷) 역시 마찬가지였을 것이다. 이하 후유는 일본에 의한 오키나와 강제 병합 이후 오키나와인 차별을 온몸으로 경험했던 청년이었다. 이 청년이 일본의 도쿄대학에 진학하고 국어학을 전공한 후 오키나와로 돌아왔을 때, 그의 마음속에는 아마도 다음과 같은 두 가지 야심이 있었을 것이다.

'오키나와 독자성'을 역설하는 이유

첫째, 일본인에 의한 오키나와인 차별의 무근거성을 학문적·이론적으로 내파하자는 것이다. 실제로 그는 자신의 탁월한 어학 및 문헌 해석 능력을 활용하여 오키나와어가 고대 일본어의 원형을 간직하고 있는 원석이라는 점을 역설한다. 이에 대해서는 야나기타 구니오나 오키나와 방언 논쟁 당시 일본어 상용론을 적극적으로 비판했던 야나기 무네요시(柳宗悅) 역시 이하 후유의 주장에 동의했다.

둘째, 그럼에도 불구하고 이하 후유는 오키나와의 역사와 문화에 깃든 '독자성'을 치열하게 역설하고자 했다. 오키나와에서 근대 학문이 성립된 이래, 오키나와인 자신에 의해 오키나와의 독자적 정체성이 해명된 것은 이하 후유의 시도가 처음이었다.

그는 류큐왕부가 일본어 히라가나를 활용해 오키나와어로 채록한 신가집(神歌集) 『오모로소시(おもろさうし)』에 대한 집중적인 연구를 통해 역사시대 이전 오키나와의 전체상을 재구성하고자 애썼다. 식민주의자 일본인의 편견과 달리, 오키나와인들은 이미 높은 수준의 문화적 역량과 감수성을 갖고 있었음을 증명하고자 했다.

일본에 의한 식민주의를 장기간 체험한 한국인의 입장에서 볼 때, 오키나와 근대사에서 전개되었던 이 학술 부문의 보이지 않는 전선은 공감이 가는 바가 없지 않다. 식민지기 일본의 관변 조선학자들은 제국 일본에 의한 조선 병합의 논리적 근거를 이 언어·문화·민족의 동조동근성에서 찾았다. 『일본서기』에 등장하는 백제나 가야 관련 기술을 확대해석하고, 가공된 설화임에 분명한 '임나일본부설'을 사실로 확정하는 등의 방식을 통해 일본에 의한 조선 지배의 정당성과 자연성을 합리화했다. 그런데 이러한 일본의 관변적 조선학은 그 논리를 뒤집으면, 도래인(渡來人)에 의한 일본 민족 기원설이라든가 일본열도 내의 '한반도 분국(分國)설' 같은 대항 논리에 의해 내파될 수도 있는 담론의 급소다.

조선과 일본, 오키나와의 관계를 일반적으로 유추해 보면, 조선의 남부와 일본의 규슈 지역, 그리고 오키나와 본도 사이에는 강한 문화적

'친족성'이 존재했음이 분명해 보인다. 각각의 지역에서 발굴되고 있는 토기나 기와를 포함한 유물, 지명의 유사성, 창세신화나 구전민담에서 발견되는 공통적인 설화소(說話素), 알타이어계의 친족 언어라는 인접성, 모권적 샤머니즘문화와 생사관 등 근거를 나열하자면 끝이 없을 정도다.

그렇다면, 인문학자로서 이른바 '오키나와학'에 접근하는 가장 정당한 자세는 무엇일까. 내셔널리즘의 관점에서 고중세사를 소급 해석해서는 안 된다. 고중세의 평범한 민중들이 의식했을 '문화권'이나 '생활권'의 관점에서 있는 그대로의 교류와 영향의 역사를 인식하는 문화적 공존의식이 중요하다. 일본이나 오키나와에서 우리는 놀랍게도 고중세 한반도문화의 흔적과 조우할 수 있다. 이는 고중세에도 강력한 문화적 교통과 공존의 생활사가 존재했음을 암시한다.

차별받지 않으려 오키나와어를 버린다?

언어는 '존재의 집'이다. 만일 인간이 오늘날과 같이 분절음을 발화할 수 있는 상태로 진화하지 않았다면, 문명과 문화의 계승은 불가능했을 것이다. 언어는 또한 역사의 퇴적물이기도 하다. 언어철학자인 비트겐슈타인(Ludwig Wittgenstein)은 도시의 비유를 들어 언어의 역사성을 설명한 적이 있다. 이것을 다음과 같이 설명해보기로 하자.

서울의 도심에는 경복궁이 있다. 이 건축물을 보면서 우리는 조선왕조가 역사 속에 존재했음을 발견하고 가볍게 놀란다. 그러나 시선을 강남으로 돌리면, 마천루라는 비유조차 어울릴 것 같지 않은 타워팰리스 군집을 발견한다. 전 지구적인 메트로폴리스의 한국적 버전이다. 한편, 지하철을 타고 4호선 당고개역에 내리면, 산업화 시기를 연상시키는 궁벽한 판잣집들이 대열을 이루고 있다. 경복궁과 타워팰리스, 판잣집들이 뒤섞여 있는 모습에서 우리는 중층적 역사와 시간의 흔적을 발견하게 된다. 언어 역시 그러하다.

1940년대부터 오키나와어 금지 정책

오늘과 같은 형태의 국어 또는 민족어가 문법적 체계성을 확보한 것은 19세기 이후 국민국가(nation state)가 성립된 이후의 일이다. 그 이전까지 서구의 식자층은 라틴어를, 동아시아의 사족(士族)들은 한문을 서기(書記) 체제로 활용했다. 그런 점에서 언어는 이데올로기 장치이기도 했다. 라틴어가 중세 유럽의 신정(神政) 체제를 작동시켰다면, 한문은 중화주의 체제의 영속성을 내면화했다.

그러나 근대 국민국가의 출현과 함께 이 언어들은 쇠퇴하거나 상당부분 영향력을 상실했다. 국가를 경계로 한 공용어로서의 국어가 출현한 것이다. 가령 일본의 경우 메이지유신 이후 '헌법'과 '문법'을 통일함으로써 국민국가 체제를 확립한다. 일본의 식민지로 전락한 조선과 오키나와는 어떠했을까. 조선의 경우 국가를 상실했으므로 민간의 '조선어학회'를 중심으로 저항적 조선어운동을 전개했다. 물론 이 운동은 일제 말기인 1930년대 후반부터 총독부에 의한 거센 탄압에 직면했으며, 1940년대가 되면 '일본어 상용정책' 또는 '조선어 말살정책'의 상황 속에서 심각한 위기에 직면하게 된다.

오키나와에서도 조선과 유사한 상황이 전개되었다. 류큐왕국이 오키나와현으로 전락했음에도 불구하고, 상당 기간 구어로서 오키나와어는 자연스러운 생활어로 사용되었다. 물론 일본에 강점당한 이후에는 공통어(표준어)인 일본어가 활용되었지만, 일본어와 오키나와어는 공존했다. 그러던 것이 1940년대가 되자 오키나와어를 박멸시키고자 하는 정책이 강제된다.

조선의 학교 현장이 그렇듯, 교사나 학생이 오키나와어로 말하고 소통하는 것은 금지되었다. 실수로라도 오키나와어로 말하면 학생들은 방언찰(方言札)을 목에 걸고 교실 바깥에 서 있어야 했으며, 그러한 언어의 순화를 위한 징벌은 다른 오키나와어 '발성자'에게 인계될 때까지 계속되었다. 오키나와에서 벌어지고 있던 이런 오키나와어 박멸 정책에 대해 반기를 든 것은 아이러니하게도 일본의 민예학자 야나기 무네요시(柳宗悅)였다. 그는 조선총독부 당국이 광화문을 허물려 할 때에도 그것을 강력하게 반대했고, 조선민속박물관을 건립할 정도로 조선문화에 애착을 보였으며, 조선의 미를 백자항아리 등을 들어 소박미, 비애미, 가냘픈 선의 미 등으로 규정한 사람이다.

야나기에게 오키나와어 박멸은 조선의 상황과 유사한 민속문화의 위기로 간주되었다. 그렇다면 야나기가 조선이나 오키나와의 문화에 대해 깊은 관심을 갖고, 표면적으로 조선과 오키나와 편에서 일본의 통치 세력과 대립한 이유는 무엇일까. 그것은 조선문화나 오키나와문화나 실상은 일본문화의 원류라는 생각 때문이었다. 난세이제도의 오키나와 문화는 야요이 시대에 형성된 원일본어의 흔적을 가장 잘 담고 있다. 조선문화는 야요이문화의 전파자인 동시에 중국의 선진문화를 일본에 중계한 '오래된 미래'이므로 보존해야 한다는 내심이 있었을 것이다.

이른바 '오키나와 방언 논쟁'을 검토하면서 기묘하게 느껴지는 것은 토착민인 오키나와인들이 야나기 무네요시의 '오키나와어 박멸 반대론'

을 대체로 지지하지 않았다는 점에 있다. 반대로 지역언론인 『류큐신보』 지상에서 벌어진 '일본어-오키나와어 논쟁'을 보면, 오키나와의 지식인들은 일본어 공용론, 그러니까 오키나와어 박멸론을 적극 지지하는 논조가 대부분이었다.

일본인의 오키나와어 보존론

이렇게 보면, 일본인인 야나기 무네요시가 오키나와어 보존론을 적극 펼치고, 오키나와현민들이 일본어 공용어론을 오히려 반기는 듯한 역설적인 구도가 형성되는 셈이다.

동시기 조선에서는 결코 이런 논쟁의 구도가 형성되지 않았다. 많은 국어학자와 문학자들은 검거와 고문, 수형 생활 등의 탄압에도 불구하고 조선어를 보존하기 위한 대항 논리를 개발하곤 했다. "조선어를 박멸해서는 안 된다. 왜냐하면 도쿄의 표준어와 규슈 지역의 방언이 다르듯, 조선어 역시 일본의 '지방어'이기 때문이다. 일본어의 풍요성은 이 방언들의 존재에 의해 가능해지는 것 아닌가. 아이누 방언, 오키나와 방언, 조선 방언들을 보존하는 것이야말로 일본문화의 풍요성에 기여하는 게 아닌가"라는 식의 대항 논리도 존재했던 것이다.

그렇다면 오키나와인 가운데 다수가 일본어 공용론을 수용한 숨겨진 의도는 무엇인가. 가령 오키나와현청 관료인 요시다 시엔(吉田嗣延)이 『류큐신보』 지상에서 한 발언을 요약하면 이렇다.

오키나와인들은 일본어를 잘 구사하지 못한다는 이유로 차별을 받고 있다. 특히 가난과 경제공황 때문에 남미, 남양, 대만, 오사카 등으로 노동이민을 떠난 오키나와인들은 '비국민'으로 배제되어 온갖 형태의 차별과 저임금, 생활의 고통을 겪고 있다. 이런 차별의 가장 핵심적인 근거는 언어이다. 대다수의 노동이민자들은 학력이 별무하고, 일본어 구사에 서툴러 '피차별 부락'의 사람들, 또는 조선인과 유사한 대우를 받고 있다. 이 차별을 현실적으로 해소하는 방법은 오키나와인들이 일본어를 체화함으로써 완전한 일본인이 되는 방법밖에는 없다. 오키나와인들의 완전한 '자치'와 '자존'을 위해서는 현실적으로 오키나와어의 흔적을 지우고 그 자리에 일본어를 기입해야 한다.

정리하자면 이런 식의 주장이었다. 일제 당시에도 오키나와는 일본의 한 현이면서도 '일본 속의 이국'이었고, 이런 현실적 피차별 구조를 해소하기는 어렵다. 오키나와어를 버리는 것은 모욕적인 일이다. 그러나 현실적인 모욕과 차별 구조를 벗어나기 위해서는 일본어를 공통어로 받아들일 수밖에 없다. 이런 차별적 상황에 대한 근본적 대책 없이, 야나기식으로 오키나와어를 보존하자는 것은 비현실적이라는 주장이다. 오키나와의 특수성을 이해하려면 오키나와 방언 논쟁의 중층적 이면에 대해서도 생각해볼 필요가 있다.

중·일간 우호 기대하는
평화의 섬

모노레일을 타고 오키나와현청 역에서 내려 도보로 10여 분을 걸어가면 중국풍의 건축물이 나타난다. 빨간 기와로 지어진 고풍스러운 건물에는 지성묘(至聖廟)라는 현판이 걸려 있다. 이 문을 지나 안으로 들어서면 중앙에 대성전(大成展)이 있고, 그 왼편에는 현대식 2층 건물이 하나 있는데 명륜당(明倫堂)이라고 적혀 있다.

이 중국풍의 시설은 공자와 4명의 제자 격인 유가(안자, 증자, 자사자, 맹자)의 신위를 모신 문묘(文廟)이다. 앞에서 언급한 지성묘라는 현판에서 '지성'은 유학의 창시자인 공자를 의미한다. 공자의 출생지인 중국 산둥성 취푸(曲阜)에 있는 공자묘와 동일하게 지어진 것이다.

지성묘 인근에는 중국풍 정원인 후쿠시엔(福州園)도 있다. 중국과의 조공 무역을 기반으로 한 중계무역으로 류큐왕국이 번영했던 시기에 지어진 중국식 정원으로, 류큐의 진공사와 유학생들이 머물렀던 중국 푸젠성(福建省)에 있는 푸저우(福州)의 정원 양식을 오키나와에 재현한 것이다. 이 마을에는 이러한 중국풍의 시설과 유적 말고도 일상 곳곳에 중국 문화의 흔적이 남아 있다. 오키나와 시내에서는 찾아보기 힘든 중화반점도 여럿 눈에 띈다.

이 마을의 이름은 구메(久米)인데, 류큐왕국 시절에는 구메손(久米村)이라 불렀다. 이 마을에는 류큐왕국이 명나라와 조공·책봉 관계를 맺은 직후인 1392년 푸젠성을 포함한 중국 남부에서 이주한 36성(姓)의 중국인 후손들이 모여 살던 곳으로, 당시 류큐왕국의 대외무역과 정치의 핵심에서 상당한 영향력을 행사했던 사람들의 주거지역이었다. 현재에도 오키나와 전역에 흩어져 살고 있는 이 중국계 후예들은 공자의 탄신일인 9월 24일이면 이곳에 모여 제사를 지내는데, 이나미네 게이이치(稻嶺惠一), 나카이마 히로카즈(仲井真弘多) 등 오키나와 전(前) 현지사가 이들 중국 귀화인의 후손이라는 점은 잘 알려져 있지 않다.

오키나와와 인연 깊은 시진핑 주석

현재의 오키나와는 센카쿠제도 문제를 둘러싸고 중·일 간 일촉즉발의 상황에 처해 있지만, 2000년대 초반만 해도 양국의 관계는 매우 우호적이었다. 중국과 오키나와의 관계가 그랬다는 것인데, 이 부분에서 눈여겨볼 것은 현재 중국의 국가주석인 시진핑(習近平)과 오키나와의 관계이다.

시진핑은 중국의 어느 정치가보다 오키나와와 인연이 깊다. 중앙권력에 진출하기 직전까지 그는 오키나와와 역사적 관계가 깊은 푸젠성에서만 무려 17년의 세월을 보냈다. 특히 2000년에서 2007년까지는 푸젠성의 성장(省長)으로 있으면서 오키나와 공식·비공식 교류를 활발히 전개했는데, 이 시기에 오키나와현지사가 푸젠성을 방문하고, 푸젠성의 성장이 오키나와를 방문하는 일은 매우 자연스러운 것이었다. 오키나와 입장에서 푸젠성은 중세 류큐왕국 시절부터 중국의 책봉사가 출발하고 오키나와에서 출발한 진공선이 향했던 역사적 공간이었기 때문에, 또 푸젠성의 문화와 생활양식이 오키나와에 끼친 영향이 막대하기 때문에 두 지역 간의 우호협력 관계는 친밀했다.

동시에 오키나와 입장에서는 거의 유일한 산업이랄 수 있는 관광산업의 확대를 위해 중국과 협력 관계를 확대할 필요성을 갖고 있었다. 산업적 기반이 전무한 오키나와의 경제 상황에서 관광산업의 확대는 필수적이었는데, 관광객의 다수를 점하고 있는 대만은 물론 더 나아가 중국 관광객을 오키나와로 유치할 수 있다면, 이것은 오키나와현의 경제성장과 관련해 매우 중요한 문제가 아닐 수 없었다. 이런 전략 속에서 오키나와 상하이 및 베이징 간의 항공기 직항노선을 개설하는 일은 당시 오키나와현청의 입장에서는 중요한 정치적·경제적 의미가 있었다.

중국 입장에서도 오키나와와 우호 관계를 확보하는 것은 중요한 의미가 있었다. 오키나와가 대만과 중국의 양안 사이에 있다는 점도 그러하지만, 더욱 중요한 것은 미·일 군사동맹의 거점이라는 지정학적 문제 때문이다. 오키나와 본도에 집중되어 있는 미국의 군사시설은 냉전기에도 그러했거니와 특히 중국의 개혁·개방 이후 대국으로 우뚝 서겠다는 '대국굴기(大國崛起)'의 야심을 실현시키는 과정에서, 이것을 견제하기 위한 미국의 대중국 포위 정책의 핵심 지역으로 기능하고 있다. 오키나와와 괌에 있는 미군기지들은 동중국해에서 남중국해에 이르는 중국의 군사 팽창을 노골적으로 견제하는 기능을 담당하고 있다. 중국 입장에서는 오키나와의 미군기지를 일본과 한반도의 안보적 상황 관리보다는 중국의 군사적 팽창을 제압하고 포위하기 위한 위협으로 느끼는 것이다.

오키나와와 중국 간 교류 확대에 긴장하는 일본

반면, 일본의 경우는 오키나와와 중국의 교류협력 관계가 일본의 영토주권을 침해할 가능성에 촉각을 곤두세우고 있다. 이들은 중국과 오키나와 사이의 교류협력 확대와 발전이 후텐마 기지의 현 바깥으로 이전을 주장하고 있는 시민들의 요구와 모종의 관계를 맺고 있다고 의심한다. 일본의 극우파들은 오키나와에서 미군기지가 이전되면 오키나와가 중국의 세력권에 들어가게 될 뿐만 아니라, 중국의 군사 공격으로 점령당할 수도 있다는 '중국위협론'을 확대재생산하고 있다.

일본이 센카쿠제도를 실효 지배하고 있기는 하지만, 전후의 샌프란시스코강화조약이나 1972년의 중·일 국교정상화 과정에서 명확하게 일본의 영토로 규정된 바는 없다. 아베를 포함한 일본의 우파세력들은 센카쿠제도가 중국으로부터 공격당할 경우 동맹국인 미국이 일본을 대신해서 중국과 군사적 충돌을 선택하지 않을 가능성에 노심초사하고 있다. 미국 역시 분쟁지역화된 영토문제에 대해서는 명시적 의견을 표명하지 않고 있다. 바로 이런 사실은 거꾸로 일본의 극우세력들이 '중국위협론'을 빌미로 각종의 우경화 전략을 실현하는 근거가 되고 있다. '집단적 자위권' 문제의 경우 헌법의 해석 변경을 통해 '교전권'을 부여하게 한다든가, 자위대를 국방군으로 전환해 "전쟁을 할 수 있는 나라"로 가겠다는 아베 주장의 명백한 근거로 거론되는 것이 오키나와의 센카쿠제도인 것이다.

그렇다면 이러한 중국, 일본, 미국의 오키나와 인식 속에서 정작 오키나와현민의 생각은 어떠한가. 오키나와현민은 일관되게 오키나와의 자치와 자립의 필요성과 가능성을 역설하고 있다. 이들은 오키나와현에 존재하는 미군기지를 오키나와현 바깥으로 이전하는 것만이 사실상 식민지로 전락한 오키나와의 존엄을 회복할 수 있는 길이며, 중·일 간의 군사적 충돌을 예방하는 길이라고 생각한다. 그렇다고 해서 이것이 일본의 극우세력이 상상하듯 중국으로의 귀속을 의미하는 것은 아니다. 오키나와인들이 상상하는 미래는 자치도(自治都)부터 독립국(獨立國)까지 다양하다. 하지만 단 하나의 분명한 소망이 있다면 그것은 오키나와가 평화와 공존의 섬이어야 한다는 것이다.

태평양전쟁 때 침몰한
'쓰시마마루의 비극'

 전라남도 진도 연안에서 일어난 세월호 참사와 학생들의 죽음을 생각하면서 국가란 무엇인가라는 생각을 하게 된다. 평시에 일어난 해난 사고에서도 이러하거니와, 분쟁을 포함한 비상시에 과연 국민의 생명과 안전을 보장할 의지와 역량이 있는 것일까.

 6586톤급 여객선 세월호의 침몰 사건을 목격하면서, 나는 아시아·태평양전쟁(1941~1945) 말기 오키나와에서 일어난 '쓰시마마루(對馬丸) 사건'(1944)을 떠올렸다. 진주만 기습공격을 받은 직후 미국은 일본과의 전면전에 돌입했다. 중일전쟁이 교착상태에 빠지고, 미국이 일본에 대해 원유와 석탄을 포함한 수출금지 정책을 밀어붙이자, 일본은 전쟁 수행에 필요한 자원과 에너지를 확보하기 위해 오키나와 남방의 동남아시아 국가를 침략했다.

미군의 일본 상륙을 막는 방파제 역할

개전 초기에는 필리핀과 말레이시아, 버마 등 당시 서구 열강의 식민지였던 동남아시아 각국을 빠른 속도로 점령해 나갔지만, 이것은 그동안 전쟁을 관망하고 있던 미국을 포함한 서방국가들에 아시아·태평양에서 일본과의 전쟁을 불가피하게 했다. 특히 유럽의 다른 국가들과는 달리 세계대전으로 인한 전쟁 피해를 본 바가 없는 미국이 적대국인 일본과 본격적인 전쟁을 벌이게 됨으로써, 1945년 8월 15일 일본이 무조건 항복을 하게 될 때까지, 아시아·태평양 전 지역은 세계대전의 광풍 속으로 끌려들어가게 된다.

이 전쟁에서 일본의 패색이 짙어지게 된 결정적인 계기는 1944년 7월 7일 일본이 위임통치하고 있던 마리아나제도의 사이판 섬에서 패배한 일이다. 사이판에서 일본군은 "살아서 치욕을 겪지 마라"는 임전지침인 '센진쿤(戰陣訓, 전진훈)'에 따라 전원 옥쇄(玉碎)의 운명 속에 노출된다. 이러한 전황을 보고받은 당시 도조 히데키(東條英機) 정권은 일본의 '절대 국방권'을 일본 본도와 한반도, 만주국 등으로 수정한다. 사이판이 함락되었다는 것은 연합군과의 '본도 결전'이 임박했다는 것을 의미하기 때문에, 일본 군부는 오키나와에 일본군 32군을 편성하여 미군의 본도 진격을 막기 위한 방파제로 간주하고 '장기소모전' 전략을 구상한다.

이를 위해 만주국과 중국 북부, 대만과 남방 지역의 병력을 재배치하고 중국과 한반도에서 군부와 일본군 '위안부'를 강제동원했다. 동시에 오키나와에서 미군과의 선생을 대비하기 위해 오키나와의 학동(學童) 및 민간인을 일본 본도로 소개(疏開)하는 작전을 시작한다. 전시 일본이 오키나와의 학동 및 민간인을 본토로 소개하고자 한 이유는 무엇일까.

오키나와전쟁은 군관민 총력전의 형태로 진행되었다. 그러나 아동과 노인들은 전쟁 동원에 별다른 도움이 되지 못한다. 동시에 전쟁 준비와 수행을 위해서는 오키나와 외부에서 입도한 군인들의 숙영지와 막대한 식량을 비축하고 있어야 한다. 때문에 학교 시설을 군의 숙영지로 개조하고, 오키나와의 민간인을 외부로 소개함으로써 식량문제에 있어서도 좀 더 효과적인 전쟁 준비를 가능케 할 수 있다는 것이 군부의 생각이었다.

그러나 오키나와현민들은 오키나와 외부로의 집단 소개에 반발했다. 특히 초등학교 3학년부터 6학년까지의 모든 어린이를 보호자 동반 없이 일본 본도로 소개하라는 당국의 정책에 대해 부모들의 반발은 격심했다. 거기에는 오키나와 인근 해안은 물론이고 일본 본도 지역까지 작전권으로 하고 있는 미군의 전투기와 잠수함들이 일본 본도와 오키나와를 이동하는 선박에 대해 빈번한 공격을 감행했고, 그 과정에서 군인이나 민간인 가릴 것 없이 많은 사람이 희생당했기 때문이다.

쓰시마마루(對馬丸)가 학동 826명, 일반 소개자 835명을 싣고 오키나와를 떠나 목적지인 가고시마를 향해 출발한 것은 1944년 8월 19일이었다. 이 배에 탄 학동들은 모두 초등학교 3학년에서 6학년까지의 어린이로 부모와 생이별한 채였다. 쓰시마마루는 다른 두 척의 수송선과 함께 'T' 자형의 대열을 이루어 나갔는데, 그 뒤를 구축함과 포함(砲艦)이 따랐다. 가고시마를 향해 그렇게 3일간의 항해가 지속되던 8월 22일 저녁 10시, 쓰시마마루는 가고시마현 아쿠세키지마(惡石島) 인근에 도착했다.

총 1418명 사망, 철저한 보도 통제

그런데 이곳에는 사이판에서 출진하여 일본 근해를 봉쇄하는 역할을 담당했던 미국의 공격형 잠수함 'SS-287 보핀(Bowfin)'이 있었다. 일본의 구축함과 수송선을 발견한 잠수함은 선단을 향해 무차별 어뢰 공격을 했는데, 그 가운데 3발이 쓰시마마루에 명중했다. 이 공격에 6724톤의 거대 화물선 쓰시마마루는 빠른 속도로 침몰하기 시작했다. 쓰시마마루는 애초에 여객수송선이 아니라 화물수송선이었다. 따라서 소개된 학동과 민간인은 창문도 없고 빛도 들어오지 않는 배의 바닥 부분에 수용되어 있었다. 어뢰 공격으로 배의 밑부분에 거대한 천공이 생겨나고 빠른 속도로 바닷물이 유입됨에 따라, 공포 속에서 죽음을 맞거나 본능적으로 바다로 뛰어들었지만 결국 대다수가 익사하게 된다.

쓰시마마루가 침몰하고 배에 승선해 있던 학동과 민간인이 사선을 넘나들게 되었음에도 불구하고, 다른 두 척의 수송선과 군함들은 표류하는 소개자들을 방치한 채 나가사키 방향을 향해 빠른 속도로 도주해 버렸다. 조난된 소개자들을 구출하지 않고 이들 선단이 비정하게 해역을 벗어나 도주한 것은 이들을 구조하기 위해 시간을 지체할 경우 미군 잠수함에 대한 추가 공격이 우려되었기 때문이다.

쓰시마마루에 타고 있던 소개민들은 초등학생이거나 노인들이었기 때문에, 또 망망대해에서 이들을 구조해줄 선박이 없었기 때문에, 게다가 쓰시마마루의 격침과 침몰 시간대가 파도가 높고 캄캄한 심야였기 때문에, 이 배에 승선했던 소개민 대부분은 속절없는 공포 속에서 죽음을 맞이해야 했다. 이날 미군 잠수함의 공격으로 학동 804명, 일반 소개자 569명, 선원 및 선박 포병 45명 등 모두 1418명이 사망했다. 출발 당시 쓰시마마루에 승선했던 학동 826명 중 22명만이 생존했으니 참으로 끔찍한 비극이었다. 살아남은 이들은 상당 기간 바다에서 표류하다가 인근을 지나는 어선 등에 의해 구조되었다. 그러나 쓰시마마루의 비극은 태평양전쟁이 종결될 때까지 철저한 보도 통제 때문에 오키나와인들에게 알려지지 않았다.

쓰시마마루의 비극이 알려질 경우 오키나와인 소개 작전이 강력한 장애에 직면하게 될 것을 우려한 일본 정부와 군 당국의 전시 검열 때문이었다. 그러나 군과 정부가 강력하게 정보 전파를 차단했음에도 불구하고, 비극의 진상은 생존자들의 증언과 소문의 형태로 오키나와에도 알려지기 시작했다. 물론 당시에도 이러한 진상과 관련한 소문이 퍼지는 것을 염려한 군 당국은 '유언비어'라며 사건의 진상이 알려지는 것을 막았고, 스파이 혐의 등을 덧씌워 진실을 말하는 자의 입을 억눌렀다.

오바마의 센카쿠제도 관련 발언 본심은

한국이 세월호 참사로 비통에 빠진 가운데, 버락 오바마(Barack Obama) 미국 대통령은 한국과 일본, 필리핀과 말레이시아를 방문해 정상회담을 진행했다. 오바마의 아시아 4개국 방문은 '아시아로의 회귀(Pivot to Asia)' 전략을 통해 경제와 군사 안보 측면에서 '미국의 이익' 수호를 목표로 이뤄졌다. 그 핵심에 '중국 포위론' 또는 '아시아로의 회귀' 전략이 있음은 두말할 나위가 없는 것이다.

오바마의 4개국 순방 일정 중 첫 번째 국가인 일본에서 했던 그의 발언에 나는 주목했다. 특히 오키나와현 센카쿠제도(중국명 다오위다오)의 영유권 문제와 관련해 "센카쿠는 일본의 시정권(施政權) 아래에 있으며 미국의 일본 방어 의무를 정한 미·일 안보조약 제5조의 적용 대상"이라고 밝힌 부분이다. 미·일 안보조약 5조는 일본과 미국의 군사기지에 대한 외부의 위협에 공동으로 대응한다는 내용을 담고 있다.

일본의 영유권 인정 해석은 곤란

오바마의 발언은 미국 대통령이 센카쿠제도가 미국의 안보 적용 대상이라는 것을 전후 최초로 명시적으로 밝혔다는 점에서, 일본의 외교적 승리라는 식의 해석이 일반적이다. 일본의 언론 역시 이런 관점에서 오바마의 발언을 보도하고 있으며, 아베 정권 역시 이러한 점을 강조하면서 '집단적 자위권'을 포함한 일련의 우경화 정책에 속도를 내려 하고 있다. 한국 언론 역시 일본의 언론과 유사한 방식으로 오바마의 발언을 해석하고 있으며, 이러한 발언 이면에는 아시아에서 중국의 부상을 견제하면서, 환태평양경제동반자협정(TPP)에 일본의 조속한 참여를 견인하기 위한 계산된 발언이라는 분석도 나오고 있다.

하지만 내 판단에 센카쿠제도가 일본의 시정권 아래에 있으며 미·일 안보조약 제5조의 적용 대상이라고 말한 것을 근거로 일본의 '영유권'을 명시적으로 인정했다는 식으로 해석하기는 어렵다. 센카쿠제도가 일본의 시정권 아래 있다는 것은 명백한 사실이다. 말을 바꾸면 센카쿠제도를 현재 '실효 지배'하고 있는 것은 일본이다. 현재의 센카쿠제도는 전 도쿄도지사였던 이시하라 신타로(石原慎太郎)의 '국유화 선언' 이후 실제로 2012년 국유화되었다.

그러나 일본이 센카쿠제도를 실효 지배하고 있다거나, 시정권이 미치는 지역임을 인정했다는 사실이 곧바로 센카쿠제도에 대한 일본의 '영유권'을 인정했다는 것으로 해석되어서는 곤란하다. 센카쿠제도가 미국의 '안보 적용 대상'임을 확인한 것과 '영유권'을 인정했다는 것 사이에는 의미의 큰 격차가 있다. 센카쿠제도에 일본의 시정권이 미친다는 발언은 일본이 '실효 지배'하고 있다는 의미와 별 차이가 없다. 이미 일본이 실효 지배하고 있는 지역에 대해 "일본의 시정권이 미치는 지역"이라고 말하는 것은 사실 동어반복에 불과하다. 오키나와의 역사학자인 아라사키 모리테루(新崎盛暉) 교수는 『오키나와, 구조적 차별과 저항의 현장』(2013)에서 이를 다음과 같이 설명하고 있다.

> "일본 정부는 자공당 정권(자민·공명 연립정권)과 민주당 정권 모두 미국이 센카쿠제도를 안보 적용 지역으로 인정했다며 기뻐하지만, 미국은 안보 적용 지역과 영유권에 대해서는 중립적인 입장을 취하고 있다. 영유권 문제는 미국이 시정권을 장악하기 이전에 기인한다는 입장이기 때문이다. 그러나 그 본심은 이미 이야기한 바와 같이 중국과 일본 사이에 분쟁의 씨앗이 존재하는 것이 일본의 대미의존도(대미종속도)를 강화한다는 점에 있다."

센카쿠제도가 '안보 적용 대상'이라는 오바마의 발언은 과거에 비하면 진일보한 것이지만, 그것이 "오키나와의 영유권은 일본에 있다"라는 명시적 선언과는 다르다. 위의 분석에서 제기되는 것처럼 센카쿠제도 영유권 분쟁의 당사자는 일본과 중국인데, 사실 이 분쟁의 씨앗은 오키나와를 류큐처분으로 강제병합한 후 청일전쟁이 지속되던 1895년에 일본이 '무주지 선점론'을 통해 센카쿠제도 영유를 결정한 시기로까지 소급되고 있기 때문이다.

물론 당시에도 중국은 센카쿠제도에 대한 일본의 영유권을 인정하지 않았다. 거꾸로 중국은 센카쿠제도가 명청 시기부터 중국의 책봉선이 오키나와로 가기 위한 표지도였다는 점을 들어 '중국 고유의 영토'임을 내세웠다. 동시에 일본의 센카쿠 영유권 문제에 대해 중국이 강력 반발하는 근거는, 청일전쟁이 전개되던 와중에 일본이 청나라에 제안했던 류큐제도 분할안에 따르면 센카쿠제도가 포함된 미야코제도와 야에야마제도를 청의 영토로 하자는 입장이 담겨 있기 때문이다.

1972년 당시 중국과 일본의 국교정상화 과정에서도 센카쿠제도의 '영유권 문제'가 협정에 명시된 바는 없었다. 1978년 10월 일본을 방문한 중국 부총리 덩샤오핑(鄧小平)도 영유권 문제에 대해 "이러한 문제는 잠시 동안 보류해도 괜찮다. 다음 세대는 우리 세대보다 더 지혜로울 것이다"라고 말했고, 일본 정부 역시 이러한 발언을 묵인했기 때문이다.

이런 관점에서 보자면 센카쿠제도의 '영유권 문제'는 전혀 해소된 것이 아니다. 오바마의 발언은 이러한 저간의 사정을 고려한 치밀한 외교전략에서 나온 것이다. 겉으로는 일본의 이익을 편들어주는 듯한 발언을 통해서 오바마는 환태평양경제동반자협정(TPP)의 명백하고도 신속한 조인을 아베 정부에 압박한 셈이었는데, 아베 정부는 국내의 광범위한 반대 세력의 부담 때문에 이에 대해서는 확실한 응답을 회피했다.

미국의 속내는 '갈등의 균형 상태'

오키나와현의 센카쿠제도 문제에 있어서 미국의 일관된 태도는 중국과 일본을 일종의 '갈등의 균형 상태'로 묶어두는 것이다. 중·일 간에 군사적·외교적 갈등과 긴장이 지속되면, 가장 큰 이익을 얻게 되는 것은 미국이다. '북한위협론'과 '중국위협론'을 극대화시킴으로써, 미국은 아시아에서 군사적 패권 체제를 오히려 강화할 수 있다. 특히 오키나와현민들이 '올 오키나와 투쟁' 또는 '섬 전체 투쟁'을 통해서 미군기지의 현 바깥으로 이전을 촉구하는 상황에서, 중·일 갈등은 아시아에서 미국의 핵심 이익을 정치·경제·군사적으로 보존하고 더 나아가 확대시킬 수 있는 근거가 될 수 있기 때문이다.

그렇다면, 오키나와인들은 '센카쿠제도 분쟁 문제'에 대해 어떻게 생각하고 있는가? 센카쿠제도 문제의 주체는 사실 오키나와인인데 미국과 일본, 중국 모두는 이러한 사실에 대한 고려가 전혀 없다는 분노의 정서가 뿌리 깊다. 오키나와현민들은 센카쿠제도 문제를 포함한 더 넓은 오키나와 차별 문제가 오키나와인들의 주체적이고 자립적인 '자기결정권'을 억압하고 훼손하고 있다고 말한다. 오바마와 아베, 더불어 시진핑 같은 정치가들이 이런 오키나와의 목소리에 귀를 열어야 한다.

오키나와 민족의 교사
'이하 후유'

지난겨울, 오키나와에서 『이하 후유 선집(伊波普猷 選集)』(1961)을 샀다. 마키 시(牧志市) 공설시장의 구석진 길을 걷는데, 헌책방이 있었고 그곳에서 이하 후유(伊波普猷)의 책을 발견했던 것이다. '오키나와 타임스사'에서 편집한 이 선집을 한국에 돌아온 후 읽기 시작했지만, 생각보다 쉽게 읽히지 않았다.

『오모로소시(おもろさうし)』 때문이었다. 16세기 류큐왕부에서 편찬한 이 신가집은 일본의 『만엽집(万葉集)』에 뒤지지 않게 '고류큐' 시대를 고스란히 시화(詩化)하고 있었다. 이하 후유는 동경제국대학 국문과 1회 졸업생이었다. 류큐 출신으로 일본 본도에서 설움을 받으며 학위를 마치고 오키나와로 귀환해 오키나와 현립도서관에서 촉탁직 관장으로 일했다.

도서관장으로 일하면서 그가 집중한 것은 오키나와 역사의 독자성과 문화의 유구성을 해명하는 일이었다. 이하 후유가 연구하기 전까지, 『오모로소시』를 제대로 해석한 사람은 없었다. 근대 학문에는 그것을 해석할 수 있는 방법론이 없었기에 류큐왕부의 정사인 『구양(球陽)』이라든가 『오모로소시』라든가 또 여러 금석문 자료가 있다고 해도 그것을 체계적으로 읽은 사람이 없었던 것이다.

일본인과 오키나와인 동일 민족 제창

이하 후유는 '오키나와학'의 아버지로, 그의 묘지는 오키나와 최초 전설 속 왕, 에이소(英祖)의 무덤이 있는 우라소에 시(浦添市)에 있다. 지난여름 우라소에에 있는 이하 후유의 묘지를 방문해 유심히 그곳의 풍광을 살폈다. 오키나와 최초의 왕성인 우라소에성에서는 계유년(癸酉年) 고려 도공이 제작한 기와가 수천여 개 발견되었는데, 일본의 민속학자인 오리쿠치 시노부(折口信夫)의 유추에 의하면, 아마도 우라소에성을 건축할 때 대다수의 고려기와가 사용된 것으로 유추된다.

'계유년 고려와장조 명문와(癸酉年高麗瓦匠造銘文瓦)'는 오키나와사의 미스터리다. 이것은 에이소의 출신과 관련하여 오키나와와 일본에서 여전히 풀리지 않는 의문으로 남아 있다. 대체로 일본 학계에서 유추하는 것은 2차에 걸친 항몽 과정에서 패배한 삼별초의 잔류 부대가 오키나와로 이주하는 과정에서 도공들이 함께 온 것이 아닌가 하는 해석들이 존재한다. 또는 에이소가 일본계 사무라이의 후손이 아닌가도 추측되고 있다.

현재의 가고시마 지역을 지배했던 사쓰마 번이 오키나와를 침공한 이후 오키나와에서는 야마톤츄(일본인)와 우치난츄(오키나와인)가 공통의 민족이라는 이론이 형성되었다. 이 이론에 따르면 기원전 300년에 규슈를 거쳐 도래인들이 오키나와 본도에 입도(入島)함으로써 류큐의 선사시대가 열렸는데, 아마도 아마미제도(奄美諸島)를 거쳐온 게 아닌가 추측된다. 오키나와 본도의 시조신은 '아마미쿄'와 '시네리쿄'로 자매신이다. '아마미'란 곧 아마미제도를 연상시키는 것이다.

하지만 현재로부터 무려 2300년 전에 분기된 두 민족을 동조동근론에 입각해 하나의 민족이라 말하는 것은 이상하다. 민족(nation)과 종족(ethnic group)은 다르다. 이런 식이라면 유럽인들은 다 같은 민족일 뿐만 아니라, 시베리아로부터 오키나와에 이르는 알타이어계는 모두 같은 민족인 것이다. 폐번치현(廃藩置県) 이후의 근대적 민족 개념을 과거로 투사하여, 예로부터 동일 민족이니 일본제국에 의한 오키나와 멸망을 역사시대 이전에 헤어졌던 두 민족의 재결합이라고 말하는 것은 이상하다.

그런데 이런 논리를 가장 강력하게 제창했던 것은 이하 후유였다. 이하 후유가 이런 주장을 펼친 것은 1908년 8월 1일 『오키나와신문』 지상에 연재한 '류큐사의 추세'라는 논문에서였다. 이 논문이 발표된 때는 류큐왕국이 사쓰마 번에 의해 멸망한 후 오키나와현으로 편입되었으나 야마토인이 오키나와인에 대한 멸시의 감정을 아직 노골적으로 피력하고 있을 때였다.

그렇다면 이하는 왜 이렇게 말한 것일까. 이하의 글에서 유독 강조되는 것은 아이누와 생번에 대한 대타의식이다. 홋카이도의 원주민인 아이누족와 타이완의 원주민인 생번족은 일본에 의해 오키나와와 함께 복속된 민족이다. 하지만 오키나와와 아이누, 생번은 다른 게 있었다.

식민주의적 편견에 최대한 저항

오키나와는 일본제국에 의해 식민화되기 벌써 수백 년 전에 류큐왕국을 이루고 선진 중국 문화를 체화한 데 비해, 아이누족과 생번족은 국가를 형성한 적이 없다. 이런 점에서 이하 후유는 아이누와 생번과 우치난츄를 동일 선상에서 차별하는 야마토인들의 식민주의적 편견에 최대한 저항하고자 했다.

야마토인과 오키나와인이 같은 민족이라 하면 일본의 오키나와 차별은 근거가 없어진다. 일제 말기 이광수의 '조선과 일본이 동조동근이라면 조선이 일본에 불교와 한자를 전승해주었다는 것을 생각해야 한다'는 식의 역식민주의도 가능해진다. 물론 이하 후유와 이광수는 같은 상황이 아니었다.

이하 후유의 「진화론에서 본 오키나와의 폐번치현」을 보면 이완용 등 조선인들의 이름이 등장한다. 이하는 자신의 처지를 이완용과 대조한 후 오키나와의 미래를 전망한다. 이완용과 자신에게 동일한 상황은, 조선과 류큐왕국이 500년 이상 전개해 왔던 문명국가라는 점뿐이다.

이하는 오키나와인들을 문명인이라 생각했고, 이런 점에서 야마토인들이 자신을 야만시한다는 것은 있을 수 없는 일이라고 생각했다. 하지만 그가 이 있을 수 없다고 생각한 일들을 일본인들은 자행했고, 그래서 폐번치현 이후의 오키나와 사족(士族) 모두가 퇴폐적인 절망 속에서 허우적거렸다.

그는 오키나와의 미래에 희망을 걸었다. 그는 사이온(蔡溫)과 같은 오키나와의 정치가들은 에도시대의 정치가와 비교할 수 없는 역량의 소유자라 주장했다. 사이온 등 오키나와의 사족들은 왕국을 관리했으나, 에도 당시의 각 번의 사족들이란 일개 번의 행정관에 불과했다는 것이 그 이유다.

그런 관점으로 보면 이하가 폐번치현을 '노예해방'에 비유한 것이 이해가 될 것 같다. 나는 이 노예 생활을 중국으로부터의 해방이라고 생각했는데, 차분히 꼼꼼하게 읽어보니 그것은 사쓰마 번에 대한 것이었다. 막부도 아니고 일개 번이 류큐왕국을 침략해 통치하다니 그것이 수치스러운 것이 아니고 무엇이냐, 이게 이하의 생각이었다.

이하는 마지막으로 류큐의 교사가 해야 할 몫이 크다고 역설한다. 류큐와 같은 자부심 있는 민족이 일본과 같은 대제국에 통합되어 멸시받아서는 안 되며, 그러자면 교사들이 중세의 사이온과 같은 대유학자와 정치가를 배출해야 한다는 주장이다. 이하 후유는 그 몫은 오로지 교사들에게 있다고 결론 내렸다. 생각해 보면, 이하야말로 오키나와 민족의 교사였다.

‘일본이 오키나와에 속한다’

오키나와가 일본의 영토로 편입된 이후 적지 않은 일본의 지식인들이 오키나와를 방문하여 일본과 오키나와의 관계에 대해 천착했다. 언뜻 기억나는 것만 해도 민속학자인 야나기타 구니오(柳田国男)와 오리구치 시노부(折口信夫), 민예학자인 야나기 무네요시(柳宗悦)와 같은 인물들이 떠오른다. 이들은 일본의 걸출한 근대 지식인으로, 팽창하던 일본제국 의 상승기에 오키나와의 의미를 물었다.

야나기타 구니오는 『해상의 길』이라는 저작을 통해 일본 민족의 남 방기원설을 주장했는데, 그에게 오키나와는 일본인론을 해명할 수 있는 표상적 장소였다. 역시 민속학자였던 오리구치 시노부는 『류큐 왕통의 기원』을 통해 오키나와 왕통의 기원이 중세로부터 일본과 친연성을 지 니고 있다고 상상했다. 민예학자인 야나기 무네요시 역시 오키나와어 와 일본어 사이에는 친족성이 존재한다고 생각했다. 그런 관점에서 중일전쟁 이후 일본이 오키나와에 강요한 '일본어 상용 정책'은 '오키나와 어 말살 정책'이라며 강력하게 저항했다.

대부분의 일본인이 오키나와인을 멸시적인 시선으로 차별했던 것을 생각하면, 이 일군의 지식인들이 오키나와 문화의 독자성과 일본 문화와의 연관성을 강조하면서 일본과 오키나와의 친족성을 강조한 것은 흥미롭다. 이 태도를 어떻게 보아야 할까. 아마도 각각의 지식인 개인적으로는 진심으로 오키나와를 이해하고 오키나와 상황에 공명하고자 하는 진심이 있었을 것이지만, 사정이 그렇게 간단한 것은 아니다.

일본 지식인들의 문화 연관성 강조

이들 세 명의 전전(戰前) 지식인들의 오키나와 탐구는 오키나와 자체의 역사성을 탐구하려는 목적도 있었겠지만, 결과적으로는 '일본' 또는 '일본인'이란 무엇인가라는 질문을 던지는 데에 그 본질이 있었던 것이 아니었을까. 오키나와가 홋카이도와 타이완, 조선과 함께 일본의 식민지로 편입된 이후 일본의 관학파 지식인들은 노골적으로 해당 지역의 일본과 동조동근성을 강조했다. 반면, 위에서 언급한 세 명의 민간학파 지식인들은 오키나와의 토착적 문화의 독자성을 강조하면서도 일본 문화와의 문화적 친족성에 근거해 결국 일본 민족을 '복합문화론'의 관점에서 해명하고자 애썼다.

일본인 자신이 제아무리 오키나와의 문화적 전통과 고유성에 대해 예찬했다고 할지라도, 제국주의와 식민지적 상황에서 오키나와론은 일본

판 오리엔탈리즘의 차별적 시선을 구조화하는 효과를 초래한다. 오키나와의 역사와 정체성이 진정으로 해명되기 위해서는 오키나와인 자신에 의한 탐구가 요청되는 것인데, 이것은 이하 후유의 『고류큐』가 나올 때까지 기다릴 수밖에 없었다. 물론 이하의 오키나와 규정 역시 일본문화론의 자장에서 완전히 자유로운 것은 아니었다.

1965년부터 1970년까지 오키나와를 방문했던 결과물인 소설가 오에 겐자부로(大江健三郎)의 『오키나와 노트』(1970)를 읽으면서 주목한 것은 바로 이 부분이었다. 오키나와는 1945년 오키나와전쟁 이후 일본에서 분리되어 미군정기를 거친 뒤 1972년 일본에 반환된다. 상당 기간 미국의 태평양 지역의 한 주로 전락했던 셈인데, 이런 까닭에 오키나와인들은 일본 본도에 대해 강렬한 배신감을 느꼈다. 오키나와를 일본의 한 현으로 편입시켜 천황의 적자로 만든 후 가공할 태평양전쟁의 '희생양'으로 만들었던 일본은 정작 전쟁이 끝나자 미국에 넘겨주었고, 미국은 오키나와를 '기지의 섬'으로 만들어 한국전쟁과 베트남전쟁의 출격기지로 활용했을 뿐만 아니라, 핵잠수함과 핵무기를 배치해 오키나와인의 불안을 높였던 것이다.

오에 겐자부로가 오키나와를 방문했던 시점은 오키나와 안에서 일본으로 복귀 운동이 활발하게 전개되던 시점이었다. 일본 본도에서도 안보투쟁 과정에서 돌파구를 찾고자 했던 혁신 세력이 오키나와 현실에 공명해 이른바 오키나와의 '조국 복귀 운동'에 시선을 돌리고 있던 때이기도 했다.

바로 이 시기 몇 년 동안, 오에 겐자부로는 오키나와를 수차례 방문해 현실을 취재하고 "일본인이란 무엇일까? 그렇지 않은 일본인으로 나 자신을 바꿀 수 있을까?"라는 필사적인 의문에 직면하게 된다. 일본인이란 무엇일까라는 질문 속의 일본인은 '천황제 파시즘'을 통해 아시아 여러 나라에 비극을 초래했던 '추한 일본인'이라는 강한 비판이 담겨 있다.

일본의 가해성과 자기기만을 폭로

오에 겐자부로는 전후의 평화주의에 입각한 일본과 전전의 제국주의적 국가로서의 일본이 다르기는 하지만, 모토로 내세운 평화주의와 민주주의의 허구성을 오키나와에서 뼈저리게 체감한다. 전전에는 일본을 방어하기 위한 소모전으로 오키나와를 희생시키고, 전후에는 오키나와를 미국의 점령지로 인계한 후 일본 방어를 위한 군사기지 건설을 용인했던 일본인의 처지에서 볼 때, 일본의 평화주의나 민주주의는 허구라는 것이다.

이는 다른 각도에서 보면 일본이 전전의 역사에 대한 진정한 반성이나 참회를 해본 적이 없다는 것을 의미한다. 이 참회하지 않는 '추악한 일본인'의 한 사람으로서 오키나와 현실에 대해 공명한다는 것은 무엇을 의미하는가? 그것은 혹 자기기만이 아닌가. 전전의 지식인들과 마찬가지로, 오키나와에서 '일본적인 것'의 흔적을 발견하려는 몸부림은 아닌가 하는 분열적 무의식을, 오에 겐자부로는 수없이 고백한다.

나는 이 고백의 진정성을 신뢰한다. 오에의 오키나와 기행 속에는 오키나와인들이 실로 고통 속에서 주체성을 모색한 내용과 함께 일본의 가해성과 자기기만이 웅변적으로 폭로되고 있기 때문이다. 동시에 미·

일 군사동맹에서 희생되고 차별당하는 오키나와 현실에 대한 탐구가 치밀하게 이 책에서 전개되고 있기 때문이다.

책의 첫 장 제목은 '일본이 오키나와에 속한다'이다. 이 말을 통해서 오에가 강조하고자 하는 것은 이런 것이다. 어느 날 한 핵전략 전문가가 연필로 극동 지역의 지도를 그려주었다. 그런데 일본열도가 오키나와의 10분의 1에도 못 미칠 만큼 작았다. 핵무기가 배치된 오키니와의 상황 때문이었을 것이다. 이 그림 앞에서 오에는 "일본의 실체가 오키나와라는 존재 뒤에 숨어 슬그머니 오키나와로 편입하여 이처럼 거짓 '자립'을 하고 있는 상황을 꿰뚫고 있다"고 말한다. 전후 일본의 평화주의와 민주주의는 허구다. 미국에 의한 오키나와의 식민화와 핵무장 군사기지화, 이를 통한 일본 안보의 수호라는 상황에서 오키나와인에 대한 고려는 전혀 없다. 이것이 '추한 일본'의 본질이라고 오에 겐자부로는 탄식했으며, 이러한 일본적인 것으로부터 이탈하기 위해 그는 필사적으로 사회참여를 지속했다.

오키나와 미군기지와
'희생의 시스템'

2014년 6월 11일 밀양시청의 공무원과 경찰 2000여 명이 고압송전탑 건설 예정지에서 농성하고 있던 주민들의 농성텐트에 대한 행정대집행을 단행했다. 연로한 노인들과 가톨릭 수녀들, 그리고 이들과 함께했던 시민들이 쇠사슬로 그들의 몸을 결속해 저항했지만, 경찰은 반인권적이고 폭력적인 철거와 진압을 감행했다.

세월호 참사 당시 구조에는 무능했던 경찰들이 풀뿌리 민중을 진압하는 데는 전광석화 같은 기동력을 보이는 걸 보고 분노했던 사람은 나만이 아닐 것이다. 이런 일들은 벌써 수년째 제주의 강정에서 진행되고 있는 해군기지 건설 반대운동에 대한 탄압이나 이명박 정권 당시의 용산 참사와 쌍용자동차 파업 진압 등에서 확인된 바다.

이 부분에서 다카하시 데쓰야(高橋哲哉) 도쿄대 교수의 '희생의 시스템'이라는 개념을 떠올렸다. 그는 후쿠시마의 원자력발전소 폭발 사고와 오키나와의 미군기지 현실을 거론하면서, 일본이라는 전후 국가가 이 두 지역의 희생 위에서 존속해왔다고 지적했다.

가령 후쿠시마의 경우, 원자력발전소에서 생산된 전기는 후쿠시마 주민들 자신을 위해 쓰이지 않는다. 한국과 마찬가지로 후쿠시마에서 생산된 전기를 사용하는 사람은 도쿄 등의 대도시 사람이다. 대도시 사람들의 에너지 소비를 위해 위험으로 가득 찬 원전 시설이 후쿠시마와 같은 시골 사람들의 희생을 초래하고 있는데, 그 희생이라는 것이 흔히 일본이라는 공동체를 위한 '소중한 희생'이라는 식으로 미화되곤 한다.

일본을 위한 '소중한 희생'으로 미화

같은 차원에서 오키나와의 미군기지 부담 문제도 인식될 수 있다. 미·일 안보조약의 결과로 일본 내 미군기지의 75%가 오키나와에 배치되어 있다. 오키나와인은 이 미군기지의 과밀한 배치가 오키나와의 자치와 자립에 근본적인 제약이 된다고 말한다. 그러나 일본 본도 사람들은 이 문제를 망각하고 있을 뿐만 아니라, 안보를 위해서 미군기지의 오키나와 배치는 불가피하다고 생각한다. 바꿔 말하면 미군기지가 파생시키는 이런저런 위험은 일본이라는 공동체의 안전보장을 위한 '소중한 희생'이기에 기꺼이 받아들여져야 한다는 식이다.

'희생'을 통해서 '이익을 얻는 자'와 '고통을 받는 자' 사이의 이러한 '비대칭성'을 은폐시키고 자연스러운 것으로 강제하는 상황은 흡사 1945년 이전 일본의 제국-식민지 관계와 구조적으로 유사하다는 것이

다카하시의 생각이다.

시선을 한국으로 돌리면, 제주 강정 해군기지나 밀양 고압송전탑 건설 과정에서 주민들의 희생을 강제하고, 그들의 저항을 공권력을 동원해 노골적으로 무력화하는 행태는 한국에서 작동되는 '희생의 시스템'의 명백한 사례라고 볼 수 있다. 국가는 이렇게 강제된 주민들의 고통을 경제성장이나 군사안보를 위해 기꺼이 치러야 할 '소중한 희생'으로 취급하고, 많은 수의 도시인은 이러한 희생이 불가피한 게 아니냐며 사태를 방관한다.

이것은 여러 복합적인 문제를 제기한다.

첫째, 민주주의의 무력화다. 희생의 시스템이 가시적이거나 은폐된 형태의 폭력이라면, 그 시스템은 다수에 의한 소수의 배제라는 민주주의의 왜곡을 낳게 된다. 가령 오키나와의 미군기지 문제는 설사 오키나와 현민 전체가 이에 반대한다고 해도, 그것이 다수결주의에 의존하고 있는 한 의회에서의 표결을 통한 정치적 설득으로 해결될 수 없다. 소수파인 오키나와의 민의는 일본 본도의 다수자들에 의해 제도적으로 봉쇄될 수밖에 없는 것이다.

둘째, 소수자들의 희생을 영구화하면서도 그것을 갈등의 장에서 배제하는 현상을 초래한다. 후쿠시마에서 원자력발전소 폭발사고가 일어나기 이전에도, 여러 가지 위험은 현실화되었다. 원자력발전소의 유지에는 필연적으로 노동 과정에서 방사능 위험에 노출된 피폭자 문제가 발생하며, 사용 후 방사능폐기물의 보존 문제 등 해결될 수 없는 난제들도 줄을 잇는다. 그러나 이 희생과 미해결의 과제 역시 은폐되고 정보의 유통은 강력하게 억제된다. 이것은 위험의 명백성이 '국익'이라는 안보적 수사를 통해 억제됨으로써 소수자들이 겪는 고통은 무시되는 것을 의미한다.

셋째, 나는 이 점이 중요하다고 생각하는데, 희생의 시스템이 작동되는 과정에서 각각의 희생이 개별화됨으로써 결과적으로 시민들의 연대감이 파괴된다는 점이다. 가령 후쿠시마와 오키나와의 구조적 모순은 실질적으로 그 희생의 토대 위에서 이익을 얻는 자들에게는 당연한 것으로 간주되어 은폐된다. 이것은 이런 의제에 대한 시민적 연대가 '이해관계' 때문에 분열되고 파괴되는 현상을 초래한다. 가령 원자력발전소 문제는 그것이 위치하고 있는 후쿠시마의 문제일 뿐이다. 미군기지 문제도 그것이 위치해 있는 오키나와의 지역 문제일 뿐이라는 식의 자기기만이 구조화된다는 것이다. 사실 이 문제는 특정 지역의 문제가 아니라 일본이라는 국가의 성격과 관련된 문제인데, 그것이 구체적으로 체감되지는 않게 된다.

시민적 연대가 분열·파괴되는 현상 초래

그렇다면 희생당하는 주체 간의 연대는 가능한가라는 문제에 대해 생각해볼 수도 있다. 가령 원자력발전소의 폐해를 직접 경험하고 있는 후쿠시마현민과 미군기지 문제로 고통에 빠져 있는 오키나와현민은 서로의 고통에 대해 공감하고 연대할 수 있는가. 언뜻 생각하면 그것은 가능해 보인다. 하지만 희생당하는 주체 간에도 어떤 '비대칭성'의 문제가 존재한다는 점을 간과해서는 안 된다.

가령 오키나와 지역 언론인『오키나와 타임스』가 오키나와 후쿠시마의 전체 시정촌장을 대상으로 행한 2014년 6월 9일자 앙케트 조사 결과를 보면 이 사실이 잘 드러난다. 앙케트 내용의 요지는 후텐마 비행장의 헤노코 지역으로 이전에 대해서 어떻게 생각하는지를 묻는 것이었다. 이에 대해 오키나와현의 수장 51%는 '진행하면 안 된다'는 명확한 반대 의사를 보였다. 반면, 후쿠시마현의 수장은 단지 9%만이 '진행하면 안 된다'는 의견을 냈고, 무려 72%의 수장이 '모르겠다'라는 의사를 표시했다.

이것은 희생의 시스템 속에서 희생자 간에도 연대를 어렵게 만드는 인식의 '비대칭성'이 여전히 존재한다는 것을 뼈아프게 제시한다. 후쿠시마나 오키나와의 문제가 '지역 문제'로 축소되면, 그 위험의 광역성과 보편성은 희석되어 희생자 간의 연대조차 약화되는 결과를 초래한다. 어떻게 이를 넘어설 수 있을까?

군사적 긴장 높아가는 요나구니지마

오키나와 본도 사람들은 타이완 쪽으로 멀리 떨어져 있는 섬들을 사키시마(先島)라 부른다. 오키나와 본도의 관점에서 보면 사키시마에 속하는 미야코제도나 야에야마제도는 일종의 '변경'이라는 지리적 표상이 담겨 있다. 16세기에 이르러 오키나와 본도의 류큐왕국에 복속되기 이전까지 이 섬들은 독자적인 권력 체계와 문화를 갖고 있었다.

현재는 오키나와현에 속해 있지만, 이 섬사람들이 오키나와를 바라보는 시각은 그리 호의적이지 않다. 중앙과 변경의 권력관계는 일본열도와 난세이제도 사이에도 있지만, 오키나와 본도와 사키시마 사이에도 있는 것이다. 그런데 이 사키시마에서 흥미로운 섬 중 하나가 야에야마제도 끝자락에 있는 요나구니지마(与那国島)이다. 이 섬은 오키나와의 최서단에 위치하며 타이완과는 불과 100㎞ 떨어진 거리에 있다.

지리상으로는 타이완과 가까워

중세까지 요나구니지마는 샤먼을 겸한 여성 부족장이 독자적으로 통치했던 것으로 알려져 있다. 그러던 것이 16세기에 이르러 오카나와 본도의 류큐왕국에 복속되었고, 그 이후로는 오키나와와 운명을 같이 했다. 타이완과 아주 가까운 거리에 있고, 오키나와 본도와는 상당히 떨어져 있는 섬이기 때문에, 이 섬사람들의 생활 감각 속에는 "나는 일본인이다" 또는 "나는 오키나와인이다"라는 감각보다는 "나는 요나구니 사람이다"라는 감각이 지배적이다.

지리상으로는 타이완과 가깝지만, 요나구니지마가 중세부터 타이완과 밀접한 관계를 맺었던 것은 아닌 듯하다. 요나구니지마 편에서 보면 타이완이 거대한 대륙처럼 보이지만, 기묘하게도 타이완 편에서는 요나구니지마가 보이지 않기 때문이다.

아마도 요나구니지마가 타이완과 밀접한 관계를 맺게 된 것은 일본이 류큐왕국을 멸절시키고 타이완을 강점한 이후일 것이다. 류큐왕국이 오키나와현으로, 타이완이 일본의 식민지로 전락하게 된 결과, 타이완과 요나구니지마는 밀접한 경제·문화적 공동체로 재편된다. 현재는 인구 1200명의 작은 섬이지만, 일본의 패전 후 타이완과의 밀무역이 성행했을 때는 요나구니지마에 무려 2만여 명 가까이 거주했다고 한다.

패전 후 일본은 심각한 식량난과 생필품난에 허덕였다. 이때 타이완과 중국, 그리고 일본 사이에 있었던 오키나와 사람들은 오키나와전쟁에서 소모된 고철 등을 타이완과 중국에 팔고, 대가로 생필품과 식량들을 사왔다. 타이완과 중국으로부터 밀무역을 통해 수입된 식량과 생필품은 배편으로 일본 본도에 팔려갔는데, 이를 통해 일본은 심각한 생필품난을 극복할 수 있었고, 오키나와인들 역시 전후의 어둠 속에서 생존을 지속할 수 있었다. 물론 이러한 밀무역은 샌프란시스코강화조약이 체결된 이후 엄금되었고, 따라서 오키나와의 밀무역 경제도 소멸되었다. 사정이 이렇게 되자 요나구니지마에 체류했던 사람들 역시 외지로 빠져나갔다.

그리하여 요나구니지마는 다시 동중국해의 고요한 섬이 된 셈이었는데, 최근 들어 이 섬이 매우 시끄러워졌다. 센카쿠제도(중국명 댜오위다오) 영유권 문제를 둘러싼 대만, 중국, 일본 간의 영토분쟁 때문이다. 미국이 '아시아로의 회귀' 전략을 본격화하고 일본이 이에 발맞춰 집단적 자위권을 밀어붙이는 가운데, 중국은 이것이 대중국 포위 전략이라고 크게 반발하면서 동중국해를 관리하기 위한 군비를 확장하고 있다. 일본역시 마찬가지의 '강대강(强對强)' 전략을 취하고 있는데, 그것의 가장 상징적인 사례가 요나구니지마에 일본의 육상자위대를 설치하겠다는 계획이다.

경제 자유 지역 형태의 '평화의 섬'으로

일본 정부는 요나구니지마가 센가쿠제도 방어를 위한 지정학적 요지라 판단하고, 또 중국과 타이완의 영유권 분쟁을 차단하겠다는 의지를 보이기 위해, 중국어에 능통한 100여 명의 육상자위대 소속 정보부대를 배치하겠다는 계획을 갖고 있다. 이렇게 되면 인구 1200명의 이 작은 섬은 중국과 대만, 일본과 미국의 군사적 압력이 폭발하는 '태풍의 눈'으로 진입하는 것이 된다. 요나구니지마 사람들의 입장에서는 오키나와 전쟁의 악몽을 불가피하게 상기하는 일이 된다. 중국 입장에서도 자위대의 요나구니지마 배치는 위협으로 간주된다. 이것은 일본과 미국이 동중국해를 마주 보면서 직접적으로 중국과 군사적 대결을 벌일 각오를 굳혔다는 것을 보여주는 신호인 것이다.

이 '강대강'의 충돌을 바라보는 요나구니지마 사람들의 생각은 어떤 것일까. 물론 그 중에는 침체된 섬 경제의 활력을 위해 자위대를 수용하고, 더 많은 토지 보상비를 받아내겠다는 세속적인 생각을 하는 사람들도 있겠지만 소수일 것이다. 섬 주민 대다수는 이 작은 섬이 중국과 타이완, 그리고 일본을 중계하는 관문이 되기를 기대한다.

중세로부터 오키나와는 중국과의 조공·책봉 시스템 아래서 일본과는 다른 독자적 문화와 역사를 유지해왔다. 요나구니지마 사람들 역시 일본 정부에 의해 중국과의 교류가 억제된 이후인 현재까지도 자신들의 생활권을 오키나와 본도나 일본열도가 아닌 타이완과 중국과의 교류에 두는 것이 훨씬 현실적일 뿐만 아니라 경제적 번영에도 도움이 된다고 생각한다. 타이완 및 중국과의 교류가 차단되면서 요나구니지마가 쇠락했기 때문이다.

요나구니지마가 포함되어 있는 야에야마제도의 사람들에게 중국이나 타이완은 '국가' 개념이 아니라 '생활권'의 개념에서 이해된다. 지정학적 차원에서는 중국과 일본의 주권이 맞부딪치고 충돌하는 지역의 경계가 요나구니지마이지만, 생활권의 관점에서 보자면 그곳은 오랜 세월 동안 일본적인 것과 중국적인 것이 혼효되고 발효되었던 공간이다. 센카쿠제도 역시 마찬가지다. 일본이 무주지 선점론을 기초로 센카쿠제도를 영유화하기 이전까지 그곳은 중국과 오키나와 어민들의 삶의 장소였다.

그렇다면 요나구니지마에서 고조되고 있는 군사적 긴장을 해소하고, 더 나아가서는 중·일 간의 영토분쟁을 해결할 수 있는 방법은 없을까. 오키나와 학자들은 '생활권'의 관점에서 이 변경 문제를 사유해야 한다고 주장한다. 이를테면 센카쿠제도나 요나구니지마의 문제를 주권과 주권의 충돌 문제로 보지 말고, 일종의 '자유 교류 지역'이나 '경제 자유 지역'과 같은 형태의 '평화의 섬'으로 중립화시켜 불필요한 군사적 충돌과 긴장을 해소하자는 것이다.

이상적으로 보자면, 나는 오키나와 전체가 '중립화'를 통해 '평화의 섬'이 되는 것이 진정으로 이 지역 주민들의 존엄과 자립에 걸맞은 일이라고 생각한다. 이것이야말로 일본과 중국 사이에 '완충 지대'를 만들어 불필요한 군사적 긴장을 해소하고, 동시에 일본이라는 국가에 의해 '인질'이 되어버린 오키나와의 본래성과 주체성을 회복하는 일이 아닐까.

오키나와어는 방언이 아니라 민족어다

오키나와 문제를 여러 관점에서 탐구할 수 있겠지만, 현재 내 판단에는 '오키나와어' 문제를 숙고할 필요가 있다고 생각한다. 언어와 식민주의 문제는 가령 알제리의 정신과 의사인 프란츠 파농(Frantz Fanon)의 『검은 피부 하얀 가면』에서도 중요한 주제가 된 바 있다. 식민주의와 제국주의는 총칼에 의한 폭력적 압제로만 작동될 수 없다. 탈식민주의를 신봉하는 이론가들이 흔히 지적하듯 외형상 해방되었다고 할지라도 식민주의자의 언어가 해방된 조국에서 공영어로 쓰인다면, 그것은 진정한 해방이 아니라는 것을 상기해야 한다.

탈식민주의론을 그다지 신뢰하지는 않지만, 언어 문제에 대한 통찰만은 음미할 필요가 있다고 생각한다. 가령 현재의 중남미 지역은 2차대전 이후 스페인과 포르투갈의 식민 지배로부터 해방되었다. 그러나 공용어는 여전히 스페인어와 포르투갈어다. 아프리카 지역 역시 2차대

316

전 이후 영국과 프랑스의 식민 지배로부터 해방되었다. 그러나 주권 회복 이후 그들을 지배했던 말은 현재도 영어와 프랑스어다. 이런 경우는 인도와 동남아시아 지역도 마찬가지다.

언어란 무엇인가. 주체를 형성시키고, 생성·변형·지속되는 언어는 장구한 문화적 역사와 기억의 거푸집이다. 그러나 압제로부터 해방된 조국의 언어가 식민주의자들의 것이라면? 그것은 끝없는 주체화(민족주의)와 타자화(식민주의)의 갈등과 충돌을 낳을 것이다.

오키나와인에게 "당신은 일본인인가?"라고 물으면 "국적은 일본이지만, 나는 오키나와인이다"라고 말하는 예를 종종 경험하게 된다. 오키나와가 일본과는 다른 독자적인 민족사를 갖고 있는 까닭이기도 하지만, 오키나와어와 일본어가 서로 다른 '민족어'이기 때문이다. 물론 오키나와현은 류큐처분 이후 실로 장구한 세월 동안 일본어가 공용어로 사용되어 왔다. 오키나와어 역시 일본에 의해 '방언'으로 격하된 것 또한 사실이다. 하지만 오키나와어는 '방언'이 아니다. 일제시대 조선어도 일본에 의해 '방언'으로 격하되었지만, 조선어와 오키나와어 그리고 일본어는 상호 간에 교환 불가능한 '외국어'라는 것이 사실에 더 가깝다.

"국적은 일본이지만 오키나와인이다"

이 문제가 중요한 것은 일본어에 의한 내셔널리즘의 강력한 주입과 통제에도 불구하고, 1945년 이전 오키나와인과 조선인들은 일본에 동화될 수 없는 강인한 아이덴티티의 문제가 존재했다는 것을 의미한다. 평시에 대다수 조선인과 오키나와인은 조선어와 오키나와어로 말했다. 물론 상층의 엘리트 집단이나 식민지 당국과 협력한 자산가들은 이중어(bilingual)를 능숙하게 구사했을 것이지만, 그들 역시 '생활세계'에서는 조선어와 오키나와어를 상용했다.

일제 말기 몇 년간 조선과 오키나와는 공히 '일본어 상용 정책'의 지배를 받았고 '창씨개명'을 강요당했다. 조선보다는 일본의 한 현에 편입된 오키나와인들이 더 적극적으로 일본어와 창씨개명을 받아들였다. 어떤 차원에서 보면, 오키나와인들은 '일본 국민' 되기를 자발적으로 열망한 것처럼 보일 수도 있다. 아마도 이것은 일제에 의한 오키나와인 차별을 넘어서기 위한 강렬한 생존욕에서 나온 것일 터이다.

그러나 오키나와전쟁 기간에 발생한 참사를 상기해보면, 일본군에 의해 미군의 스파이로 학살당하거나 강제집단사에 내몰리게 될 때 나온 "도망쳐!"라는 절규와 생명의 언어는 오키나와어였다. 이것은 오키나와에 강제연행된 조선인 군부(軍夫)나 일본군 '위안부'도 마찬가지였다.

도미야마 이치로(富山一廊)의 『전장의 기억』(2002)에는 오키나와전쟁 중 일본군에 의해 학살된 구중회 일가 이야기가 등장한다.

> "오키나와 구시촌(久志村) 출신의 여성과 결혼한 부산 출신의 구중회(具仲會)는 다니가와 노보루(谷川昇)라는 이름으로 구메지마(久米島)에서 행상을 하며 살았다. 1945년 8월 20일 밤, 구메지마에 주둔하고 있던 시카야마 부대는 구중회 일가를 급습해 전원을 '스파이'라는 혐의로 학살했다. 구중회 일가의 유골은 1977년 부산으로 귀환했다."

구중회와 오키나와 출신 아내, 그들이 낳은 5남매는 미군 스파이 혐의로 일본군에 의해 잔인하게 학살당했다. 내 판단에 그들이 스파이로 처형당한 이유는 32군의 일본어 상용 정책을 어기고, 그들이 조선어나 오키나와어로 소통했기 때문일 것이다. 전시에 일본군의 관점에서는 그들이 알아들을 수 없는 '오키나와어'나 '조선어' 상용자는 잠재적 스파이였다. 바꿔 말하면 순수 야마토인을 제외하면, 오키나와인과 조선인 모두는 스파이 혐의에 노출될 수밖에 없었다.

실제로 일본군에 강제연행되었던 조선인 군부들은 전쟁 말기에 스파이 혐의로 우군이라 믿었던 일본군에 의해 반복적으로 처형당한다. 오키나와인이라고 해서 사정이 다르지 않았다. 일본군은 알 수 없는 오키나와어로 그들끼리 속삭이는 것은 적국인 미군의 '선무 활동'에 동원된 것이라 의심했다. 그것이 사실이건 아니건 일본군은 그렇게 간주했기에, 전시 중 오키나와어 사용을 전면 금지시켰고, 이 명령을 어긴 사람들을 공개처형했다.

위급할 때 터져 나오는 모국어

일본군의 패배가 명백해지면서 오키나와현민들이 자연동굴인 가마에서 잔혹하게 강제집단사에 내몰렸을 때, 그것을 선도했던 마을의 지도층 인사들은 일본어로 "천황폐하 만세"를 외쳤고, 이것을 신호로 가마 안의 수류탄이 불을 뿜었다. 그러나 죽음을 예감하고 살고자 애썼던 오키나와인들은 죽어가면서도 그들의 가족들에게 "도망가!"라고 오키나와어로 절규했다.

대규모 강제연행되었던 조선인 군부들 역시 사정은 유사했다. 전쟁 말기 일본군이 패잔하면서 지휘통제 시스템이 붕괴되자 조선인 군부들은 조선어로 탈출과 미군에 투항을 도모했다. 성공한 경우도 있었지만, 많은 경우는 등 뒤에서 날아오는 일본군의 기총소사와 수류탄에 희생되었다. 오키나와전쟁에 군부로 강제연행되었던 김원영은 『어느 한국인의 오키나와 생존수기』(1991)에서 일본군의 패배가 명확해지자 자신이 조원들에게 "우리는 조선인이다. 미군에 투항해 목숨을 건지자"라고 조선어로 말했다고 증언한다.

'언어' 때문에 가마에서의 비극적인 강제집단사를 간신히 비켜나온 사례도 있다. 하와이의 사탕수수 농장에서 일했던 사람이 있었던 한 가마(동굴)에서는 그가 '영어'로 미군에 항복하겠다고 전달해 가마 안의 사람들이 구사일생으로 목숨을 건졌다. 일본의 식민주의는 압도적 무력과 헤게모니로 오키나와인을 동화시키고자 했지만, '오키나와어'의 강인한 생명력이 그것을 빈번히 저지했다. 오키나와에 강제연행되었던 조선인 학병, 군부, 일본군 '위안부', 거류민 역시 마찬가지였다. 언어는 식민주의를 균열시키고 내파하는 데 상당 부분 기여했던 것이다.

'하토야마의 구상'에 대한 희망

2009년 9월 정권을 쟁취한 민주당의 하토야마 유키오(鳩山由紀夫)가 일본의 제93대 총리에 취임했다. 이른바 '55년 체제'로 일컬어지는 자민당 주도의 보수 연립정권의 장기 집권이 붕괴했다. 이것은 일본뿐만 아니라 동아시아에서도 하나의 역사적 사건이었다. 당시의 한국 대통령은 이명박, 중국의 국가주석은 후진타오, 핵무기 개발 문제로 한반도에 긴장을 드리웠던 북한의 김정일이 아직까지는 건재하던 때였다. 미국의 대통령은 경선부터 폭발적인 기세로 승리해 결국 당선된 민주당의 버락 오바마였다.

2009년 시점은 미국이 이른바 '리먼 브러더스 쇼크'의 충격으로 경제적 불안정성이 극대화되던 시점이었던 반면, 중국은 고도성장을 통해 세계 경제의 견인차 역할을 하면서 정치적 영향력도 확장하고 있던 시점이었다. 일본은 20여 년에 이르는 장기침체로 침잠해 있었을 뿐만 아니라, 동아시아 역내에서 중국 패권 부상에 모종의 불안을 느끼던 시점이었다. 새롭게 등장한 한국의 이명박 정부는 이전의 김대중·노무현 정부를 격하시켰고, 특히 대북 관계에서 북한의 핵무기 개발을 근거로 강경한 대결적 자세를 높여가고 있던 때였다.

하지만 아마도 동아시아의 역내 질서에 가장 큰 변화를 초래한 것은 오바마 행정부의 '아시아 중시' 정책이었을 것이다. 오바마 정권이 등장한 이후 미국의 대외정책은 '아시아로의 회귀와 재균형 전략'을 뚜렷이 했다. 세계사적 차원에서 중국 패권의 부상을 차단하는 한편, 동아시아 경제의 풍부한 성장 잠재성에 대한 기대가 이러한 전환을 더욱 촉진했다. 그러나 오바마의 입장에서 볼 때, 한국의 이명박을 제외한 중국의 후진타오나 일본의 하토야마는 가히 부담스런 존재였다.

특히 하토야마의 존재는 미국의 자존심을 자극했을 뿐만 아니라, 아시아에서 미국의 군사적 패권을 교란시킬 수도 있는 대담한 제안을 제시하기도 해 곤혹스러웠던 것 같다. 하토야마는 취임 직후부터 메이지 유신 이후의 '탈아입구(아시아를 벗어나 서구사회를 지향한다)'의 자세에서 벗어나 '아시아 중시 외교'를 진행해 나가겠다고 말했다. 그런 차원에서 중국과의 우호관계를 더욱 확대하고, 동아시아의 여러 나라들과 협력한다는 '동아시아 공동체 구상'을 피력했다. 그러면서 이제부터 일본은 중국과 미국의 '균형추' 역할을 하면서, 동아시아인들에 의한 동아시아의 선린 우호 협력을 실현해나갈 것이라고 선언했다. 어쩌면 한국의 노무현과 비슷한 구상이었던 셈이다.

'오키나와 미군기지 국외 이전' 공약

한국의 노무현 정부에 대해서도 불쾌감을 피력했던 미국은 하토야마의 동아시아 공동체 구상 발표 직후에도 똑같은 불쾌감과 당혹감을 느꼈다. 왜냐하면 동아시아 공동체 구상에는 "미국은 배제한다", "일본이 미국과 중국 사이에서 밸런스를 조율한다"와 같은 견해가 담겨 있었기 때문이다. 더 나아가 하토야마는 미국의 아시아 패권 체제의 중추인 주일미군의 재배치 문제에 대해서도 담대한 주장을 피력했다. 바로 미군기지의 75%가 밀집되어 있는 오키나와 미군기지 문제에 대해, 특히 오키나와 북부 나고 시의 헤노코로 이전할 계획이었던 후텐마 기지의 이전 문제에 대해 "최소한 현(縣) 바깥으로 이전, 궁극적으로는 국외 이전"이라는 공약을 현실화시키려 했기 때문이다.

사실상 미국의 군사 식민지의 고통을 오랫동안 감수해왔던 오키나와인들은 하토야마의 등장에 상당한 기대를 걸었던 것 같다. 오키나와의 자치와 자립을 위해서는 이 악몽 같은 '기지부담'이라는 문제를 탈피해야만 했기 때문이다. 더구나 북한 핵개발 등의 문제로 동아시아 역내의 군사적 충돌 가능성이 고조되고, 특히 중국과 일본 사이의 갈등이 센카쿠제도(중국명 댜오위다오) 영유권 문제를 둘러싸고 첨예화되는 상황이었기 때문에, 기지가 존재한다는 것은 결국 오키나와인에게 제2 오키나와 전쟁의 악몽을 떠올리게 만들었던 것이다.

문제는 오키나와인의 염원과 무관하게 오바마는 바로 그런 정황이야말로 미군기지를 오키나와에 지속적으로 배치해야 하는 필요성이라고 생각했다는 점에 있다. 오키나와를 군사적·지정학적으로 바라보면 동아시아는 물론이고 중동의 '분쟁의 활' 지역을 군사적으로 통제하고, 일단 유사시 전력을 신속하게 전개시킬 수 있는 요충지라는 생각이야말로 1945년 이후 일관된 미국의 오키나와 관이었다.

이것은 일종의 '지구본 정치'의 한 사례다. 지구본을 바라보며 대외전략을 고민하는 측에서는 자잘한 점으로 이어진 류큐제도의 지형만 보이지, 그곳에 자신과 동일한 피와 감정을 소유한 사람은 보지 못한다. 아이러니한 것은 이런 '지구본 정치'를 일본 본도의 정치세력과 오키나와를 변방의 먼 촌 동네 정도로 생각하는 일본 본도인들 역시 동일하게 해왔다는 것이다. 자신들의 눈앞에 전폭기의 폭음이 들리지 않으면, 핵발전소가 없다면 그것은 남의 문제라는 외면이 거기에는 존재한다.

하토야마는 일시적으로 오키나와인에게 희망의 상징이었다. 어떤 차원에서는 자민당의 장기 집권에 질려버린 일본 본도인들 역시 마찬가지였다. 이것은 하나의 새로운 세계가 열리는 체험이었지만, 미·일 안보협정에 의존해 왔던 자민당 및 보수 관료 세력에게는 무모하고 철없고, 위험한 행동으로 보였다.

하토야마에 대해 "그의 정치적 입장은 어리석었다. 북한 사람들이 그것을 바른 방향으로 인도해주었다"고 쓴 것은 오바마의 동아시아 보좌관이었던 제프리 베이더(Jeffrey A. Bader)였다. 그는 『오바마와 중국』(2013)이라는 책에서 한국에서 벌어진 '천안함 사건'이 결국 하토야마를 패배시켰고, 미국의 의도대로 아시아 정책을 끌고 가게 만드는 기회를 다시 만들었다고 회고한다. 이 사건이 발생하자 다수의 일본인은 '동아시아 공동체'라는 하토야마 비전의 비현실성을 자각했고 확장하는 중국의 패권에 경각심을 회복했으며 북한의 군사적 맹동주의를 혐오하게 되었다는 것이다.

오바마 '지구본 정치'의 희생양

이것은 하토야마에게는 물론이지만 오키나와인에게도 전후 최초로 '평화의 섬'을 구축할 수 있었던 역사적 기회의 상실로 받아들여졌다. 이후 하토야마는 후텐마 기지의 "최소 현 바깥으로 이전, 최대 국외 이전"이라는 자신의 공약을 스스로 부정하고 폐기했다. 그런 상황에 중국의 해군함선 9척이 오키나와 영해를 아슬하게 스쳐 지나가는 사건이 벌어졌다. 갑자기 일본 본도의 사람들은 오키나와가 아니라 '일본이 위험하다'는 생각을 하게 되었으며, 일·미 동맹의 중요성을 다시금 강조하기 시작했다. 오바마의 참모인 베이더는 하토야마의 동아시아 평화공동체 구상에 대해 "스스로 묘혈을 판 것"이라고 냉소적으로 평가하는 것으로 인상기를 마치고 있다.

그러나 과연 스스로 묘혈을 판 것이라고 격하되어도 좋은 것일까. 오키나와인의 입장뿐만 아니라, 동아시아의 영원한 평화를 갈망하는 평범한 시민 입장에서는 하토야마의 구상이 1년도 안 돼서 실패하긴 했지만, 누군가에 의해 계승되고 지속될 것이라는 희망을 버릴 수 없다. 창칼이 평화를 지키는 것은 아니다. 아마도 그것은 나라를 지키기는 할 것이다. 그러나 국민은 지키지 못한다. 이것이 오키나와인들이 체험적으로 깨달은 전후 체험의 본질이다.

잊혀져가는 오키나와의
일본군 '위안부'

일본군 '위안부' 문제를 어떻게 볼 것인가. 최근 들어 이 문제가 국제 사회의 중요한 쟁점으로 재점화되고 있다. 아시아태평양전쟁 기간 동안 일제에 의해 자행된 일본군 '위안부'의 강제동원과 '성노예화'는 매우 심각한 전쟁범죄다. 1991년 한국의 김학순 할머니가 자신이 일본군 '위안부'였다는 사실을 고백하고 일본 사법 당국에 식민지 책임에 대한 사죄와 배상을 요구한 이후, 이 문제는 국제사회에서 중요한 역사적 쟁점이 되어왔다. 일본 정부 역시 일본군 '위안부' 강제동원 진상이 밝혀지기 시작했던 초기에는 고노 담화를 통해 일본 정부와 군에 의한 강제연행의 범죄성을 사죄하고, 철저한 진상규명을 약속한 바 있다.

아베 극우정권의 역사적 퇴행

그러나 20여 년 이상의 세월이 흐른 현재의 관점에서 보면 어떨까. 아베 신조(安倍晋三) 극우정권의 등장 이후 일본군 '위안부' 문제에 대한 진실 규명에 저항하는 강력한 역사적 퇴행이 진행되고 있다. 이는 아베 자신이 견지하고 있는 신우익적인 역사관과 함께 일본 사회 전체의 우경화 경향과 맞물린 문제라고 판단된다.

아베는 기본적으로 천황주의 내셔널리스트다. 그는 2차대전 패전 이후 연합국 당국에 의해 제정된 이른바 '평화헌법'이나 '샌프란시스코강화조약 체제'에 대해 강한 위화감을 갖고 있다. 아베의 정치적 캐치프레이즈가 '전후 체제로부터의 탈피'라는 점이 상기시키는 것은 근본적으로는 전전(戰前)의 천황제 파시즘 체제에 대한 긍정과 천황주권으로 회귀해야 한다는 그의 강력한 신념일 것이다.

이런 아베의 극우적 신념은 필연적으로 과거사에 대한 그 특유의 우익적 세계관을 교육을 통해 강제할 것을 요구하는데, 다음과 같은 세가지가 그 핵심 문제이다. 첫째, 영토문제다. 러시아와의 북방 영토문제나 중국과의 센카쿠제도, 한국과의 독도 문제의 경우 명확하게 일본 고유의 영토라는 사실을 교과서에 기술한다. 둘째, 오키나와전쟁 당시 일본군이 스파이 혐의를 씌워 학살 및 강제집단사로 내몬 양민들 문제의 경우 교과서 기술에서 삭제한다. 이는 전전 일본 정부와 일본군의 전쟁범죄에 대한 역사적 기억의 은폐와 연결된다. 셋째, 일본군 '위안부' 강제연행 및 전쟁범죄에 대한 기술 삭제 문제다. 이 역시 앞의 문제와 연결된 것으로, 결국 이 세 가지는 전전 일본의 역사적 정당성을 긍정하고 옹호하기 위한 아베의 의도가 적극 개입된 문제이다.

역사 인식 문제에서 이러한 세 가지 사안이 아베식의 '아름다운 나라'의 기초라면, 평화헌법의 무력화를 통한 전쟁 가능한 국가로 변신이야말로 아베식의 '새로운 나라'의 토대이다. 최근 아베 정권은 '집단적 자위권'의 해석 변경을 내각회의에서 의결했다. 이것은 헌법 조항을 국민투표를 통해 변경하지 않고, 각의에서 해석을 변경함으로써 실제적으로는 헌법을 무력화시킨 쿠데타적 조치라고 할 수 있다. 일본 시민뿐만 아니라 한국을 포함한 아시아의 여러 국가가 사태를 심각하게 바라보는 것은 이 때문이다.

위에서 간략하게 거론한 몇 가지 사항만으로도 오키나와에 있어 아베 정권은 하나의 재앙이라는 사실을 알 수 있다. 가장 심각한 재앙은 현재의 오키나와가 다시금 '전쟁할 수 있는 나라' 일본으로 우경화하는 과정에서 희생양이 될 가능성이 높아지고 있다는 것이다. 가령 아베의 영토관에 있어서 심각한 국제분쟁의 요소로 대두되고 있는 것은 오키나와현의 센카쿠제도 영유권 문제이다. 이 영유권 문제에 있어 일본이 아베식의 고유영토론을 밀어붙이고, 집단적 자위권의 해석 변경을 통해 '전수방위(專守防衛) 원칙'을 폐기할 경우, 센카쿠제도는 우발적인 사태에 의한 무력분쟁의 장소로 화할 가능성이 높다.

둘째, 오키나와전쟁 당시의 '스파이 혐의 학살'이나 '강제집단사'의 은폐 역시 오키나와인의 관점에서 보면, 기억의 왜곡 혹은 삭제에 해당될 뿐만 아니라 일본식의 국가주의를 정당화하는 시도로 회귀할 것이다. 그것은 작금의 헤노코 신기지 건설을 둘러싼 국가와 오키나와현민의 투쟁 과정에서 '국익'을 근거로 오키나와현민의 자립과 자치에 대한 희망을 봉쇄하고 무력화하는 결과를 초래할 것이다.

셋째, 일본군 '위안부' 문제 역시 오키나와사의 비극과 밀접한 문제다. 일본군 제32군이 오키나와에 편성된 이후, 오키나와 전역에는 일본군 위안소가 건설되었다. 전체 140여 개 위안소 가운데 약 70개 위안소에서 조선인 일본군 '위안부'가 강제연행되었음이 조사를 통해 밝혀졌다. 오키나와전쟁 기간 희생된 조선인이 약 1만 명에 이르는데, 아마도 이 숫자 속에는 상당수의 조선인 일본군 '위안부'도 포함되어 있을 것이다.

최초 고발자 배봉기 할머니

그런데 일본군 '위안부'의 문제는 오키나와인 입장에서도 비극의 일부이다. 조선과 중국 본토, 타이완 등에서 강제연행된 일본군 '위안부'도 많았지만, 일본군은 오키나와 현장에서 오키나와인 여성을 일본군 '위안부'로 강제동원하기도 했다. 물론 이 사실은 일본군 '위안부' 문제 일반이 치밀하게 검토되지 않고 있기 때문에, 그 진상이 정확히 밝혀지지는 않았다.

한국의 연구자 입장에서 오키나와 문제를 검토할 경우, 일제 말기 오키나와전쟁 기간에 오키나와로 강제연행된 조선인 문제에 대한 연구는 매우 중요한 테마라고 생각한다. 그런데 조선인 학병이나 군부에 대한 연구나 기록은 일부 존재하는 데 비해, 조선인 일본군 '위안부' 문제에 대한 연구는 상대적으로 미약한 실정이다.

개인적인 추론에 따르면, 오키나와전쟁 기간에 적어도 700명 이상의 조선인 일본군 '위안부'가 오키나와로 강제연행되었다. 그러나 불행하게도 중국과 대만, 남방과 한반도로부터 강제연행된 이 조선인 일본군 '위안부' 문제에 대한 치밀한 탐구나 실증적 조사·연구 작업은 매우 미약한 실정이다. 그런데 생각해보면, 일본군 '위안부' 문제의 진실이 최초로 고발된 것은 1975년 당시 오키나와에 체류하고 있던 전 일본군 '위안부' 배봉기 할머니에 의해서였다. 일본군 '위안부'로 오키나와에 강제연행되었던 배봉기 할머니는 1945년 태평양전쟁 종전 이후에도 고국인 한반도로 귀국하지 않은 채 오키나와에서 고통스런 삶을 마쳤다.

1975년은 오키나와가 미국의 신탁통치에서 일본으로 주권이 반환된 직후이다. 이 시기에 일본군 '위안부'였던 배봉기는 재일조선인 일반이 그렇듯 '무국적자'로 처리되었는데, 이에 대해 항의하는 과정에서 자신이 과거 '일본군 위안부'로 오키나와에 강제연행되었다는 사실을 역사상 최초로 고백했다. 그러나 당시는 한국이 일본과 한일협정을 이미 체결한 후였고, 더구나 북한과의 체제 대결이 가속화되고 있던 시점이어서, 조선인 일본군 '위안부' 문제는 한국 정부에 의해 철저하게 은폐되었다.

만일 1975년 당시 한국 정부가 조선인 일본군 '위안부' 문제에 대한 실증적인 조사·연구를 진행하고, 배봉기 할머니와 같은 살아 있는 고통의 역사를 존엄하게 인식했다면 오늘과 같은 역사의 비극적 퇴행은 상당 부분 저지될 수 있지 않았을까 하는 회한이 든다.

'고통의 섬' 오키나와인의
낙천적 천성

　한국인들에게 오키나와의 이미지는 태평양의 하와이와 비슷하다. 야자수와 파파야 나무가 출렁거리는 거리, 산호초의 투명한 바다, 서핑을 즐기는 관광객들과 호화 리조트의 이미지가 그것이다. 1990년대 이후 오키나와 현지를 배경으로 한 드라마의 출현도 이에 일조했다. 여행자의 심리에서 보면, 제주도와 오키나와는 같은 동선 안에 있다.

　그리고 또 하나의 극단적인 이미지는 '기지의 섬'이다. 산호초 해변이 있는 거의 모든 곳에는 또한 미군기지가 있다. 이 기지는 동서로 약 40 ㎞에 불과한 오키나와 본도 가운데에 '알박기'를 한 형국이어서, 마치 팔레스타인의 요르단강 서안 지구와 가자 지구가 이스라엘에 의해 분리되어 있듯, 고속도로도 도넛형으로 둥그렇게 만들어졌다.

　나는 농담처럼 '기지'만 없다면 이곳은 유토피아일 거라고 말한다. 하지만 과거의 오키나와는 물론 유토피아가 아니었다. 일본 난세이제도에 진주 목걸이처럼 이어져 있는 류큐제도는 아마 '고통의 섬'이었을 것이다. 섬의 대부분이 융기 석회암 지역이기 때문에, 이곳에서는 담수를 모으고 저장하는 일이 쉽지 않았다. 오키나와 하천의 색깔을 보면 마치 남원의 실상사 앞 개천처럼 우유를 섞어놓은 듯한 옥빛이다. 석회암이 물에 씻겨 침식되고 있기 때문이다.

석회암 지대는 마치 제주의 현무암 지대처럼 물이 숭숭 빠져나가 벼농사에 적합한 땅이 드물다. 일찍부터 한반도식의 수전농법으로 논농사를 했으면서도, 근세까지 민중들의 주식이 진한 자줏빛의 고구마였던 것은 이런 까닭이다. 게다가 오키나와는 우리도 알다시피 태평양에서 발생하는 태풍의 길목이다. 오키나와의 역사를 검토해 보면, 미야코지마의 전 주민이 태풍과 쓰나미에 절멸했던 기록 같은 게 허다할 정도로 자연은 그 자체가 난관이었다.

태풍과 쓰나미, 외세의 지배에 시달려

이런 자연재난 말고도 오키나와는 일찍부터 외세의 지배에 시달려왔다. 1609년 규슈 지역의 사쓰마 번은 임진왜란 출병 거부 이유를 들어 뒤늦게 오키나와를 무력 점령한 후 류큐왕국의 국왕을 막부로 호송해 갔다. 그러고 나서 오키나와를 반식민지화했는데, 당시의 류큐왕국이 중국과 조공·책봉 관계에 있었기 때문에 주권을 빼앗지는 못하고 수탈의 대상으로 삼았다.

하나의 왕국이 일본의 일개 번에 의해 반식민지화되었다는 것은 크나 큰 치욕일 뿐만 아니라, 오키나와 민중에게 씻을 수 없는 고통을 안겨주었다. 사쓰마 번은 류큐왕국을 침략하자마자 왕국 영토의 전 지역에 대해 토지조사 사업을 시행했고, 산출되는 농산물의 총량을 표준화했다. 왕부의 군대는 무장해제되었다. 당시의 사쓰마 번 역시 기근과 임진왜란 이후의 빈곤에 시달리고 있었기 때문에 경제적 수탈은 매우 잔혹했다.

사쓰마 번은 류큐왕부에 총생산량의 절반에 가까운 쌀과 사탕, 오키나와 특산의 바쇼후(芭蕉布)를 현물 납공하라고 했다. 강압에 직면한 왕부는 민중들에게 과중한 조세와 인두세를 현물 납부하게 하면서, 오키나와의 민중들은 생애 내내 왕부의 현물 납공에 시달리게 되었던 것이다. 하지만 태풍이 잦은 오키나와의 섬들에서 농사란 뜻대로 되는 게 아니었다. 특히 인두세는 매우 가혹했다. 납부할 쌀과 바쇼후가 없어 마을 전체가 도망하거나, 생산력이 없는 노인이 자살하고 아기를 죽이는 등 필설로 형용할 수 없는 비극도 속출했다.

이렇게 수탈당하던 오키나와는 메이지유신 이후 일본에 의해 완전히 그 주권을 상실하자 그 고통은 더욱 심각해졌다. 가장 큰 고통은 민족 차별이었다. 살기 위해 일본 본도로 이주한 오키나와인은 일본 본도인에게 토인 취급을 받았다. 그나마 유지되던 오키나와의 농업도 급격히 쇠락했다. 메이지 정부는 사탕수수를 단일작물로 강요해 오키나와 농업 체제를 분업화했다. 이 단일작물화의 폐해는 자신들이 먹을 식량을 스스로 생산하지 못한 데서 비롯된 빈곤을 가속화시켰다.

오키나와 안에서 생존이 불가능한 농민들은 일본이 식민 지배한 만주로 '개척이민'을 가거나 하와이와 남미 등지로 '노동이민'을 떠났다. 100여 년 전의 조선인들이 하와이 사탕수수 농장으로 떠난 것과 비슷한 상황이었다. 오늘날 남미의 거의 모든 나라에서 오키나와 후손들이 100년 전의 오키나와어로 말하며 사는 것은 이런 까닭이다. 오키나와 인들은 일제 말기에는 충량한 '제국신민'으로 총동원되어 '스파이 혐의 학살'이나 '강제집단사'에 내몰렸고, 종전 이후에는 미국의 식민지로 전락했으며 1972년 일본으로 복귀했지만, 현재 상황은 오히려 미국과 일본의 이중식민지 체제 아래에 놓여 있다.

오키나와는 현재 북부 나고 시의 헤노코 해상기지 건설 강행으로 아수라장이다. 기지 건설을 반대하는 주민들의 카누가 해상보안청에 의해 전복되는가 하면 주민들은 줄줄이 구속되는 식으로 미·일 양국에 의한 폭력적 진압이 계속되고 있다. 최근 미국은 헤노코 신기지를 앞으로 200년간 이용할 계획이라고 밝혔다. 아베는 집단적 자위권에 대한 각의의 해석 변경 결정 이후 류큐열도에 자위대를 대거 투입하고 있다. 200년 후 미군 철수 이후에도 중국을 견제할 일본의 핵심적인 군사기지로 삼는다는 게 아베의 계획이다.

이런 역사적 사실을 간단히 살펴보아도 오키나와는 고통으로 가득 찬 섬이다. 그런데 놀라운 것은 오키나와인들이 이런 고통 속에서도 낙천적인 천성과 정념을 오히려 강화시키고 있다는 것이다. 도대체 그 힘은 어디서 나오는 것일까?

"모든 고통은 지나가리라" 생사관 지녀

간단히 답할 수 없지만, 내 판단에 이것은 오키나와인들 특유의 생사관(生死觀)과도 무관치 않은 것 같다. 그들은 생명이 태어나고 돌아가는 곳을 '니라이카나이'라 부른다. 우리말로 해석하면 '뿌리의 나라'라는 뜻이다. 살아생전의 세계를 '이 세상'이라 부르고, 죽어 돌아갈 뿌리의 나라를 '저세상'이라 부르는 것이다. '이 세상'과 '저세상'은 물론 연결되어 있지만, 본질적인 것은 '저세상', 곧 생명이 시작됐던 기원으로서의 '뿌리의 나라'이다. 니라이카나이를 신앙하는 오키나와인 입장에서 현세의 고통은 지나가는 과정일 뿐이다. 이것은 오키나와인 특유의 생사관이자 낙천성의 원천이다. '모든 고통은 지나가리라, 그리고 인간은 언젠가 뿌리의 나라로 돌아가리라'고 하는 이 인식이 한국인들에게도 낯설지 않을 것이다. 이것을 단순히 샤머니즘적 세계 인식이라 말하면 안 된다. 반대로 이런 인식 안에는 도서 지역 특유의 축적된 삶의 지혜가 숨어 있다.

오늘의 오키나와인 가운데 전통악기인 산신(三線)을 연주 못하는 사람이 없고, 노래와 춤을 못하는 사람도 없다. 그들은 '이 세상'의 고통으로 괴로울 때 산신을 튕기며 노래를 불렀다. '저세상'에 비하면, 이 세상은 그림자에 불과하다는 것이 그들의 사유구조다. 그러면서도 이 세상의 '순간'을 낙천적으로 즐기고 사랑하는 덕성이 있다.

군사기지 건설 반대
'섬 전체 투쟁' 불붙나

지난 2014년 8월 말에 일주일 일정으로 오키나와를 방문했다. 한국에서 오키나와의 상황을 객관적으로 조망하는 것과 현장의 분위기를 경험적으로 인식하는 것 사이에는 얼마간의 '온도차'가 있다. 아베 일본 총리가 집단적 자위권의 해석 변경을 각의에서 결정한 이후 17년간 쟁점이 되었던 후텐마 기지의 오키나와 북부 헤노코로의 이전이 공세적으로 진행되고 있다. 오키나와현민들은 어떻게 생각하고 행동하고 있을지 궁금했다.

결정 당일 오키나와 현지의 양대 언론인 『류큐신보』와 『오키나와 타임스』는 이를 분노에 찬 목소리로 맹렬하게 비판했다. 특히 『류큐신보』는 각의의 해석 변경이 '평화헌법'을 무력화하는 쿠데타적 발상이며, 이 사태는 결국 오키나와를 또 다른 전쟁 위협으로 몰고 갈 것이라고 예측했다. 그러면서 "또다시 오키나와를 '악마의 섬'으로 만들 텐가"라고 직설적으로 물었다.

해상보안청 보트가 카누 시위대 압박

'악마의 섬'이라는 표현은 수사적인 것이 아니다. 태평양전쟁 시기 미국의 점령 이후 현재까지 오키나와는 사실상 미국의 군사식민지로서 성격을 지속하고 있다. 그러다 보니 미국이 주도적으로 개입하는 전쟁에 오키나와의 군사기지가 사실상 중추적인 역할을 해왔다. 한국전쟁과 베트남전쟁, 걸프전과 테러와의 전쟁 등에서 전폭기가 발진한 곳은 오키나와 미군기지였다. 베트남전쟁 시기 오키나와는 '악마의 섬'으로 불렸다. 베트남인들은 오키나와에서 발진해 맹폭을 퍼붓는 폭격기를 저주하면서 동시에 오키나와도 저주했다. 중세 중국인들이 오키나와라는 발음과 유사한 음차표기를 사용해 악귀도(惡鬼島)라고 부른 적이 있었는데, 베트남인들이 전쟁 당시의 오키나와를 실제로 '악마의 섬'으로 불렀다는 점은 아이러니다.

그러나 오키나와인들은 자신들이 태평양전쟁의 참담한 비극을 체험했기에 그 어떤 민족보다 평화에 대한 갈망이 크다. 베트남전쟁 당시에도 오키나와 현지에서는 반전집회가 계속되었으며, 오키나와 미군기지에서 탈영한 미군들을 보호해주고 망명시키는 운동이 벌어지고 있었다. 태평양전쟁 당시 오키나와인들은 미군과 일본군 모두에게 희생되었다. 섬 주민의 3분의 1가량이 희생된 전쟁의 비극은 오키나와인들에게 '군대는 국민을 지키지 않는다'는 교훈을 강하게 각인시켰다. 따라서 오키나와의 '반전평화주의'는 전쟁이라는 비극을 또다시 반복하지 않겠다는 강한 결의의 표시였던 것이다.

그러나 일본 정부는 '집단적 자위권'을 노골화하고 '중국 위협론'을 근거로 오키나와의 군사기지화를 더욱 강화하고 있다. 미국은 오키나와 미군기지를 향후 200년간 활용할 것이라며 헤노코 신기지 건설을 노골적으로 강행하라고 압박하고 있다. 이에 오키나와 방위국은 해상기지 예정지인 오우라만(大浦灣) 매립을 폭력적으로 밀어붙이기 시작했다. 일본 본도에서 용역들을 불러와 기지 공사에 반대하는 주민들을 폭력적으로 배제하고, 해상에서는 해상보안청 요원들이 주민들의 카누 시위를 압박, 연일 시위 참가자를 연행하고 있었던 것이다. 상황이 이렇게 되자 헤노코 신기지 반대행동은 나고 시민들의 현장 투쟁에서 더 나아가 오키나와 특유의 '섬 전체 투쟁'으로 불붙기 시작했다.

내가 오키나와를 방문했던 8월 23일에는 헤노코 신기지 건설을 반대하는 '8·23현민대행동'이 있었다. 나는 8월 22일과 23일 양일간에 걸쳐 미군 해병대 기지인 캠프 슈와브 앞 정문과 해상에서 벌어지고 있는 기지 반대행동을 취재할 수 있었는데, 주민들에 대한 일본 정부의 대응이 이전과는 달라졌다는 점을 확연히 알 수 있었다. 8월 22일 주민들의 감시선인 평화호를 타고 현민들의 해상 카누 시위가 벌어지고 있는 오우라만으로 나아갔다. 일본의 해상보안청 경비선들이 기지 건설 구역을 표시하는 부표 주위를 순찰하고 있었고, 해상에는 대형 구축함이 떠 있는 것이 보였다. 오키나와현민들은 10여 척 이상의 카누를 타고 기지 건설 현장을 대응 감시하고 있었는데, 해상보안청 소속 모터보트가 카누 시위대에 바짝 붙어 공세적으로 압박하는 풍경을 자주 보았다.

오는 11월 지사 선거에 최대 이슈로

　그날 평화호에는 나와 함께 두 명의 오키나와현의원, 지역 언론 취재 기자, 영국의 프리랜서 기자인 마이클이 동승했는데, 취재와 조사를 목적으로 배에 타고 있는 우리에게 해상보안청 요원들이 강한 경고 방송과 충돌 위협을 거듭하면서 카메라로 우리들을 채증했다.

　캠프 슈와브 정문에는 약 80명의 주민이 천막을 치고 집회를 계속하고 있었다. 예전과 다른 모습이라면 류큐대학과 오키나와대학을 포함한 오키나와의 대학생이 다수 집회에 참여하고 있었으며, 어린 중고생도 다수 있었다는 점이다. 방학을 맞아 그들은 기지 앞에서 상주하며 집회를 계속하고 있었다.

　오키나와의 평화운동에 청년들이 대거 가세하고 있다는 사실은 이 문제가 젊은이들에게도 심각한 삶의 문제로 인식되고 있다는 것을 보여준다. 또한 일본 정부의 기지 건설 강행이 역으로 오키나와 특유의 '섬 전체 투쟁'을 고조시킬 가능성이 높다는 사실도 보여준다.

　실제로 8월 23일 오후 1시 캠프 슈와브 정문 앞에서 진행된 '8·23현민대행동'에는 3600여 명의 오키나와현민이 집회에 참여해 기지 건설에 항의했다. 캠프 슈와브가 위치해 있는 오키나와 북부 나고 시의 헤노코로 이동하기에는 교통과 주차시설 모두가 빈약하기 때문에 오키나와 본도 각 지역에서 30대의 임대버스를 타고 현민들이 운집한 셈인데, 헤노코 투쟁이 시작된 이후 이렇게 많은 주민들이 집회에 참가한 것은 처음이라고 참가자들은 입을 모았다. 한동안 잠잠했던 오키나와현민들의 '섬 전체 투쟁'이 다시 촉발되는 게 아니냐는 관측은 이미 현재진행형으로 나타나고 있다.

이런 상황 속에서 11월에 있을 오키나와현지사 선거는 반기지운동 측에서건 아니면 기지 건설을 강행하는 일본과 미국 정부 차원에서든 매우 중요한 기점이 될 것으로 보인다. 중앙정부의 기지 건설 강행과 오키나와현지사 선거가 맞물리면서 '기지건설 반대' 문제는 가장 중요한 선거 쟁점이 되었다. 현재의 지사인 나카이마 히로카즈(仲井眞弘多) 지사에 대항하여 같은 자민당 소속인 오나가 다케시(翁長雄志) 나하 시장이 지사 선거에 기지 반대파 단일후보로 나올 것으로 예상되는데, 오키나와현주민의 81%가 기지 반대를 지지하는 입장을 보이기에 나카이마 지사의 3선은 어려울 것으로 예상된다.

오키나와인들은 지지정당과 좌우이념의 편차에도 불구하고, 미군에 의한 소녀 성폭행 사태, 교과서에서 강제집단사 문제 삭제, 신기지 건설 문제 등 오키나와의 현재와 미래를 좌우하는 이슈에 대해서는 '섬 전체 투쟁'을 전개하는 항쟁의 전통을 이어왔다. 이는 일본과 미국에 의한 이중식민지 체제가 초래한 폭력과 불평등에 저항하는 오키나와식 평화주의와 함께 자립과 자치에 대한 열망에 다름 아니다.

오키나와를 몰라도
너무 모른다!

　최근 학계에서는 국가 중심의 동아시아 연구에서 벗어나 제주, 오키나와, 타이완이라는 지역을 연합하여 연구하는 시각이 활발해지고 있다. 이 지역들은 본토 권력과의 관계 아래에서 역사적 비극을 경험했다는 공통점과 함께 아시아에서의 탈식민의 문제, 평화주의에 입각한 자치 문제를 사유할 수 있다는 공통점이 있다. 나 역시 이런저런 계기로 이러한 모색에 참가할 기회를 몇 차례 가질 수 있었는데, 지난 2014년 9월 19일 제주대 재일제주인센터와 탐라문화연구원이 공동주최한 '제주와 오키나와 공동 국제학술세미나' 역시 그런 기회 중 하나였다.

일본 향토사의 일부로 축소

이 세미나에는 한국 발제자 3명이 「한국과 오키나와 전후문학과 제주 4·3문학」(이명원), 「동아시아 변경의 군사화와 평화의 모색」(정영신), 「제주신화와 오키나와신화의 유사성과 차이」(허남춘)에 대한 논문을 발표했다. 오키나와 측에서는 「제주도 장묘제도의 전통과 변화」(쓰하 다카시, 津波高知), 「화장제도의 법제화에 따른 사회변화가 초래한 사자(死者)와의 관계」(가미야 도모아키, 神谷智昭)를 주제로 논문을 발표하고 열띤 토론이 이어졌다. 이런 과정을 통해서 나는 한국에서 오키나와 연구의 현황과 가능성에 대한 고민을 할 수 있었다.

오키나와에 대한 개별적 연구를 얼마간 시도해오면서, 한국에서 발표되거나 번역된 오키나와 관련 자료를 최대한 찾아 읽어보려 애썼다. 검토한 연구 가운데 현재로서는 제주대 인문대와 서울대 사회학과 출신 연구자들의 오키나와 연구가 의미 있는 작업으로 남아 있다. 제주대의 연구자들이 1990년대 후반부터 제주와 오키나와의 문화적 친족성을 중심으로 문화인류학적 연구를 진행해왔다면, 서울대의 오키나와 연구자들은 2000년대 중반에 들어 오키나와의 기지 문제와 변경 문제를 중심으로 연구를 진행해왔다. 이밖에도 몇몇 개별 연구자들이 오키나와 문학과 신화에 대한 연구를 진행해온 바 있으며, 편수가 많은 것은 아니지만 오키나와전쟁 당시의 조선인 문제를 조명하고 있기도 하다.

그러나 여전히 한국에서 오키나와 연구는 일본학 가운데서도 지방사나 향토사의 차원으로 축소되어 인식되는 측면이 강하고, 따라서 메이지유신 이후 일본에 의해 강점된 오키나와의 근대 전환기 쟁점들과 미군기지 문제에 논의가 치중된 감이 없지 않다. 오키나와 역사와 문화의 독자성이라든가 아시아·태평양이라는 거시적인 좌표축에서의 연구, 또는 한반도와 오키나와의 비교사적 관점에서의 체계적이면서도 통사적인 연구는 여전히 빈약한 편이다.

가장 아쉬움을 느끼게 하는 대목은 오키나와를 이해하는 데 가장 필수적이라 할 신가집(神歌集)인 『오모로소시(おもろさうし)』라든가, 오키나와학의 아버지로 일컬어지는 이하 후유(伊波普猷)의 중요한 저작들이 전혀 번역되지 않고 있다는 점이다. 근대 오키나와인의 현실에 대한 내밀한 고뇌를 담고 있는 오키나와 문학의 번역 역시 현재까지는 소설가 메도루마 슌(目取真俊)의 『물방울』 정도에 불과하다. 단순화시켜 말하자면 한국에서 오키나와 연구는 오키나와를 이해할 수 있는 토대가 될 수 있는 저작에 대한 깊이 있는 소개와 음미가 매우 미약한 단계에 있기 때문에, 사실상 본격적인 연구의 출발은 이제부터가 아닐까 하는 생각도 종종 들 때가 있다.

이러한 사실과는 별도로, 오키나와전쟁 당시 오키나와에 체류했거나 강제연행되어 희생되었던 조선인 문제에 대한 체계적인 탐구나 저작의 번역이 매우 미약한 상황에 있는 것도 문제점으로 다가온다. 오키나와의 조선인 일본군 '위안부'와 군부(軍夫) 문제를 탐구하는 과정에서 필자는 다음과 같은 일서(日書)를 읽은 바가 있다.

오키나와 조선인에 대한 탐구도 미약

오키나와전쟁 당시 군부로 강제연행되었던 김원영의 『한 조선인 군부의 오키나와 일기』, 태평양전쟁이 종전된 이후에도 오키나와에 남아 고통스러운 삶을 살다 죽은 배봉기 할머니의 증언 기록인 『오키나와의 할머니』, 재일조선인 감독인 박수남이 오키나와전쟁 당시 조선인 일본군 '위안부'와 군부의 삶을 파헤친 증언집 『아리랑의 노래』, 조선인이 오키나와에서 겪은 전쟁 체험을 실증적으로 파헤친 『조선인의 오키나와전』이라는 저작 등이 그것이다.

안타깝게도 일본어로 쓰인 이러한 저작들이 한국에는 번역이 안 된 까닭에 대중들이 접근하기에는 '언어의 장벽'이 높다. 물론 이밖에도 오키나와의 조선인을 대상으로 한 저작이나 기록들은 분명 다수 존재할 것이지만, 오키나와 자체가 한국의 학자들에게 집념을 갖고 탐구할 만한 대상으로 떠오른 게 아닌 이상, 조선인과 오키나와인의 이 비극적 만남은 한국의 대중들에게 거의 알려지지 않았을 것이다. 사실 필자 역시 그런 '무지의 베일' 속에 있었음은 부정할 수 없는 사실이다.

물론 이런 사례를 언급하는 것은 나 자신의 개인적인 관심을 강조하기 위해서가 아니다. 고려 말기의 첫 교류 이후 현재까지 지속되고 있는 오키나와와 한반도의 관계에 대해서 우리들이 별반 알고 있는 것이 없다는 것은 매우 기이한 일이기 때문이다. 그렇다면 오키나와에서 한국 인식은 어떤 편인가. 오키나와 학자들은 일찍부터 한국을 주목해왔다. 그것은 오키나와학을 검토하는 과정에서, 특히 『고류큐』로부터 현재의 미군기지 문제까지, 한국의 사서와 자료와 운동이 오키나와 자체를 이해하는 데 중요한 단서가 되고 있기 때문이다.

가령 고류큐 시기 오키나와의 역사를 이해하기 위해서는 『성종실록』에 기록되어 있는 제주인 김비의(金非衣)의 표류 기록, 즉 현재의 요나구니지마와 미야코지마, 오키나와 본도의 경험과 풍속을 참조해야 하기 때문이다. 적어도 1945년까지 조선과 오키나와는 역사적 영광과 비극을 공유하는 공간이었고, 그 교류 기록 또한 다양하다. 이번 제주대의 국제세미나에 참가한 류큐대学의 쓰하 교수 역시 1980년대 초반부터 제주도의 장묘문화를 포함한 민속학적 연구를 하기 위해 한국을 방문했다는 점이 더 없이 인상적이었다. 그 시기의 한국인에게 오키나와는 현재와는 다르지만 낯선 이국적 이미지로 남았을 터이다.

동아시아의 역사 변동이나 문화 교류를 국민국가를 범주로 하여 논의하는 것도 의미있지만, 구로시오해류를 기반으로 했던 해양문화를 통한 교섭이나 식민주의로부터의 자치라는 측면에서 본다면, 오키나와 연구는 한국학계에도 탐구해야 마땅할 풍부한 의제들을 던져줄 수 있으리라고 생각한다.

자이니치와 우치난츄의
눈물

서울의 한 극장에서 영화 〈60만 번의 트라이〉를 봤다. 영화에는 오사카 조선고급학교 럭비부가 하나조노(花園) 구장에서 열리는 전국 고교 럭비대회에 참가해 준결승전에서 아쉽게 패배하는 과정이 담겨 있었다. 일본 내에서 자이니치(在日)는 이방인이다. 식민지와 분단 상황 때문에 한반도로 귀국하지도, 또 일본으로 귀화하지도 않은 채 일본 사회 안에서 구조적 차별을 경험하고 있을 동포들의 모습을 보는 일이 애틋하고 가슴 아팠다.

현재 일본은 영화의 배경이 되는 오사카 시를 포함한 전국에서 민족학교에 대한 고교 무상화 조치 배제로 차별을 가하고 있다. 교토에서는 조선초급학교에 극우단체인 '재일특권을 허용하지 않는 시민 모임(在特숏, 재특회)'이 난입해 학생과 학부모들을 경악하게 한 바 있으며, 이 밖에도 일본인 납치 문제를 들며 벌이는 유무형의 자이니치 차별이 광범위하게 확산되고 있다.

자이니치에 대한 차별은 일본 안의 또 다른 소수자 집단인 오키나와인, 아이누인, 피차별 부락민에 대한 차별과 연결되어 있다. 일본에서 이러한 차별은 지속적이고도 구조적인 문제이기 때문에 가령 자이니치의 경우 제3국인에 대한 차별일 뿐이라는 식으로 빠져나갈 수 있는 문제가 아니다. 설사 자이니치들이 일본인으로 귀화한다고 할지라도, 그의 출신이 알려지면 더 큰 차별이 등장했던 사례를 생각해보면 이를 잘 알 수 있다.

'차이'를 '구조적 차별'로 증폭시키는 곳을 선진사회로 보기는 어렵다. 구조적 차별이 끝없이 반복되는 한 그것은 언제든 공동체의 단결을 이유로 소수의 희생과 폭력을 재현하게 만드는 근거가 된다.

반복되는 소수자에 대한 '구조적 차별'

현재로부터 91년 전인 관동대지진 당시, 일본 전역에서 조선인 학살이 일어났다. 당시 일본에 체류하고 있던 조선인은 총 13만6557명으로 추정되는데, 이 가운데 3000~7000명의 조선인이 관헌과 자경단에 의해 학살당한 것으로 추정된다. 조선인 학살 과정에서 오키나와인들 역시 학살당하거나 죽음 직전까지 갔던 사례 역시 잘 알려져 있다. 조선인을 학살하기 위해 일본인들은 외국인이 발음하기 어려운 일본어 탁음(濁音)을 발음하라 했고, 발음이 이상하면 조선인이라 간주해 살해했다. 당시 오키나와현민 역시 생계를 위해 일본 본도로 노동이민을 간 사람들이 많았는데, 이들 역시 일본어에 서툴러 조선인으로 오인받아 학살당했던 것이다.

조선인이나 오키나와인과는 상황이 다르지만, 아이누인들 역시 메이지유신 이후 일본의 홋카이도 강점 당시 둔전병(屯田兵)들에 의해 학살당하거나 강제노역과 채식 강요로 다수가 아사한 바 있다. 당시 아이누인들의 학살과 홋카이도 강점의 전략을 세웠던 것은 미국인 참모들이었다. 이들은 서부 개척 당시의 인디언 학살과 동일한 방법으로 아이누인을 제압할 것을 일본의 둔전병들에게 지시했다. 그 결과 오늘의 아이누인들은 단지 수만 명이 생존하고 있을 뿐이다.

오키나와인에 대한 일본 본도인들의 차별은 오키나와전쟁에서 생명의 희생뿐만 아니라, 여러 형태의 구조적 차별로 나타난 바 있다. 오키나와가 일본에 복속된 이후에도 2차대전이 끝날 때까지 일본 정부는 오키나와에 단 1개의 대학도 설립하지 않았다. 오키나와인들은 식민지인 조선이나 대만에도 제국대학을 설립한 정부가 왜 오키나와에는 대학을 설립하지 않느냐고 항의했다. 뿐만 아니라 1945년 일본의 패전 때까지 오키나와현의 지사는 일본인들이 독식했다. 오키나와는 일본이라며 동조동근론을 펼쳤던 일본인들의 이중성이 잘 드러나는 대목이다.

현재의 자이니치 코리안과 우치난츄(오키나와인)를 합치면 약 200만 명에 달한다. 이들 200만 명은 일본 전체 인구의 1.5% 정도에 해당되는 양적 소수자이다. 세계를 둘러보면 인구 200만 명 이하의 독립국가는 꽤 많이 존재한다. 심지어는 인구 3만 명 정도에 불과한 주권국가 역시 지구상에는 존재한다. 이들을 소수자라 일컫는 것은 일본이라는 국가가 이들에 대해 역사적으로 지속하고 있는 '구조적 차별' 때문이다.

그러나 역발상의 관점에서 보면, 일본 내 소수자인 자이니치와 우치난츄는 퇴행하는 일본의 민주주의를 견제하고 때로는 재건하는 '가능성의 중심'이라고 생각한다. 자이니치들이 역사 속에서 벌인 자립과 자치를 향한 거대한 실천과 운동은 일본 안에서의 인권과 민주주의의 진전에도 큰 영향을 끼쳤다. 오키나와인들이 역사적 비극 속에서 그 좌표가 흔들려 왔으면서도, 1990년대 이후 평화와 자치, 그리고 자립을 향해서 발신하는 메시지들은 일본뿐만 아니라 세계적으로도 이들의 매우 강렬한 평화주의 열망에 감동하게 만들고 있다.

고교야구에서 오키나와는 왜 강한가

'60만 번의 트라이'에서 오사카 조선고급학교(오사카 조고)가 전국대회에서 3위에 오르는 장면을 보면서, 2010년 전국고교야구대회가 열린 고시엔(甲子園) 구장에서 오키나와의 고난고(興南高)가 우승했던 기억을 떠올렸다. 경기가 진행되는 내내 고난고 응원단은 '하이사이 오지상'이라는 오키나와 민요를 불렀다. 오키나와 민요가 일본 본도에서 뜨겁게 불리는 가운데 '오키나와의 눈물'은 기어이 승리의 눈물로 폭발했다.

나는 그런 눈물을 하나조노 구장에서 뛰고 있는 오사카 조고 선수들의 얼굴에서 발견하고, 고난고 학생들의 눈물과 어쩔 수 없이 오버랩되는 연상에서 빠져나올 수 없었다. 함께 영화를 보았던 아내는 영화를 보며 눈물을 훔치는 나를 이해하기 힘들었겠지만, 그들의 눈물 앞에서 나는 모든 차별받는 사람들의 눈물을 보았다고 말하고 싶다. 그러니까

이 부분에서 중요한 것은 자이니치나 우치난츄의 차별을 넘어선 지구적 평등, 보편적 평등이라는 '인간의 권리'라는 말이다. 인간의 권리는 다수자와 소수자의 평화로운 공존을 통해서만 현실화되는 존엄이다.

일본인들은 왜 오키나와가 고교야구에 강한가, 하는 질문을 자주 던진다. 동시에 자이니치에 대해서도 그들은 왜 스포츠와 연예계에서 맹활약하는가, 하는 질문을 던진다. 그 답은 명료하다. 만일 일본 사회 안의 소수자에 대한 차별이 그토록 노골적이지 않았다면, 자이니치와 우치난츄는 평범한 일본인이 그렇듯 여러 분야에서 평범한 성공과 실패를 경험했을 것이다.

그러나 이 평범함을 불가능하게 하는 차별이 존재하는 한 역시 많은 소수자는 스포츠와 연예계에서 그들의 눈물을 승화시킬 수밖에 없다. '60만 번의 트라이'를 보면서 나는 이 선수들과 관객들의 함성에, 오늘도 신기지 건설을 반대하는 우치난츄의 함성 소리가 뒤섞여 있는 것처럼 느껴졌다. 그들의 눈물이 멈춰지길 기대한다.

우리가 몰랐던 오키나와 문학의
보편성

최근 오키나와의 대표작가인 마타요시 에이키(又吉榮喜)의 대표작을 모은 『긴네무 집』이 출간되었다. 불과 3편의 작품만이 수록되어 있고, 발표 연대 또한 현재로부터 무려 30여 년 전이기는 하지만, 이 작품집을 통해 오키나와의 현대문학이 가진 가능성을 확인할 수 있다고 나는 생각한다.

물론 마타요시 이전에 한국에 소개된 오키나와 문학이 없었던 것은 아니다. 역시 오키나와 작가인 메도루마 슌(目取真俊)의 『물방울』이 번역되어 있고, 그의 산문집인 『오키나와의 눈물』 역시 번역 출간되어 있다. 적어도 문학에 관한 한 우리는 메도루마라는 '창'을 통해서 오키나와 문학을 유추해왔다.

지방문학으로 간주, 체계적 조명 미흡

그렇다고는 하지만, 한국에서의 오키나와 문학에 대한 이해는 매우 미약하다. 한국의 독서계에서 오키나와에 대해 갖고 있는 관심은 극히 최근에 형성된 것이다. 역시 발표 시점으로부터 무려 40여 년이 지나서야 오에 겐자부로(大江健三郎)의 『오키나와 노트』가 한국어로 번역된 사실에서도 그것은 확인되는 바다.

오에 겐자부로의 『오키나와 노트』는 일본으로의 복귀 운동이 절정이던 1960년대 후반에서 1970년대 초반까지의 오키나와인들의 육성과 현실을 조명하고 있지만, 그 자체가 '오키나와의 목소리'라 보기는 어렵다. 그것은 오키나와라는 역사적 특수성과 비극에 대한 한 일본 지식인의 공감과 고통의 기억을 강렬하게 뿜어내지만, 바로 그러한 사실 자체에서 확인되는 것은 이전에도 말했듯 "일본인이란 무엇인가"라는 질문과 자의식이다.

반면, "오키나와란 무엇인가"라는 물음을 우리가 내밀하게 확인하기 위해서는 그들 자신의 육성을 들어야 한다. 요컨대 우리는 '오키나와라는 거울'을 통해서 일본의 정체성을 탐구하는 것과 동시에 '일본이라는 거울'을 통해서 오키나와를 음미하는 과정 모두를 복합적으로 전개시켜야 한다.

그래야 '일본 속의 오키나와'뿐만 아니라 '오키나와 속의 오키나와'도 이해될 수 있다고 생각된다. 그런 탐구의 과정이 심화되면 '아시아 속의 오키나와' 문제라는, 한국인과도 무관치 않은 공동의 기억이 언젠가는 복원될 수 있다. 이런 점에서도 마타요시 소설의 번역 출간은 중요한 계기를 이룬다고 생각한다.

마타요시 에이키와 메도루마 슌은 공히 아쿠타카와상 수상 작가이다. 마타요시는 1995년에 「돼지의 보은」으로, 메도루마는 1997년에 「물방울」로 이 상을 수상했다. 오키나와 출신 작가가 일본 본도에서 시행하는 주요 문학상을 연이어 수상했다는 것은 오키나와 문학의 탁월성을 보여주는 것이겠지만, 그렇다고 해서 오키나와 문학이 제대로 평가되고 분석된 것은 아니다. 일본이나 한국에서 오키나와 문학은 지방 문학의 일종으로 간주되는 경향이 있기 때문에, 체계적이면서 본격적으로 조명되고 있지는 않다.

일본 본도에서 활동하지 않고 오키나와에서 문학 활동을 지속하고 있는 작가 역시 작가 특유의 곤란이 있을 것이다. 그것은 어디까지 오키나와적 특수성을 반영할 것인가 하는 문제이다. 그럴 경우 가장 중요한 고려 대상이 되는 것은 일본어와는 이질적으로 보이는 '오키나와어'를 작품 속에 얼마만큼 반영할 수 있는가 하는 문제이다.

일본의 언어학자들은 오키나와어를 고대 일본어의 한 지류라고 논의하고 있지만, 일본어와 오키나와어는 자연스럽게 호환될 수 있는 언어가 아니다. 가령 한국의 전라도 방언과 경상도 방언 사용자의 의사소통과 같은 형태는 일본어와 오키나와어의 관계에서는 나타날 수 없다. 냉정하게 말하면, 독일어와 프랑스어가 그렇듯 외국어와 같은 감각으로 일본인은 오키나와어를 받아들일 수 있는 것인데, 그렇기 때문에 오키나와 작가 입장에서는 어디까지 오키나와 방언을 작품 속에 반영할 것인가 하는 고민을 하게 될 수밖에 없다. 오키나와의 근대문학이 일본에 비해 더디게 전개될 수밖에 없었던 이유는 거의 외국어라고 해도 좋을 일본어로 완숙한 작품을 써야 한다는 언어상의 곤란 때문이었다.

다음으로 오키나와 작가가 처하게 되는 곤란은 오키나와인들 자신이 매우 중요하다고 생각하는 문제를 일본 본도의 독자들 역시 동일한 감각으로 이해할 수 있는가 하는 문제이다. 마타요시와 메도루마 소설에는 1945년 당시의 오키나와전쟁이나 1970년대의 베트남전쟁, 미군 통치기의 여러 형태의 모순은 물론이고, 심지어는 '천황제' 비판과 같은 반야마토주의가 간접적으로, 때로는 풍자적으로 나타난다. 이것은 일본문학의 사소설적 경향이나 일본 독자들의 민족감정을 건드릴 수도 있는 주제일 것이다.

외국어 같은 일본어로 써야 하는 한계

거꾸로 오키나와적 특수성에 대한 깊은 이해를 견지하지 못한 일본 본도 독자 입장에서는, 오키나와 문학이 지나치게 무겁고 덜 현대적인 문학이라는 식의 피상적 이해에 그쳐, 다만 소설 속에서 전개되는 '풍물지적 소재'만을 이국주의(Exoticism)의 관점에서 소비할 가능성도 있다. 본격문학 말고도 이른바 '오키나와 붐'을 불러일으켰던 오키나와 이미지는 대체로 오키나와 특유의 샤머니즘과 민속문화 또는 그것과 정반대인 남국의 리조트문화와 같은 것이었다.

오키나와 작가들은 작품을 쓰는 과정에서 '국가의 기억'과 '민중의 기억'의 불일치를 경험하며, '일본의 기억'과 '오키나와의 기억'이 상당 부분 달랐다는 사실을 인식하게 된다. 근현대 역사의 기억을 떠올릴 때도 불가피하게 중국, 일본, 미국이라는 대국과의 관계 방식의 변화 속에서, 소국 오키나와가 처해 있던 역사적 기억이 고통스럽게, 때로는 분열증적으로 환기될 가능성이 크다.

'자기결정권의 회복'이야말로 정치적 주체성의 요구이다. 마타요시와 메도루마는 그것을 불가능하게 하는 역사적 조건과 상황을 주된 소설적 탐구의 대상으로 재현한다. 상대적으로 마타요시의 소설은 리얼리즘적 재현을 선호하고, 메도루마는 실험적인 면모를 보이고 있다. 그러나 이들 작품 속에는 공히 일본을 '외부'로 배제할 수도, 또 '내부'로 완전히 환원할 수도 없는 오키나와인들 특유의 기억과 역사, 아이덴티티의 문제가 용해되어 있다.

소설을 통해 확인할 수 있는 오키나와인들의 내적 풍경은 우리와 다르지 않다. 이것은 오키나와와 한국의 각기 다른 특수성이 근대 동아시아 안에서 어떤 공통된 경험과 인식의 구조를 보여주고 있기 때문이다. 이 공통성이야말로 우리가 몰랐던 오키나와 문학의 보편성일 것이다.

지사 선거 향방 좌우할
'올 오키나와'

2014년 11월 16일 치러질 오키나와현지사 선거의 공식 선거운동이 11월 1일 시작되었다. 후텐마 기지를 나고 시의 헤노코로 이설하는 문제를 둘러싸고 오키나와의 여론은 선거 전부터 뜨겁게 달아올랐다. 그 중심에는 기지 이설을 허용한 현 나카이마 히로카즈(仲井眞弘多) 지사의 결정에 대한 비판이 있었다. 재선 이후로도 상당 기간 나카이마 지사는 후텐마 기지의 현 바깥으로 이설을 주장한 기지반대파로서 면모를 보여주었다. 그러나 아베 2기 정권의 등장 이후 중앙정부에 의해 가해지는 압력을 그가 피하기는 어려웠던 것으로 보인다.

미군부대 이전 찬반 논쟁 뜨거워

　아베 정권은 등장 이후 오키나와의 운명과 직접적으로 연결되는 여러 극우적 정책을 밀어붙였다. 그중 대표적인 것이 각의에서 '집단적 자위권'의 해석을 변경한 일이다. 이런 미·일 군사동맹의 일체화 및 자위대 활동 반경의 확대는 한국과 중국을 포함한 주변국을 긴장시켰으며, 특히 센카쿠제도(중국명 댜오위다오)에서 무르익고 있는 잠재적 무력충돌에 대한 위기감이 시나리오로 상정될 정도로 심각해졌다.

　물론 '집단적 자위권'의 해석 변경에 따른 자위대 무력개입 및 활동 반경의 확대는 미국의 새로운 대아시아 정책인 '아시아 재균형 전략'과 밀접한 관련을 맺고 있다. 즉 아시아 역내에서 미국의 헤게모니는 중국의 부상에 대한 패권 견제의 의미를 담고 있고, 궁극적으로는 한·미·일 군사동맹의 일체화를 통한 중국 견제의 일환에서 일본을 핵심 파트너로 삼아 전개되고 있는 구조적 변화의 일부이다. 동시에 이것이 한국과의 '전시작전권 환수' 문제에서 이전과는 달리 미국이 그 시기를 지연시키고 있는 이유이기도 할 것이다.

　오키나와 입장에서 이러한 일련의 변화는 두 가지 차원에서 문제가 된다. 첫째는 '군사기지 부담'으로 상징되는, 전후 체제 이후로 지속돼 왔던 '구조적 차별'이 영구화될 가능성이 높다는 것이다. 주일 미군기지의 75%가량이 인구 140만 명에 불과한 류큐제도에 집중되어 있다는 사실은 그 자체가 일본 본도에 의한 구조적 오키나와 차별의 증거로 흔히 거론된다. 기지의 존재는 오키나와의 정치·경제·사회·문화에 막대한 영향을 끼치고 있다. 이 기지 문제와 연동하여 일본 중앙정부는 '오키나와 진흥예산'을 근거로 오키나와현정에 직접적으로 개입하여 왔다. 이 것은 오키나와 편에서 보자면 심각한 '자기결정권'의 침해 내지는 부재 로 간주된다.

둘째는, 일본의 군비 재무장과 미국의 대중국 압박은 자연스럽게 오 키나와를 분쟁지역화하고 여기서 더 나아가 직접적인 무력충돌의 장소 로 오키나와를 부각시키게 할 수 있다. 기존 센카쿠제도에서의 중·일 간 무력충돌의 가능성과 더불어 미국의 개입 역시 가시화되었다. 여기에 북한위협론까지 결합되면서 오키나와가 때아닌 잠재적 분쟁의 핵심 장 소로 떠오르게 된 것이다. 단순한 '기지의 섬'이 아니라 '전쟁의 섬'으로 비화할 수 있는 가능성과 밀도가 높아진다는 것은 오키나와인 입장에 서는 매우 불길한 미래 전망이 아닐 수 없다.

이런 두 가지 사안이 맞물리면서 오키나와인들은 점점 자신이 처해 있는 현실적 상황이 '구조적 차별' 너머의 어떤 근원적 모순과 관련되어 있는 것이 아닌가라는 인식을 심화시켜 나가고 있는 것으로 보인다. 그 렇다면 그것은 무엇인가? 오키나와가 일본과 미국의 '이중식민지'가 아 닌가 하는 의혹이 그것이고, 이 의혹이 사실적 정황을 갖추어 갈수록 오 키나와 안에서의 '류큐독립론'은 단지 주점에서 비분강개한 '이자카야 (居酒屋) 독립론'이 아니라 진지한 미래 구상으로 떠오르게 되는 것이다.

선거 역시 섬 전체 투쟁의 연장

물론 이번 지사 선거에 출마한 4명의 후보 공약을 살펴보면 '류큐독립론'과 같은 완전한 오키나와의 자치를 추구하는 공약은 존재하지 않는다. 이번 선거의 최대 쟁점은 역시 후텐마 기지의 이설 문제다. 즉 헤노코 신기지 건설을 둘러싼 찬반 여론이 선거 결과에 매우 중요한 영향을 미칠 것으로 보인다.

자민당 소속 현 지사로 3선에 도전하는 나카이마 히로카즈(仲井眞弘多) 후보는 헤노코 신기지 건설이 오키나와로서는 가능한 최선의 선택이며, 자신의 선택 역시 그러한 고심 끝에 나왔다고 주장한다. 후텐마 기지의 위험성이 세계적인 것은 잘 알려져 있는 사실인데, 이에 비할 때 그래도 헤노코 지역이 안전하지 않느냐 하는 것이 나카이마의 주장이다. 위험 제거의 현실 방책으로 헤노코 기지 건설이 불가피하다는 것이다.

나카이마의 가장 강력한 경쟁자는 같은 자민당 소속이자 4선의 나고시장 출신인 오나가 다케시(翁長雄志) 후보이다. 자민당 소속이지만 오나가 후보는 오키나와에서 '올 오키나와(All Okinawa)'의 상징이며 사회당과 공산당을 포함한 시민후보로 간주되고 있다. 연립여당인 공명당 역시 이번 선거에서 '자유투표'를 천명해 간접적으로 오나가를 지지하는 형세다. 오나가의 공약은 명확하다. 지사 선거에서 승리한다면 나카이마의 헤노코 매립 결정을 재검증해 승인을 취소할 것이며, 기지 설계 개요의 변경 신청 역시 지사의 권한으로 승인하지 않을 것이라는 내용이다. 민주당과 국민신당 소속으로 선거에 나선 나머지 두 후보의 영향력은 그리 크지 않을 것이라 생각된다.

이번 신거 과정의 특징은 그 어느 때보다도 '올 오키나와'라는 표현이 자주 등장한다는 점이다. 즉 지지정당의 유무나 보수와 혁신이라는 정치적 스펙트럼과 무관하게, 모든 오키나와인들이 염원하는 기지 없는 평화로운 섬의 비전을 누가 실현할 수 있는가의 문제가 강력하게 환기되고 있는 것이다. 오나가 후보가 자민당 출신이면서도 공명당과 민주당, 사회당과 공산당 등의 정치 성향을 가진 시민들에게 고른 지지층을 확보하고 있는 이유는 오키나와인들의 '자기결정권' 확보에 가장 중요한 문제인 기지 문제를 주체적으로 해결하겠다고 천명하고 있기 때문이다.

'올 오키나와'라는 표현에 맞서는 개념으로는 '올 저팬(All Japan)'이 있다. 이때 '올 저팬'은 제아무리 혁신적인 사고를 지닌 시민이라 할지라도, 오키나와의 기지 부담 문제에 대해서는 별다른 자의식이 없는 구조적 차별의 상징으로 등장한다. 오키나와인들은 주요한 이슈가 있을 때마다 대동단결해 '섬 전체 투쟁'을 이끈 역사를 갖고 있다. 지사 선거가 일종의 제도화된 정치투쟁의 장이라는 점에서 보면, '올 오키나와'라는 구호 아래 전개되는 이번의 선거 역시 '섬 전체 투쟁'의 연장으로 이해할 수 있게 된다.

'주체화'로 결집한 신기지 건설 반대

11월 16일의 오키나와현지사 선거에서 무소속 시민후보인 오나가 다케시(翁長雄志) 후보가 승리했다. 표차가 10만이 넘는 압도적인 승리였다. 개표가 진행된 직후인 오후 8시에 오키나와의 양대 지역 언론인 『류큐신보』와 『오키나와 타임스』는 오나가 후보의 당선을 기정사실화하는 호외를 내보냈다.

현지의 상황을 살펴볼 수 있는 동영상 링크에서는 상기된 표정으로 당선의 변을 말하고 있는 오나가 후보와 대조되는 침통한 표정의 나카이마 히로카즈(仲井真弘多) 지사의 모습도 확인할 수 있었다. 이날 하루는 오키나와인들이 마음 놓고 전통주인 아와모리(泡盛)를 마시면서 밤새도록 자축하는 모습을 지켜볼 수 있었다.

그러나 오나가 후보의 당선은 무엇보다도 헤노코 신기지 건설을 반대하는 오키나와의 압도적인 여론을 기반으로 한 것이지만, '올 오키나

와'라는 선거 전략도 주효했다고 판단된다. 보수와 혁신, 여당과 야당
이라는 종래의 정치적 진영 논리를 해체시키는 데 일조했다. 이번 선거
에서 연립여당인 공명당이 자유투표 원칙을 천명한 이유 역시 '올 오키
나와'라는 오나가 진영의 선거 전략에 공감한 데서 나온 것이라고 추측
된다.

'섬 전체 투쟁'과 비슷하면서도 달라

'올 오키나와'라는 구호는 이전부터 오키나와 항쟁의 중요한 개념이
었던 '섬 전체 투쟁'과 비슷하면서도 다르다. '올 오키나와'나 '섬 전체
투쟁'이 오키나와현민들의 대동단결과 집단적인 문제 제기를 담고 있는
것은 동일하지만, 어떤 개념에는 역사성이 드리우게 마련이라는 점에서
그것은 미세하면서도 강력한 차이를 보여주고 있는 것이다.

오키나와에서 '섬 전체 투쟁'이 명확한 사회운동의 개념으로 등장한
것은 미국이 행정권을 장악했던 점령기와 1972년 이전의 류큐제도미국
민정부 시기의 토지 투쟁에서 찾을 수 있다. 2차대전 과정에서 오키나
와를 점령·지배한 미군은 오키나와현민들의 토지를 총칼과 불도저로
강제수용해 기지를 건설했다. 이 과정에서 다수의 오키나와인이 조상
전래의 토지와 거주지를 상실하였으며, 이 강제적인 토지수용에 반대해
토지 반환을 요구하는 운동을 격렬하게 전개했는데, 이것이 '섬 전체 투
쟁'의 시작이었다.

미국의 통치가 오키나와인의 인권과 생존권을 강하게 제약하던 상황

에서, 일본열도와 분리된 오키나와인은 이른바 '조국 복귀 운동'을 강력하게 전개시킨 역사를 갖고 있는데, 이 역시 '섬 전체 투쟁'의 한 양상이었을 것이다. 한 국외자의 시선으로 나는, 왜 오키나와가 1972년에 일본으로 복귀를 선택했는지 의문이 이는 경우가 사실 많았다. 특히 당시 혁신계가 강력한 세력을 형성했던 오키나와 상황에서 왜 교원노조를 중심으로 대다수의 오키나와인이 '일본 복귀'를 추진했는지 이해하기가 어려웠던 것이다.

이러한 일본으로 복귀 또는 자발적 재귀속에 대해 그간 오키나와 지식인들과 시민들은 '평화헌법'으로 상징되는 전후 일본 체제를 신뢰했다는 식으로 설명하는 경우가 많았다. 특히 헌법의 제9조에 명시되어 있는 군대 보유의 금지, 영구적인 전쟁의 포기라는 조항을 말 그대로 신뢰했기 때문이라는 것이다.

물론 이러한 설명은 '일본 복귀'에 대한 충분한 명분이 된다. 하지만 '평화헌법'의 조항은 오키나와가 일본으로 복귀를 열망하던 그 시점 이전부터 사실상 균열되어 있었다. 일본은 한국전쟁 직후 자위대를 창설해 냉전에 대항하기 위한 군비를 일찍부터 강화했고, 복귀 운동이 벌어지던 시점 자체가 베트남전쟁의 수렁으로 미국이 빠져들고 있던 때였다. 일본이 배후에서 이 전쟁을 후방지원하고 있었음을 오키나와인이라 해서 모를 리 없었다.

그럼에도 불구하고 오키나와의 지식인과 교원노조를 포함한 사회운동 세력이 일본 복귀를 한 치의 회의 없이 밀고 나갔다는 것은 이제는 경제대국이 된 '야마토'에 대한 환상이 끊질겼다는 것을 보여준다. 더불어 오키나와의 사회운동을 주도했던 교사 집단의 문제까지 거론될 수 있다. 오키나와의 교사 집단은 오키나와전쟁 당시 황민화 교육에 앞장서 그 어느 집단보다 일본에 대한 충성심과 향수가 높은 집단이었다. 역사의 정의라는 측면에서 보자면, 황민화 교육에 앞장선 이들 교사 집단은 교육의 일선에서 물러나야 하는 것이 순리이다. 그러나 류큐제도미국민정부 당국은 전후 오키나와 복구 과정에서 이들이 계속 교육계에 남아 있는 것을 문제 삼지 않았다. 때는 바야흐로 냉전기로 접어들었기에 '일제 잔재의 청산'보다는 냉전에 대항하는 반공주의의 구축이 중요했기 때문일 것이다.

요구가 아닌 자기결정권 문제로 전환

　일본으로 복귀 운동이 뜨겁게 달아올랐던 60년대 후반에 이르면 이들 교사 집단을 포함한 오키나와의 지식인들은 원로급의 리더로 성장했다. 일본 본도의 혁신계 운동에 영향을 받은 젊은 교사 집단도 형성되었지만, 이들 원로급의 구 황민화 교육 주체들의 발언권과 영향력을 인위적으로 축소시킬 수는 없었다. 강한 애국주의와 일본적 민족주의의 잔재를 처리할 수 없었던 교사 집단에 일본으로 복귀는 본래적 '조국'으로 복귀라는 어떤 해방적 이미지로 비쳐졌을 것이며, 이것이 대중들의 '평화헌법'의 명목적 가치에 대한 비현실적인 선망과 만나 상승작용을 했다. 그리고 결국 '일본 복귀론'은 현실이 되었다.

　진정으로 오키나와인이 '우치난츄'로서 자기를 명료하게 인식하고, 일본 본도의 '야마톤츄'와 차이를 자각한 것은 1995년 미군에 의한 소녀 폭행 사태를 발단으로 전개된 사회운동의 확산 이후일 것이다. 일본 복귀 후 기지 문제가 상당 부분 해결될 것으로 기대했던 오키나와인들은 거꾸로 일본 본도의 기지가 오히려 오키나와로 대거 이전되는 기묘한 현실을 목도했다. 이런 상황에서 전전의 오키나와 차별이 전후의 구조적 차별과 연동되어 있음을 역시 자각하게 되었다. 가령 교과서 기술에서 일본군에 의한 '강제집단사' 문제를 삭제하라는 문부성의 방침 등을 통해 그들은 '야마토' 일본과 '우치나' 오키나와의 명백한 차이를 자각하기 시작했다. 물론 이런 사안들에 대해 오키나와인들은 또다시 '섬 전체 투쟁'의 형태를 띤 '현민대회' 등으로 가파르게 맞섰다.

'올 오키나와'라는 구호는 '섬 전체 투쟁'의 과정에서 확인된 오키나와에 대한 구조적 차별을 단지 대항적 차원에서 항의나 요구가 아니라 주체적 차원에서 '저항'과 '자기결정권'의 문제로 전환하는 시각에서 나온 것이다. '올 오키나와'라는 구호는 단일하지만, 거기에는 '자치', '자립', '독립'이라는 층위가 다른 '주체화' 요구가 혼재되어 있다. 오키나와의 '자기결정권'의 행로가 '자치'로 귀결될 것인지, 아니면 '독립'으로 급진화될 것인가의 여부는 아직 누구도 모른다.

하와이서 뿌리내린
'오키나와 아이덴티티'

지난 2014년 11월 초 '해외 한국학 대회' 참석차 하와이를 방문하고 돌아왔다. 논문 발표가 주목적이었지만, 호놀룰루행 비행기 안에서 내가 생각한 것은 하와이에 깃든 오키나와의 기억이었다. 하와이에는 현재 5만여 명의 오키나와 이민자 후손들이 살고 있다. 당연히 그곳에서 오키나와의 흔적을 발견할 수 있으리라 생각했다.

동시에 내 머릿속에는 2차대전 말기 오키나와전쟁 당시의 조선인 포로수용소에 대한 취재도 해보리라는 의욕이 있었다. 오키나와전쟁 과정에서 미군에 의해 포로가 된 조선인들은 하와이의 포로수용소를 거쳐 조선으로 귀환했다. 그렇기 때문에 하와이를 매개로 해서 오키나와와 조선의 문제를 탐구해보는 것은 나 자신이 얼마간 관심을 피력했던 '오키나와의 조선인 문제'를 해명하는 데도 중요한 계기로 간주되었다.

'하와이의 오키나와인' 문제에 대해서는 장소를 답사하고 자료를 수

집하는 과정에서 얼마간 갈증을 해소했다. '하와이의 조선인' 문제에 대해서도 언젠가 조사 연구의 결과를 피력할 때가 올 것 같다.

일본 본도인 이주민들과는 다른 공동체 이뤄

내가 하와이에 도착했던 당시는 미국의 중간선거운동이 한창이던 시점이었다. 시민들이 도로변에 나란히 한 줄로 서서 자신이 지지하는 정당 후보에 대한 캠페인을 벌이고 있었다. 선거의 투·개표는 한국 날짜로 11월 6일에 진행되었는데, 선거 결과를 보던 나의 눈이 커졌다. 민주당 주지사 후보로 선거에 출마한 오키나와계 3세인 데이비드 이게(David Ige) 상원의원이 하와이 주지사로 당선되었기 때문이었다.

하와이에서 오키나와의 흔적을 찾아보겠다고 생각했지만, 주지사 당선자가 오키나와계 3세라는 점은 뜻밖의 우연으로 받아들여졌다. 아무리 이민자 국가로 그 성격을 규정할 수 있는 하와이라고 해도, 이민자 후손 가운데 가장 많은 비율을 차지하고 있는 것은 역시 일본 본도계다. 그 뒤를 중국계가 뒤따르고 있고, 오키나와계는 5만여 명이 존재해 4만여 명의 한국계와 함께 비교적 소수의 이민자 사회를 이루고 있다.

소수계인 오키나와계 이민자 3세가 하와이 주지사로 당선되었다는 사실은 하와이의 주류 사회에서 오키나와인들의 상징적 위상을 보여주는 것으로 판단된다. 오키나와계 이민자가 하와이에서 주지사로 당선되었다는 소식은 즉시 오키나와의 양대 지역 언론에 보도되었다. 오키나와 언론은 당선자인 데이비드 이게의 부친이 2차대전 중 일본인으로 조직된 육군 442부대에 소속돼 용감하게 싸웠고, 미국에 충성을 보여 주어 무공훈장을 받았던 경력을 소개해서 눈길을 끌었다.

이 부분에서 나는 다시 하와이의 오키나와인 문제로 생각을 돌렸다. 존 F. 맥더머트의 『하와이의 사람과 문화』에 따르면, 하와이에 오키나와인이 최초로 노동이민을 시작한 것은 1900년이었다. 이들은 파인애플 농장에서 고강도 저임노동에 종사했다. 초기의 이주노동자들은 단신으로 하와이로 건너가 일정 기간이 끝나면 저축한 급여를 들고 오키나와로 돌아갔지만, 러일전쟁 이후에는 가족단위로 집단이주를 해 하와이 현지에서 삶의 터전을 잡아간 것으로 제시됐다.

하와이에 집단적으로 이주해 온 오키나와인들은 일본 본도인 이주민들과는 다른 문화 속에서 공동체를 이루었던 것으로 기록되고 있다. 하와이에는 일본계 이민자들이 일찍부터 다수를 이루고 있었지만, 오키나와인들은 일본 본도계 이민자들과 거의 교류를 하지 않았다. 일본의 이주노동자들에 비해 오키나와계 이민자들은 상대적으로 하와이의 아열대 문화에 잘 적응했다. 오키나와 출신 이민자에게는 하와이의 아열대 기후가 익숙했다.

외국에서 자부심으로 독자 문화 보존

하와이에서 일본 본도인들이 일본적 가부장문화와 불교문화를 보존하면서 공동체를 유지했듯, 오키나와인들 역시 그들 자신의 문화적 정체성을 중심으로 오키나와 공동체를 유지했다. 하와이에 이주한 오키나와 노동자들은 오키나와 특유의 공동체 의식인 '유이마루' 정신을 견지하면서 상호부조의 정신을 실천했다. 저임금의 열악한 조건 속에서 장시간 노동하면서도 '여성은 신녀(神女)'라는 오키나와 특유의 샤머니즘적 무의식은 여성을 중심으로 한 가족주의를 견고하게 만들었다. 저임금의 고통에 시달렸지만 한국식으로 '계'에 해당하는 '모아이(模合)'를 통해 공동의 자금을 마련했고, 큰 자금이 필요하면 이 곗돈을 수령해 은행의 기능을 대행했다.

하와이의 오키나와인들은 오키나와 본도에 있을 때보다 더 강하고 독립적인 오키나와 아이덴티티를 견지했다. 하와이 안에서도 일본인과 오키나와인 사이에는 어떤 민족적 동화논리와 반감이 모순적으로 공존했겠지만, 미국의 행정권 아래 있다는 사실이 일본의 시정권 아래 있을 때보다 더욱 독자적인 '오키나와 아이덴티티'를 구축하게 만들었을 것이다. '원격지 내셔널리즘'으로 명명할 수 있을 '류큐 내셔널리즘'이 오히려 외국인 하와이에서 더 강렬하게 형성된 것이다.

2차대전 말기에 일본 본도계 이민자들이 미국에 대한 충성심을 보여주기 위해 미군에 자원입대했던 것과 마찬가지로, 오키나와계 이민자들도 다수가 미군에 자원입대했다. 오키나와를 점령하기 위해 미군은 일찍부터 하와이에 체류하고 있는 오키나와인들을 훈련시켰다. 일본의 진주만 기습 직후 미 국방성은 군정학교를 개설해 오키나와 점령 시 필요한 군정장교를 체계적으로 육성했다. 군에 자원입대한 오키나와계 하와이 이민자들의 경우 오기니와 점령 작전 시 동원됐으며, 오키나와 점령 후에는 오키나와현민과의 통역 및 대민작업에 적극 활용됐다. 전쟁 당시 미군은 일본 본도인과 오키나와인을 전혀 별도의 민족으로 간주했다. 미군이 건설한 포로수용소가 일본 본도인·오키나와인·조선인 식으로 민족별로 분류된 것은 이를 잘 보여준다.

오늘의 하와이에서 일본 본도계와 오키나와계 미국인들은 명백하게 분리되어 있지 않다. 두 문화의 상호 소통은 대단히 활발하다. 하와이 사회가 이민자 사회 특유의 개방성을 유지하고 있기 때문에, 2차대전 이후에는 민족 간 통혼이 상당히 확대되었다. 그럼에도 불구하고 오키나와계 미국인들은 오키나와 문화의 독자성과 전통에 대한 강한 열망과 자부심을 보존하고 있다. 사멸해가는 오키나와어를 보존하기 위한 운동도 활발하고, 하와이와 오키나와 간 학생들의 교환교육 프로그램 역시 활발하며, 오키나와의 산신과 하와이의 훌라춤이 각각의 섬에서 활발하게 연주된다.

데이비드 이게가 하와이 주지사에 당선되던 날, 오키나와 현지 언론은 후텐마 기지의 '현 바깥으로 이전' 문제에 대해 오키나와 주지사가 의견 교환을 할 수 있을 것이라고 예측했다. 그 예측이 실현될지 더 지켜볼 시점이다.

동아시아 민주주의 미래 가늠할 척도

동아시아에서 오키나와는 동중국해에 흩어져 있는 작은 제도이지만, 오늘날 동아시아의 긴박한 정세를 생각해보면, 민주주의의 미래를 가늠할 수 있는 리트머스시험지라고 할 수 있다. 오키나와를 둘러싼 동아시아적 상황을 간략하게 진술하고 이 상황에 대한 생각을 밝혀보고자 한다.

2014년 11월 오키나와현지사 선거 및 중의원 선거에서 '올 오키나와' 진영이 압승을 거뒀다. 아베 일본 총리의 기습적인 중의원 해산 이후 치러진 총선거는 표면적으로는 아베 정권을 지탱하는 자민당과 공명당의 압승으로 이야기되고 있다. 그러나 내용을 자세히 들여다보면, '압승'의 의미에 대해서는 나른 해석이 가능하다.

먼저 헌법 개정이나 외국인 차별 등의 문제에서 극우적 지향을 노골화한 '차세대당'이 이번 선거에서 사실상 소멸했다. 이것은 아베의 강경

극우 정책에 대한 일본 시민들의 반발감과 견제 심리가 작동된 것으로 평가될 수 있다. 자민당의 경우도 중의원 수가 이전에 비해 근소하기는 하지만 감소했다.

『도쿄신문』이 선거 후에 분석한 두 가지 쟁점, 즉 아베가 주창하고 있는 '헌법 9조 개정'과 '원전 재가동' 정책에 대한 자민당·공명당·차세대당의 지지 의석수 분석을 보면, 이를 조금 자세히 알 수 있다. 가령 헌법 9조 개헌에 대한 찬성 의석수는 선거 전 314석에서 선거 후 292석으로 감소했다. 원전 재가동 문제에 있어서도 선거 전 찬성 의석수는 345석에서 327석으로 감소했다. 이 감소 의석수의 많은 부분은 아베 정권에 대해 가장 비판적인 정책과 항의를 지속하고 있는 공산당의 약진으로 나타났다. 공산당은 중의원 선거에서 22석을 확보함으로써 그 존재감을 과시했다.

자민당의 완패로 끝난 오키나와 선거

가장 주목할 만한 선거의 징후로는 오키나와 선거구에서의 자민당 소멸 현상이다. 오키나와현에는 총 4개의 선거구가 있다. 이번 선거는 지난 지사 선거와 마찬가지로 후텐마 기지의 오키나와 북부 헤노코로의 이설 반대가 가장 큰 쟁점이었다. 선거 전에도 자민당과 공명당이 고전할 것이라는 예측을 하지 않은 것은 아니지만, 결과는 고전을 넘어 완전한 패배였다. 자민당과 공명당의 연립정당이 소멸한 대신 오키나와에서는 공산당, 사민당, 생활당, 무소속 후보가 선거구에서 당선되었다.

지역구 선거에서 자민당 후보의 전멸은 아베 정권의 여러 우경화 정책과 오키나와의 군사기지화에 대한 오키나와현민의 심각한 비판 의식과 주체화의 열망을 보여준다. 물론 오키나와현에서 자민·공명 두 당이 완전히 소멸한 것은 아니다. 규슈 지역 비례대표 선거 결과 지역구에서 낙선한 후보들이 가까스로 생환했기 때문이다. 하지만 그렇게 생환한 자민·공명 두 정당의 의원들이 일본 본도의 의견을 기계적으로 피력할지는 미지수이다. 오키나와의 민심을 거스를 수는 없기 때문이다.

오키나와에서 중의원 선거가 있기 직전 타이완 역시 총선거가 있었다. 이 총선거에서 집권 국민당은 대패했다. 현지 언론은 국민당이 총선에서 대패한 가장 큰 원인을, 타이완과 중국 사이의 FTA 추진 등으로 인한 타이완 시민들이 처하게 된 현실의 불안감에서 찾고 있기도 하다. 오늘의 중국과 타이완은 과거 대일 항쟁기의 국공합작과는 다른 형태지만, 중국과 타이완 사이의 양안 관계를 경제적 단일시장을 만들기 위한 '신자유주의적 국공합작'으로 진행시켜 왔다. 그러나 그것만이 문제는 아닐 것이다. 올해 타이완의 청년들이 정부의 원자력발전 건설 계획을 백지화하기 위해 입법부 청사를 포위하는 항의데모를 전개시켰던 데서 알 수 있듯, 국민당의 신자유주의에 기반한 권위주의적 통치는 민심을 이반시켰다.

홍콩의 경우도 가파른 정세가 전개되었다. 지난 두 달간 홍콩에서는 '우산혁명'으로 명명된 학생들과 시민들의 도심점거 시위가 지속적으로 전개되었다. 원인은 홍콩 행정장관 선거에 중국 정부가 친정부 인사를 임명하는 방식의 조처를 취할 것이라는 위기의식 때문이었다. 이번 홍콩 시민들의 '피플파워'가 있기 이전에도 홍콩은 중국 본국의 '국민교육' 강제시행에 항의하는 시위를 거국적으로 전개시켰던 기억을 갖고 있다. 중국 반환 이후 홍콩의 민주주의 요구는 오키나와와 꼭 동일한 것은 아니지만, 홍콩의 주체성에 대한 자각과 미래에 대한 불안에서 비롯되고 있음을 우리는 확인할 수 있다.

아베 총리의 거침없는 일본 우경화

오키나와, 타이완, 홍콩에서 민주주의와 자기결정권을 둘러싼 열기가 뜨거운 것과는 반대로, 동아시아의 주요국인 한국, 중국, 일본의 상황은 권위주의적 통치 행태를 강화하고 있어 우려된다. 한국의 경우 박근혜 정권은 민주주의의 기초를 이루는 언론 자유, 정당활동의 자유, 표현의 자유를 제약하는 우경화 행보를 계속하고 있다. 최근 헌법재판소는 통합진보당의 해산을 결정했다. 이는 한국의 민주주의가 심각한 경색 국면으로 가고 있다는 해석을 분명히 한 사건이다.

일본의 우경화는 거침없어 보인다. '전후 체제로부터의 탈각'이라는 아베의 신념을 실현하기 위해, 군대 보유 금지와 전쟁의 영구적 포기를 명시하고 있는 '헌법 9조 개헌'을 위한 여론을 조성하고 있다. 후쿠시마 핵 재난이 일어난 지 불과 3년이 지난 셈인데도, 아베 정권은 원자력발전소 재가동 정책을 강력하게 밀어붙이고 있다. 이 두 가지 사안에서 명료하게 드러나는 아베의 목표는 '전쟁을 할 수 있는 국가'로 가자는 것이고, 그것이야말로 아베가 생각하는 '보통국가'인 셈이다.

전시도 아닌 평시에 '전쟁을 할 수 있는 국가'로 가자는 캐치프레이즈를 내세우면 주변국은 긴장하고, 고조되는 긴장의 결과는 무력적 대비로 나타날 수밖에 없다. 동중국해 오키나와 인근에서 중국과 일본의 무력충돌이 가상의 시나리오로 자주 상정된다. 이 시나리오를 내세우는 것은 대체로 일본인데, 이런 시나리오가 한일 관계로 확장되면 가령 독도를 둘러싼 무력분쟁을 상정하는 것 역시 합리적일 수 있게 된다.

중국과 미국이 경제적으로는 긴밀하게 협력하면서도, 군사적인 차원에서는 동아시아에서 대립각을 높여가는 것 역시 좋은 신호는 아니다. 아마도 그 분쟁의 핵심 장소는 오키나와가 될 확률이 높고, 한반도 역시 그 영향권에 들 수밖에 없음은 교착된 대북 문제를 생각해보면 자연스러워 보인다.

동아시아에서 분쟁과 대결 의식을 약화시키기 위해서는 두 가지 조처가 필요하다. 첫째는 적대적인 상황에 있는 남북 관계의 개선이다. '통일대박'의 구두선을 넘어설 남북 간의 실질적인 대화와 협력 조처가 모색되어야 한다. 둘째는 오키나와의 비군사화를 통한 미·중, 중·일 간의 적대감 혹은 긴장감의 해소. 물론 두 과제 모두 단기적으로 해결될 수 있는 문제는 아니다. 결국 중요한 것은 무력이 아닌 민주주의로 평화를 구축할 수 있다는 믿음과 실천이다. 이 믿음과 실천의 핵심에 작은 제도 오키나와와 거대한 동아시아의 운명이 연루되어 있다.